P9-DGF-424

Golfo de Viscaya

FRANCIA
Montpellier
Narbonne

La Coruña
Avilés Gijón
Santander
Oviedo
Bilbao
San Sebastián
Santiago
PRINCIPADO DE ASTURIAS
CANTABRIA
PAÍS VASCO
Vitoria
Pamplona
ANDORRA
GALICIA
Ponferrada
COM. FORAL DE NAVARRA
Orense
CASTILLA Y LEÓN
Logroño
LA RIOJA
CATALUÑA
Verin
Benavente
Burgos
Zaragoza
Lérida
Porto
Tordesillas
Valladolid
Badalona
Medina del Campo
ARAGÓN
Barcelona
Salamanca
Aveiro
Segovia
Golfo de Valencia
Coimbra
Ávila
COM. DE MADRID
Menorca
Palma de Mallorca
40°
PORTUGAL
MADRID
Toledo
Aranjuez
Mallorca
Ibiza
ISLAS BALEARES
CASTILLA–LA MANCHA
Valencia
EXTREMADURA
Lisboa
Mérida
Ciudad Real
Albacete
COM. VALENCIANA
Mar Mediterráneo
Cascais
Formentera
Córdoba
REGIÓN DE MURCIA
Alicante
Huelva
Sevilla
Carmona
Murcia
Faro
ANDALUCÍA
Granada
Cartagena
Málaga
Motril
Cádiz
San Fernando
Almería
Algeciras
GIBRALTAR (U.K.)
Mar de Alborán
36°
Esrecho de Gibraltar
CEUTA (Sp.)
Soberania en Africa
MELILLA (Sp.)
OCÉANO ATLÁNTICO

MARRUECOS

0   100   200   300 Kilómetros
0   50   100   150 Millas

8°   4°   0°   4°

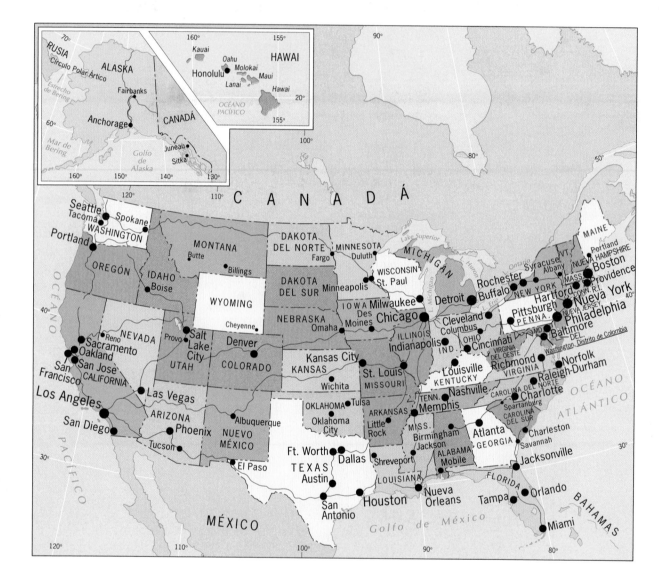

Más allá
de las palabras

Mastering Intermediate Spanish

Más allá de las palabras

Mastering Intermediate Spanish

Olga Gallego

University of Michigan

Concepción B. Godev

University of North Carolina, Charlotte

WILEY

ESTE LIBRO SE LO DEDICO A ANDRÉS, EL "NIÑO" DE MIS OJOS.
OLGA GALLEGO

A MI FAMILIA
C.B. GODEV

VICE PRESIDENT/PUBLISHER	Anne Smith
ACQUISITIONS EDITOR	Helene Greenwood
DEVELOPMENT PROGRAM ASSISTANT	Kristen Babroski
EDITORIAL ASSISTANT	Christine Cordek
MARKETING MANAGER	Gitti Lindner
EDITORIAL DEVELOPMENT	Mary Lemire Campion
	Mariam Rohlfing, Words and Numbers, Inc.
NEW MEDIA EDITOR	Lisa Schnettler
SENIOR PRODUCTION EDITOR	Christine Cervoni
ILLUSTRATION EDITOR	Anna Melhorn
PHOTO EDITOR	Sara Wight
PHOTO RESEARCHER	Teri Stratford
TEXT DESIGNER	Word & Image Design Studio, Inc.
COVER DESIGN DIRECTOR	Harry Nolan, Senior Designer
COVER DESIGNER	Howard Grossman
ILLUSTRATORS	Deborah Crowle, Alice Priestley, Stephen MacEachern, Kevin Cheng

This book was set in AGaramond 11pt by Word and Image Design Studio, Inc. and printed and bound by VonHoffmann Press, Inc. The cover was printed by VonHoffmann Press, Inc.

This book is printed on acid free paper. ∞

To order books or for customer service please, call 1(800)-CALL-WILEY (225-5945).

ISBN 0-471-29759-3

Printed in the United States of America

10 9 8 7 6 5 4 3 2 1

Preface

Más allá de las palabras is a culture-based intermediate Spanish program, designed for use at the third and fourth semesters of college study, that integrates language-skills instruction with subject-matter content. Fully supported with technology, this program meets the National Standards in Foreign Language Education.*

The title *Más allá de las palabras,* or *Beyond Words,* reflects the primary goal of this program: to ensure a smooth transition from the practical knowledge of Spanish that is necessary to carry out daily tasks to a deeper understanding of the language and cultures of the Hispanic world.

The textbook and its support materials are available in three options to meet the needs of different intermediate Spanish courses and to offer instructors flexibility. ***Más allá de las palabras, Intermediate Spanish*** (0-471-58945-4), is theme-based and geared towards beginning-intermediate programs. It can be used to teach third- and fourth-semester intermediate Spanish or only the third semester. ***Más allá de las palabras, Mastering Intermediate Spanish*** (0-471-58950-0), is organized around regions of the Spanish-speaking world and geared towards higher-intermediate programs. It can be used to teach third- and fourth-semester intermediate Spanish or only the fourth semester. Each book contains five units, all organized around a main topic and a set of subtopics or *Temas*. This structure allows students to review previously learned functions and grammar while learning new content to develop and strengthen their language skills. ***Más allá de las palabras, A Complete Program in Intermediate Spanish*** (0-471-59007-X), is divided into two parts: Part I is theme-based and regroups most of the earlier book; Part II is organized in geographical and cultural areas and regroups most of the later book.

In any of its three options, the graduated approach to learning of ***Más allá de las palabras*** allows all students of intermediate Spanish to progress at a pace that suits them.

*Communication. Communicate in languages other than English
  Standard 1.1. Students engage in conversations, provide and obtain information, express feelings and emotions, and exchange opinions.
  Standard 1.2. Students understand and interpret written and spoken language on a variety of topics.
  Standard 1.3. Students present information, concepts, and ideas to an audience of listeners or readers on a variety of topics.
Cultures. Gain knowledge and understanding of other cultures.
  Standard 2.1. Students demonstrate an understanding of the relationship between the practices and perspectives of the culture studied.
  Standard 2.2. Students demonstrate an understanding of the relationship between the products and perspectives of the culture studied.
Connections. Connect with other disciplines and acquire information.
  Standard 3.1. Students reinforce and further their knowledge of other disciplines through the foreign language.
  Standard 3.2. Students acquire information and recognize the distinctive viewpoints that are only available through the foreign language and its cultures.
Comparisons. Develop insight into the nature of language and culture.
  Standard 4.1. Students demonstrate understanding of the nature of language through comparisons of the language studied and their own.
  Standard 4.2. Students demonstrate understanding of the concept of culture through comparisons of the cultures studied and their own.
Communities. Participate in multilingual communities at home and around the world.
  Standard 5.1. Students use the language both within and beyond the school setting.
  Standard 5.2. Students show evidence of becoming life-long learners by using the language for personal enjoyment and enrichment.

American Council on the Teaching of Foreign Languages, Sept. 11, 1999 <*http://www.actfl.org/htdocs/standards/standards.htm*>

Graduated learning and a smooth transition between the first and second year of language study

A common problem in language instruction is the transition from first-year material to sometimes unconnected topics, vocabulary, and tasks at the intermediate level. To allow a smooth transition between the two years of study *Más allá de las palabras, Intermediate Spanish,* begins with themes and communicative functions that are familiar to students who have completed one year of study, and *Más allá de las palabras, Mastering Intermediate Spanish,* introduces increasingly sophisticated topics and functions. The graduated learning process in either book ensures that all students build upon their current level of skills to complete their second year of Spanish.

Rich and effective combination of culture and language

In response to instructors' desire to find cultural subject matter and language skills integrated in a textbook, each unit in *Más allá de las palabras* focuses on a set of topics that are related to a broad cultural theme and fully integrated with the language skills covered in the unit. In addition to reading or listening comprehension activities, students are asked to compare the target culture (on which the reading or listening selection focuses) with their own culture, or with another Hispanic culture, and to discuss their findings.

Thorough recycling of communicative functions and grammar

A shortcoming identified in intermediate textbooks is the assumption that the grammar studied in previous Spanish classes has been thoroughly assimilated and that conversational skills have been sufficiently acquired and practiced in the first year. *Más allá de las palabras* carefully addresses these issues. Essential functions and grammar structures reintroduced and recycled throughout the program include description, narration in the present, past, and future, comparison, expression of opinions, summarizing, and hypothesizing. Students continuously engage in dialogue as they review functions or grammar points. There are ample opportunities for repetition and reinforcement, in a variety of formats to sustain the students' interest.

Simplified instructional techniques

To facilitate the learning process, each unit follows a structure that divides complex activities into subtasks and builds up gradually to the most complex component of the activity. As a result, instructors will find that students are able to perform complex speaking tasks more easily without feeling overwhelmed.

Creative listening comprehension techniques

Attending and listening to lectures is common to most content-based courses, yet the method for doing so successfully in Spanish is often ignored at the intermediate level. *Más allá de las palabras* provides suggestions on how to incorporate traditional lecture techniques in intermediate Spanish classes. The technique, which we call *Miniconferencia*, seeks to give students listening comprehension strategies that will prepare them for future courses in literature and civilization.

Innovative reading comprehension techniques

Like lecture comprehension techniques, reading skills are vital for future content-based courses. Even with a less-than-perfect command of the language, students will increasingly find themselves using their reading skills to learn. To promote student success, the authors of *Más allá de las palabras* have devised an innovative reading technique that encourages students to pause at different points throughout a reading, consider what they have read, and double-check their comprehension. This technique helps students manage their reading skills effectively. This becomes particularly rewarding for students when they are faced with longer passages.

Motivational approach to reading literature

With the assumption that understanding literature is essential to understanding different cultures, particular attention was paid to selecting readings and creating activities that increase the level of interaction between readers and texts. *Más allá de las palabras, Intermediate Spanish,* features the complete *Final absurdo* by Laura Freixas over the course of the five units, and *Más allá de las palabras, Mastering Intermediate Spanish,* features literary selections thematically grouped by regions and cultures of the Hispanic world.

Humor and light material

Many students and instructors have expressed the desire to find humor and light material in an intermediate textbook. With this in mind, *Más allá de las palabras* features interest-provoking cultural commentary in the form of cartoons that appeal to students' sense of humor. Role-play activities allow students to put their own spin on history by impersonating historical figures or by re-enacting historical moments in humorous situations.

Integration of the best features identified in intermediate textbooks

Más allá de las palabras was carefully designed to best meet the needs of students and instructors at the intermediate level, based on analyses of the best features found in textbooks. *Más allá de las palabras* has the advantage and convenience of combining these features in one program.

Más allá de las palabras, Intermediate Spanish, or Book 1, serves as a bridge between the first and second years. The bridging is achieved by recycling grammar topics from the first year while introducing new ones. The content of the units gradually moves from topics closely related to students' daily lives to sociopolitical and historical events.

Más allá de las palabras, Mastering Intermediate Spanish, or Book 2, focuses mainly on content while incorporating grammar instruction as well as conversational practice through role-playing. Students are continually encouraged to review pertinent vocabulary from previous semesters.

Each book contains five units beginning with an overview of contents and goals, and concluding with an expansion section called *Más allá de las palabras.* The five units are organized into either three *Temas* (Book 1) or four (Book 2), which allows sufficient time to build up the content-based information providing the basis for conversations, oral presentations, and compositions.

Más allá de las palabras, A Complete Program in Intermediate Spanish, regroups the first four units of Book 1 and all the units from Book 2 with some content adjustments; the final unit of Book 1 being integrated as a topic throughout the program.

A grammar appendix fulfills the following objectives.

1. **Serve as reference material for students to review first-year grammar topics.** These first-year topics may include demonstrative adjectives and pronouns, possessive adjectives and pronouns, **gustar,** indefinite and negative words, **ser** and **estar,** and noun-adjective agreement. In this way, basic grammar does not distract from the focus on content. At the same time, this organization provides the convenience of having this information handy for both students and instructors in one location.

2. **Provide additional information about a topic so that students are aware of the complexity of certain topics.** The information is included in the appendix because the authors recognize that the target structure may need to be taught for recognition and not for production. Awareness of additional information on such structures as direct-object pronouns, preterit and imperfect, and relative pronouns should help students recognize these complex structures when they come across them in a reading.

3. **Provide additional information for the convenience of the instructor.** Instructors may use the information in the appendix to answer questions that go beyond the material presented in a unit or to address a specific topic in more depth. For example, the topic of the impersonal **se** may seem incomplete to some instructors if other related topics—such as the

passive voice and **estar** + *past participle*—are not discussed. Instructors should not feel compelled to discuss all information presented in the appendix. It is important to remember the focus of the program—the development of language skills while manipulating and learning content. As instructors already know, at the intermediate level some nuances of grammar can take much more time than is practical to invest. Therefore, although the appendix is available for convenience, instructors should gauge the needs of the whole class to decide whether or not the group is ready for further information.

UNIT ORGANIZATION
MÁS ALLÁ DE LAS PALABRAS, MASTERING INTERMEDIATE SPANISH

The units, each subdivided into four *Temas*, contain the following sections.

Perfil
All four *Tema* contain a photo-illustrated text with geographical, cultural, and past and present historical information about a particular country. A variety of individual and group pre- and post-reading activities accompany this section.

Atención a la estructura
The only section written in English in each *Tema, Atención a la estructura* provides concise and user-friendly grammar explanations illustrated with examples drawn from the *Tema*. The explanation is followed by communicative oral and written activities designed to move students gradually from controlled to more open-ended and creative practice. An answer key to the non-open-ended activities is available on the Web for self-correction.

Curiosidades
This enjoyable section in the first and second *Temas* includes music, jokes, recipes, games, fun activities, and tests integrated within the units' themes. The aim of this section is to provide continuing opportunities for the use of the language while handling lighter material.

Lectura or Miniconferencia
The first and third *Temas* include a variety of reading materials (**lecturas**) designed to allow students to "discover" key aspects of the target culture within the theme of the unit. Pre-reading activities emphasize the activation of background knowledge and the development of reading strategies with an emphasis on vocabulary development. Post-reading activities are designed to allow for the integration of the theme into written and oral communicative practice, and to reinforce vocabulary building. The second *Tema* includes a mini-lecture (**miniconferencia**) with pre- and post-listening activities.

Color y forma

This section in the third *Tema* prompts students to observe a work of art. Through speaking or writing activities students are guided to describe what they observe and express their reactions to the works of art.

Ven a conocer

This section in the fourth *Tema* presents sites of interest within one of the countries studied in the unit. *Ven a conocer* includes interactive pre- and post-reading activities, and it is designed to stimulate students' interest in traveling to the area and/or exploring it in more depth.

Each unit ends with a section called *Más allá de las palabras,* subdivided as follows.

Ponlo por escrito

This section encourages a process-oriented approach to the development of writing skills, including a variety of text types. The focus on process of the activities in this section attempts to assist the intermediate writer in generating a clear writing plan, organizing ideas and expressing ideas in a coherent manner, and to provide linguistic support.

El escritor tiene la palabra

Literary excerpts from major literary figures represent one of the countries studied in each unit. Post-reading activities emphasize comprehension and prompt students to analyze the text critically. The **Workbook** (available in print and online) includes additional activities that introduce students to systematic literary analysis and literary analysis terminology.

Más allá de las palabras, Mastering Intermediate Spanish, includes the following components. Please check the *Más allá de las palabras* **Companion Web Site** (**www.wiley.com/college/gallego**) for updates and availability of *new* components.

Student Resources

- **Textbook with Audio CD (0-471-58950-0) or Audiocassette (0-471-58947-0):** The CD or cassette shrinkwrapped with the textbook includes the pronunciation materials and the *Miniconferencia* listening segments from every unit.

- **Activities Manual (0-471-32337-3):** Prepared by Kimberly Boys (University of Michigan), in collaboration with authors Olga Gallego and Concepción Godev, the **Activities Manual** consists of a **Workbook,** designed to practice writing skills and to reinforce classroom activity, and a **Lab Manual,** designed to provide practice and reinforcement of the vocabulary and grammar for each unit, as well as listening comprehension. The **Activities Manual** includes an answer key and is also available on the **Companion Web Site**.

- **Lab Audio Program on CD (0-471-48576-4) or Cassette (0-471-48575-6):** The **Lab Audio Program** contains recordings associated with the themes from each chapter and provides learners with exposure to authentic speech.

- **Companion Web Site (www.wiley.com/college/gallego)** including:

  - **Online Activities Manual:** Prepared by Kimberly Boys (University of Michigan), in collaboration with authors Olga Gallego and Concepción Godev, the **Online Activities Manual** combines the **Online Workbook,** designed to practice writing skills and to reinforce classroom activity, and **Online Lab Manual,** designed to provide practice and reinforcement of the vocabulary and grammar for each unit, as well as listening comprehension. Instant feedback is provided and student progress can be tracked. It is also available in print.

  - **Web Activities:** Prepared by Carole Cloutier (Ohio University), the Web activities include references to other sites and e-mailing capabilities.

  - **Autopruebas (Self-Tests):** Prepared by Maria Fidalgo-Eick (Grand Valley State University), the self-tests allow students to monitor their own progress as they move through the *Más allá de las palabras* program.

- *Webster's New World Pocket Spanish Dictionary* **(0-764-54161-7):** Clad in durable vinyl and small enough to slip easily into a pocket or purse, this handy little bilingual dictionary concentrates on the essential vocabulary that people use in everyday situations. *Webster's New World Pocket Spanish Dictionary* has a succinct grammar section and broad coverage of Latin American Spanish.

- **Panoramas Culturales Web Site (www.wiley.com/college/panoramas):** In an effort to establish connections and promote interaction with other communities, this Web site features 21 Spanish-speaking countries, each with its own textual information, maps, graphics, streamed videoclips, and Web-based discussion and research activities. The Spanish-speaking world is only a click away!

INSTRUCTOR RESOURCES

- **Companion Web Site (www.wiley.com/college/gallego)** including:
  - **Sample Syllabi, Teaching Tips, and Suggestions** to help instructors plan their courses

  - **Teacher Annotations** including suggestions for presentation and reinforcement of material, and an alternative reading to be used in place of the *Miniconferencia* if the instructor wishes to do so

  - **PowerPoint Slides:** Prepared by Maria Fidalgo-Eick (Grand Valley State University); fifty slides correspond to *Más allá de las palabras, Mastering Intermediate Spanish*

  - **Testing Program:** Prepared by Carmen Schlig (Georgia State University), this comprehensive program tests unit vocabulary, structures, skills, and cultural information. Each test is divided into six sections testing listening comprehension (*A escuchar*), vocabulary (*Vocabulario*), grammar (*Atención a la estructura*), reading comprehension (*Atención a la lectura*), speaking (*Comunicación oral*), and writing (*Atención a la escritura*). The **Testing Program** includes an answer key.

  - **Video Script**

  - **Lab Program Audio Script**

  - **Activities Manual Answer Key**

- **Video (0-471-27262-0):** Prepared by Kerry Driscoll (Augustana College), the video is coordinated with the cultural content of each *Tema*. A variety of pre-viewing, viewing, and post-viewing activities are included.

- **Faculty Resource Network (www.facultyresourcenetwork.com):** This valuable resource network is composed of professors who are currently teaching and successfully using technology in their Spanish classes. These professors offer one-on-one assistance to adopters interested in incorporating online course management tools and specific software packages. They also provide innovative classroom techniques and methods for tailoring the technology experience to the specific needs of your course.

ACKNOWLEDGMENTS

We wish to express our most sincere appreciation to Anne Smith, Kristen Babroski, Christine Cervoni, and Mariam Rohlfing. To Mary Lemire-Campion, a special word of appreciation for her invaluable contribution at a very critical stage in the editorial development of this book.

The authors and the publisher are grateful for the time and insightful comments of all the reviewers, who so kindly committed to the task of reviewing this work.

Helena A. Alfonzo, *Boston College*
Ana Alonso, *George Mason University*
María Amores, *West Virginia University*
Enrica J. Ardemagni, *Indiana University, Purdue University, Indianapolis*
Fern F. Babkes, *College of Notre Dame of Maryland*
Tracy Bishop, *University of Wisconsin, Madison*
Galen Brokaw, *University at Buffalo*
Kathleen T. Brown, *Ohio University*
Maria-Elena Buccelli, *George Mason University*
Dr. Donald C. Buck, *Auburn University*
Fernando Canto-Lugo, *Yuba College*
Chyi Chung, *Northwestern University*
Alicia B. Cipria, *University of Alabama*
Rifka Cook, *Northwestern University*
Francisco Cornejo, *George Mason University*
Norma Corrales-Martin, *Clemson University*
James C. Courtad, *Central Michigan University*
Martha Daas, *Old Dominion University*
Greg Dawes, *North Carolina State University*
Louise A. Dolan, *North Carolina State University*
Diana Dorantes de Fischer, *Concordia College*
Kerry Driscoll, *Coe College*
Rosalba Esparragoza Scott, *University of Southern Mississippi*
Dr. Juan C. Esturo, *Queensborough Community College*
Anthony Farrell, *St. Mary's University*
Marísol Fernández, *Northeastern University*
Lee Folmar, *Florida State University*
Diana Frantzen, *University of Wisconsin, Madison*
Barbara Gantt, *Northern Arizona University*
Anna J. Gemrich, *University of Wisconsin, Madison*
Donald B. Gibbs, *Creighton University*
Ransom Gladwin, *Florida State University*
Richard Glenn
María Asunción Gómez, *Florida International University*

Dr. Ann González, *University of North Carolina, Charlotte*
Gloria Grande, *Texas University*
Ana E. Gray, *North Carolina State University*
John Hall, *South Dakota State University*
Dr. Ronda Hall, *Oklahoma Baptist University*
Anna Hamling, *University of New Brunswick*
Linda Hollabaugh, *Midwestern State University*
Tia Huggins, *Iowa State University*
Harold Jones, *Syracuse University*
Matthew L. Juge, *Southwest Texas State University*
Charles Kargleder, *Spring Hill College*
Juergen Kempff, *University of California, Irvine*
Monica Kenton, *University of Minnesota*
Steven D. Kirby, *Eastern Michigan University*
Marketta Laurila, *Tennessee Technological University*
Ronald Leow, *Georgetown University*
Jeff Longwell, *New Mexico State University*
Dr. Humberto López, *University of Central Florida*
Nelson López, *Fairfield University*
Dr. Barbara López-Mayhew, *Plymouth State College*
Alicia Lorenzo, *University of Missouri*
Enrique Manchon, *University of British Columbia*
Karen Martin, *Lambuth University*
José L. Martínez, *Stonehill College*
María J. Martínez, *Boston University*
Sergio Martínez, *San Antonio College*
Erin McCabe, *George Mason University*
Claudia Mejía, *Tufts University*
Dulce Menes, *University of New Orleans*
Carmen L. Montañez, *Indiana State University*
Michael Morris, *Northern Illinois University*
Richard Morris, *Middle Tennessee State University*
León Narváez, *St. Olaf College*
Robert Neustadt, *Northern Arizona University*
Miguel Novak, *Pepperdine University*

Nuria Novella, *Middle Tennessee State University*
David Oberstar, *Indiana University, Purdue University,*
    Fort Wayne
Roxana Orrego, *Universidad Diego Portales*
Mark Overstreet, *University of Illinois at Chicago*
Edward Anthony Pasko, *Purdue University*
Lynn Pearson, *Bowling Green State University*
Edward M. Peebles, *University of Richmond*
Dr. Ted Peebles, *University of Richmond*
Dr. Jill Pellettieri, *California State University, San Marcos*
Sylvain Poosson, *McNeese State University*
Anne Porter, *Ohio University*
Jessica Ramírez, *Grand Valley State University*
Mayela Vallejos Ramírez, *University of Nebraska, Lincoln*
Dr. Kay E. Raymond, *Sam Houston University*
Barbara Reichenbach, *Ohio University*
Catereina Reitano, *University of Manitoba*
Mary Rice, *Concordia College*
Joel Rini, *University of Virginia*
Karen Robinson, *University of Nebraska at Omaha*
Roberto Rodríguez, *University of Texas at San Antonio*
Joaquín Rodríguez-Bárbara, *Sam Houston State*
    University
Nohelia Rojas-Miesse, *Miami University*
Mercedes Rowinsky-Geurts, *Wilfrid Laurier University*
Carmen Schlig, *Georgia State University*
Daniel Serpas, *Northern Arizona University*
Richard Signas, *Framingham State College*
Teresa Smotherman, *Wesleyan College*
Jonita Stepp-Greany, *Florida State University*
Clare Sullivan, *Northwestern University*
Griselda A. Tilley-Lubbs, *Virginia Tech.*
Michelle Vandiver, *Volunteer State Community College*
Mary Wadley, *Jackson State Community College*
Inés Warnock, *Portland State University*
Brenda Watts, *Southwest Missouri State University*
Helene C. Weldt-Basson, *Fordham University*
Janice Wright, *College of Charleston*
Habib Zanzana, *University of Scranton*
Miguel-Angel Zapata, *Hofstra University*

MÁS ALLÁ DE LAS PALABRAS, MASTERING INTERMEDIATE SPANISH—SCOPE AND SEQUENCE

Unidad 2 Culturas hispanas del Caribe: Paisajes variados	Tema 5 Cuba: Las dos caras de la moneda	Tema 6 República Dominicana: Raíces de su música	Tema 7 Puerto Rico: Encontrando su identidad	Tema 8 Venezuela: Diversidad de paisajes	Más allá de las palabras
	Perfil	**Perfil**	**Perfil**	**Perfil**	**Ponlo por escrito**
	La independencia De Batista a Castro El período especial Silvio Rodríguez y Pablo Milanés La Habana	El fin de una raza y el comienzo de otra La independencia de Haití El gobierno corrupto de Trujillo El gobierno democrático de Balaguer Juan Luis Guerra Santo Domingo	El dominio español Del dominio español al estadounidense Estado Libre Asociado Sila M. Calderón San Juan, capital	La llegada de los españoles Las dictaduras Venezuela democrática Hugo Chávez (1954—)	De viaje por el Caribe
	Atención a la estructura	**Atención a la estructura**	**Atención a la estructura**	**Ven a conocer**	**El escritor tiene la palabra**
	Review of the Subjunctive in Noun Clauses Cap. 3 Gr. Avanzada	Review of the Subjunctive in Adjective Clauses Cap. 3 Gram Avan ◔	Another Look at the Indicative and Subjunctive Moods GrAv Cap 3	Canaima: Un paraíso terrenal	*No sé por qué piensas tú,* de Nicolás Guillén
	Lectura	**Miniconferencia** ◔	**Lectura**		
	Cuba: Dos visiones, una isla	El origen del merengue	Puerto Rico chat		
	Curiosidades	**Curiosidades**	**Color y forma**		
	Chistes de Fidel	"El costo de la vida", canción de Juan Luis Guerra	José Alicea en su estudio		

Unidad 5 Países del Cono Sur: Superación de indecibles obstáculos	Tema 17 Chile: Consolidación de una democracia joven	Tema 18 Argentina: La inmigración y las riquezas naturales forjan un país	Tema 19 Uruguay: La otra "Suiza" de América	Tema 20 Paraguay: En el corazón de América	Más allá de las palabras
	Perfil	**Perfil**	**Perfil**	**Perfil**	**Ponlo por escrito**
	Independencia El período de 1818–1973 Los años recientes Patricio Aylwin Isla de Pascua	La independencia y las dictaduras La reciente situación económica Gabriela Sabatini Ushuaia	Blancos y colorados La rebelión de los Tupamaros De la inestabilidad a la estabilidad democrática Mario Benedetti Las hermosas playas de Punta del Este	Descubrimiento del territorio paraguayo La evangelización jesuita y la independencia Una comunidad bilingüe Alfredo Stroessner	Dictadura y democracia
	Atención a la estructura	**Atención a la estructura**	**Atención a la estructura**	**Ven a conocer**	**El escritor tiene la palabra**
	Present Perfect Past Perfect	Prepositional Pronouns Prepositional Verbs	Progressive Tenses	Bienvenido / Eguache porá	*Historia de un flemón*, de Osvaldo Dragún
	Lectura	**Miniconferencia**	**Lectura**		
	Testimonio de Francisco Ruiz, un exiliado	Lunfardo y tango, dos creaciones de los inmigrantes	Acerca de Uruguay		
	Curiosidades	**Curiosidades**	**Color y forma**		
	Trabalenguas	Uno, dos, tres, quiero saber	*Los buenos recuerdos*, de Cecilia Brugnini		

Contenido

1

México y España: Idiosincrasias, rivalidad y reconciliación

La primera fase del contacto entre México y España fue dramática y violenta. La segunda fase, la colonia, da origen al resentimiento del colonizador y el colonizado. La tercera fase, la independencia, genera la desconfianza (*distrust*) mutua entre el vencedor, México, y el vencido, España.

La cuarta fase muestra un gradual acercamiento de los dos países desde la mitad del s. XX hasta hoy. ¿Qué parecidos encuentras entre la relación entre México y España, por una parte, y las relaciones entre EE. UU. y el Reino Unido? ¿Qué factores han contribuido al gradual acercamiento de los dos países?

México y su herencia indígena

NORTEAMÉRICA

ESPAÑA

Golfo de México

MÉXICO

México, D.F.

OCÉANO ATLÁNTICO

ÁFRICA

Mar Caribe

SUDAMÉRICA

OCÉANO PACÍFICO

Capital:	México, D. F.
Población:	100 millones de habitantes
Grupos étnicos:	mestizo 60%, amerindio 30%, blanco 9%, otros 1%
Idiomas:	español, náhuatl y una decena de otras lenguas indígenas
Moneda:	peso
Área:	aproximadamente tres veces el tamaño de Texas

Entrando en materia

1–1. ¿Qué sabes del México prehispánico?
Lee las siguientes oraciones sobre los mayas y los aztecas y decide si son ciertas o falsas. Si puedes, corrige las falsas. Si no estás seguro/a, repasa tus respuestas después de leer la sección para ver si eran correctas.

1. Los mayas y los aztecas tenían una escritura jeroglífica.
2. No tenían conocimientos astronómicos.
3. Fumaban.
4. No conocían la planta del cacao.
5. Tenían juegos de pelota.

PERFIL

¿Qué pasó?

MÉXICO PREHISPÁNICO

Antes de la llegada de Cristóbal Colón a América, ya existían varias civilizaciones indígenas o amerindias en tierras americanas. Los expertos proponen que, hace más de 40.000 años, grupos procedentes de Asia atravesaron el estrecho de Bering, que en aquella época estaba **congelado**[1].

Hacia el año 5000 a.C. los amerindios abandonaron el nomadismo para adoptar una vida sedentaria. 1800 a.C. es la fecha que marca el período caracterizado por el florecimiento de centros urbanos importantes.

La información más abundante que tenemos hoy sobre las culturas amerindias de México se refiere a los aztecas. Sin embargo, hubo otras civilizaciones amerindias que florecieron en el área de México antes del imperio azteca. Entre estas civilizaciones está el imperio maya, que se desarrolló en la península de Yucatán. Otra civilización construyó Teotihuacán, "ciudad de los dioses", cuyas ruinas se pueden visitar hoy; de esta civilización se sabe muy poco. Los toltecas construyeron la ciudad de Tula, que representa un ejemplo excelente de la sofisticación arquitectónica tolteca.

Hoy día usamos el término *azteca* para referirnos a los habitantes que poblaban el área central de México en el s. XV. Los aztecas adoptaron el calendario, el sistema numérico y la escritura de otras culturas, pero su escritura no tenía la complejidad de la escritura maya. La ciudad de Tenochtitlán era uno de los centros urbanos más importantes del imperio azteca cuando el español Hernán Cortés decidió conquistar esos territorios. Cortés **asedió**[2] Tenochtitlán durante tres meses y el 13 de agosto de 1521 la ciudad **se rindió**[3].

1. *frozen* 2. *besieged* 3. *surrendered*

Por si acaso

Fechas importantes en la historia del mundo

3500 a.C. Florece la civilización sumeria en Oriente Medio.

2500 a.C. Uso del papiro en Egipto.

776 a.C. Celebración de los primeros Juegos Olímpicos en Grecia.

753 a.C. Fundación de Roma.

221 a.C. Se empieza la construcción de la Muralla China.

44 a.C. El emperador romano Julio César es asesinado.

100 d.C. El imperio romano alcanza su máximo apogeo.

105 d.C. China comienza la manufactura del papel.

711 d.C. Los moros invaden España.

1492 d.C. Los cristianos conquistan Granada (España), última ciudad mora.

Por si acaso

Abreviaturas

En los textos que tratan de historia, frecuentemente se encuentran estas abreviaturas:

s. XV se lee "siglo quince"; el siglo se debe escribir con números romanos.

a.C. (a. de C., a. J. C., a. de J. C.) se lee "antes de Jesucristo".

d.C. (a. de C., d. J. C., d. de J. C.) se lee "después de Jesucristo".

OCÉANO ÁRTICO

Estrecho de Bering

Mar de Bering

¿Qué pasa?

LA CUESTIÓN INDÍGENA

Desde 1975 se han formado varias organizaciones indígenas, fenómeno nuevo en el escenario político y social de México. Antes existían únicamente organizaciones de campesinos, donde lo indígena no estaba presente. Al comienzo, sus demandas se centraban en la **dotación**[4] de tierras y en la defensa de sus valores culturales. Con los años, estas demandas se han ido ampliando. La crisis económica que afecta a los campesinos indígenas ha hecho que las organizaciones proliferen pidiendo:

1. La defensa de sus recursos naturales, insistiendo en el derecho de preservar o aprovechar sus bosques, sus minas, sus ríos o sus lagos.

2. Garantías para desarrollar su producción **agropecuaria**[5] y eliminar intermediarios y especuladores.

3. El establecimiento de servicios educativos bilingües e interculturales, así como la preservación de su patrimonio y herencia cultural prehispánica.

4. La creación de representación política en los congresos estatales y federal, y participación en el diseño y ejecución de sus proyectos de desarrollo.

5. En cuanto a las relaciones de fuerte tensión con los gobiernos estatales o con el gobierno federal, se pide el respeto a los derechos humanos, reclamando justicia contra masacres, asesinatos y la expropiación de sus tierras.

Aunque hay muchas organizaciones indígenas, éstas no incluyen a todos los grupos étnicos que habitan el país. Además, estas organizaciones presentan importantes diferencias entre ellas porque sus objetivos varían según las necesidades de las diferentes comunidades indígenas. Las reivindicaciones culturales dependen del desarrollo de su conciencia étnica, sus intereses y sus necesidades. Muchas de estas organizaciones de productores han tomado como centro organizador la recuperación de sus raíces culturales, que se refleja en los nombres indígenas de algunas organizaciones. Hoy en día existen más de cincuenta organizaciones indígenas.

---

4. *allotment* 5. *related to agriculture and fishing*

1–2. ¿Comprendiste? Responde a las siguientes preguntas sobre *¿Qué pasó?* y *¿Qué pasa?*

1. ¿Cuándo llegaron a América los primeros habitantes?
2. ¿Cómo llegaron los primeros habitantes?
3. ¿Cuáles son las tres ciudades precolombinas que se mencionan? ¿Qué información se menciona sobre cada una?
4. Haz una lista de las civilizaciones precolombinas que se mencionan y las fechas asociadas con ellas.
5. ¿Cuándo empiezan a surgir organizaciones indígenas en México?
6. ¿Qué demandan esas organizaciones?

MOCTEZUMA II (1480–1520)

Fue un guerrero joven, valiente, prudente y muy religioso. Tenía fama de ser humilde y virtuoso, pero cuando subió al poder se tornó orgulloso y arrogante. Mostró un profundo desprecio por la clase que no era noble. Desde un principio **se dio cuenta de**[6] su gran poder y se hizo llamar Tlacatecutli, "señor de señores". Moctezuma violó el tratado de la Guerra Florida con otros pueblos para obligarlos a pagar tributo. Estos pueblos odiaban a Moctezuma y su odio creó inestabilidad política. Cuando llegaron los españoles se deshizo el gran imperio de Moctezuma y los pueblos sometidos vieron la posibilidad de liberarse. **En vez de**[7] unirse contra los invasores, se aliaron con ellos para liberarse de la terrible tiranía de Moctezuma II.

Moctezuma II era muy religioso y supersticioso. Cuando supo de la llegada de hombres blancos con barba, no dudó que éstos eran la materialización de la vieja leyenda, según la cual el dios Quetzalcóatl y sus hermanos aparecerían un día. Cuando en 1519 llegaron Hernán Cortés y sus hombres, Moctezuma II no alistó a su pueblo para combatirlos sino, al contrario, para tratarlos amigablemente. Cortés, que quería conquistar el imperio azteca, hizo prisionero a Moctezuma. Finalmente hubo una revuelta provocada por una masacre de indios nobles realizada por los españoles. Cortés hizo salir a Moctezuma para que hablara con su pueblo y restableciera la paz. Pero cuando Moctezuma salió, fue recibido con insultos. Una piedra arrojada potentemente desde la **muchedumbre**[8] lo hirió. Los soldados lo retiraron y murió dos días después, el 29 de junio de 1520. Existe la sospecha de que los españoles lo mataron, porque las heridas que produjo la piedra no eran de mucha gravedad.

6. *realized* 7. *Instead of* 8. *mob*

LA BASÍLICA DE NUESTRA SEÑORA DE GUADALUPE

La enorme basílica de Nuestra Señora de Guadalupe en la Ciudad de México es uno de los lugares de **peregrinación**[9] más visitados. La basílica se encuentra en el monte Tepeyac, que era un lugar sagrado ya antes de la llegada del cristianismo a América. En tiempos prehispánicos, en la parte más alta del monte Tepeyac había un templo dedicado a una diosa de la tierra y la fertilidad llamada Tonantzin, la Madre de los dioses. El templo del monte Tepeyac fue un lugar importante de peregrinación para los habitantes de Tenochtitlán, importante capital azteca situada cerca del monte Tepeyac. Poco tiempo después de la toma de Tenochtitlán por Hernán Cortés en 1521, el templo fue destruido y se prohibieron las peregrinaciones al monte.

El 9 de diciembre de 1531, un indio azteca cristiano bautizado con el nombre de Juan Diego caminaba hacia la iglesia y al pasar cerca del monte Tepeyac oyó una voz de mujer que lo llamaba. Juan Diego subió al monte y vio a una mujer rodeada de luz dorada. La mujer reveló que ella era la madre de Jesucristo y que era su deseo que se construyera una iglesia en su honor. Juan Diego le comunicó al obispo el deseo de la Virgen María, pero el obispo no lo creyó, y le dijo a Juan Diego que necesitaba ver una **señal**[10]. Juan Diego, siguiendo las instrucciones de la Virgen María, cortó unas rosas que habían crecido en el monte Tepeyac **a pesar de**[11] que era invierno. Las envolvió en un **manto**[12] y se las presentó al obispo. El obispo quedó admirado al ver las rosas y todavía más al ver la imagen de María **estampada**[13] en el manto. El obispo interpretó esto como una señal e inmediatamente empezó la construcción de la iglesia de la Virgen de Guadalupe. La iglesia se ha reconstruido en varias ocasiones y hoy día es una gran basílica, en la que **caben**[14] diez mil personas. Los visitantes pueden ver el manto con la imagen de la Virgen María.

---

9. *pilgrimage* 10. *sign* 11. *even though* 12. *cloak* 13. *printed* 14. *fit*

1-3. Más detalles.

A. En parejas, usen la información de _¿Quién soy?_ para completar los siguientes pasos:

1. Hagan un esquema de las virtudes y defectos que creen que tenía Moctezuma. Incluyan por lo menos tres cosas en cada lado del esquema. Piensen en su personalidad y sus relaciones con el pueblo y con los conquistadores, según la información que leyeron.

2. Piensen en un líder actual de su país y preparen un esquema similar al de Moctezuma.

3. Escriban un breve párrafo describiendo las semejanzas y diferencias más importantes entre estos dos personajes. Después, intercambien sus comentarios con otra pareja para ver si tienen la misma interpretación.

B. Usen la información que leyeron en _¿Dónde está?_ para responder a estas preguntas.

1. ¿Qué tienen en común la Virgen de Guadalupe y Tonantzin?
2. ¿Quién fue Juan Diego?
3. Si vieran ustedes la imagen que vio Juan Diego, ¿cómo creen que reaccionarían? ¿Por qué? Justifiquen sus respuestas.

1-4. Síntesis y opinión. En parejas, respondan a las siguientes preguntas.

1. De las reivindicaciones (_demands_) de los grupos amerindios, ¿cuáles creen que son las que necesitan atención inmediata?
2. Imaginen que son líderes de una organización amerindia, ¿qué van a hacer para alcanzar (_achieve_) los objetivos de su organización?
3. ¿Qué le recomendarían a un líder como Moctezuma?
4. ¿A qué líder actual o del pasado admiran? Expliquen sus razones.

ATENCIÓN A LA ESTRUCTURA

Preterit and Imperfect Tenses in Contrast

You have already studied the preterit and imperfect tenses. You know that both tenses talk about different aspects of the past. Your choice of which tense to use in talking about the past is influenced by what you want to convey. The following is a list of the main uses of each tense.

Preterit

1. The preterit conveys an action, event, or condition that is viewed as completed in the past.

   Los primeros pobladores de América **llegaron** hace 40.000 años.

   The first settlers **arrived** in America 40,000 years ago.

2. When two actions are expressed in the past and one interrupts the other, the ongoing action is in the imperfect. The preterit is used for the interrupting action.

Me **dormí** cuando **leía** un libro sobre la invasión de Tenochtitlán.

*I **fell asleep** while I **was reading** a book on the invasion of Tenochtitlán.*

3. The preterit is used when the end or duration of an action is emphasized. How long the action went on doesn't matter. If you are expressing that it had a beginning and an ending, use the preterit.

Preparé mi presentación sobre la cuestión indígena en cuatro horas.

*I **prepared** my presentation on the indigenous issue in four hours.*

Imperfect

The imperfect . . .

1. describes background information, physical, mental, and emotional states, and sets the scene for another action (in the preterit) to take place.

La ciudad de Tenochtitlán **era** uno de los centros urbanos más importantes del imperio azteca cuando Hernán Cortés la **invadió**.

*The city of Tenochtitlán **was** one of the most important urban centers of the Aztec empire when Hernán Cortés **invaded** it.*

2. conveys habitual past actions.

Moctezuma II no **trataba** bien a las personas de clase baja.

*Moctezuma II **did** not **treat** the lower class people well.*

3. expresses age in the past.

Moctezuma II **tenía** 40 años cuando murió.

*Moctezuma II **was** 40 years old when he died.*

4. expresses time in the past.

Eran las dos de la mañana cuando terminé mi investigación sobre las organizaciones indígenas de México.

*It **was** two in the morning when I finished my research on the indigenous organizations of Mexico.*

5. describes two actions ongoing at the same time.

Esta mañana, mientras yo **estudiaba** para mi examen de historia, mi compañero de cuarto **preparaba** el desayuno.

*This morning, while I **was studying** for my history exam, my roommate **was preparing** breakfast.*

6. conveys indirect speech.

La instructora dijo que **iba** a visitar las ruinas de Tenochtitlán.

*The instructor said that she **was going** to visit the ruins of Tenochtitlán.*

Verbs that Convey Different Meanings in the Preterit and the Imperfect

Imperfect

conocía (*I knew, I was acquainted with*)

Al principio, Cortés no **conocía** la leyenda del dios Quetzalcóatl.

*At first, Cortés **did** not **know** about the Quetzalcóatl legend.*

sabía (*I/He/She knew, knew how to, had knowledge that*)

Moctezuma II no **sabía** con certeza que Cortés no era el dios Quetzalcóatl.

*Moctezuma II **did** not **know** with certainty that Cortés was not the god Quetzalcóatl.*

podía (*I/He/She could, was able to*)

Moctezuma y su gente no **podían** imaginar su destino.

*Moctezuma and his people **couldn't** imagine their destiny.*

quería (*I/He/She wanted to*)

Cortés y sus hombres no **querían** revelar sus verdaderas intenciones.

*Cortés and his men **didn't** **want** to reveal their real intentions.*

Preterit

conocí (*I met, made the acquaintance of*)

Finalmente, Cortés **conoció** a Moctezuma II.

*Finally, Cortés **met** Moctezuma II.*

supe (*I learned, found out*)

Finalmente Moctezuma II **supo** que los españoles no eran sus amigos.

*Finally, Moctezuma II **learned** that the Spaniards were not his friends.*

pude (*I was able to and did*)

Los alumnos **pudieron** finalmente comprender la problemática indígena en México.

*The students **were** finally **able** to understand the indigenous problems in Mexico.*

quise (*I tried to*)

Juan Diego **quiso** convencer al obispo pero el obispo no le creyó.

*Juan Diego **tried** to convince the bishop, but the bishop didn't believe him.*

For information on spelling changes in the preterit, see *Apéndice gramatical 1.*

1–5. Identificar y explicar. En parejas, lean el siguiente párrafo y determinen por lo menos tres razones por las que se usa el tiempo imperfecto en lugar del pretérito para narrar estos hechos.

En el culto religioso azteca, los sacrificios humanos eran un elemento fundamental. Eran la compensación o pago que los hombres daban a los dioses. El sacrificio más frecuente consistía en arrancar el corazón de la víctima, ofreciéndoselo inmediatamente al dios. En el sacrificio intervenían cinco sacerdotes: mientras cuatro sujetaban (*held*) al sacrificado sobre una piedra, un quinto sacerdote ejecutaba el sacrificio con un cuchillo. También había meses consagrados al sacrificio de niños; estos sacrificios se hacían para atraer la lluvia.

1-6. Datos históricos. Elige **uno** de estos dos párrafos y conjuga los verbos en el tiempo pasado correcto, según la información y el significado que quieras transmitir. Después, explícale a tu compañero/a las razones por las que elegiste el pretérito o el imperfecto en cada lugar.

1. Moctezuma generalmente _seguía_ (seguir) el mismo ritual a la hora de comer: mientras él _comía_ (comer) músicos y bailarinas _entraban_ (entrar) en el comedor para entretenerlo. La mayoría de los conquistadores no _conocía_ (conocer) a Moctezuma, porque él murió al principio de la conquista de América. Los conquistadores tampoco _sabían_ (saber) mucho sobre los rituales indígenas.

2. En invierno, no _había_ (haber) flores en el monte Tepeyac, por eso el obispo _ó_ (interpretar) las rosas de Juan Diego como un milagro. Juan Diego _dijo_ (decir) que la Virgen María le _había hablado_ (hablar) a él cuando _iba_ (ir) de camino a la iglesia. Después, la imagen de María _qued_ (quedar) estampada en el manto. Ese mismo día _Comenzaron_ (comenzar) los planes para la construcción de la iglesia.

1-7. Encuentros entre Cortés y Moctezuma. En algunos casos es necesario elegir el tiempo correcto para contar una historia exactamente tal y como ocurrió. Este párrafo describe un momento específico de la historia. Determina el tiempo correcto en cada caso.

Cuando Moctezuma (1. terminar) de comer, (2. visitar) a Cortés y a sus hombres en sus habitaciones. Moctezuma (3. decir) que él (4. estar) muy complacido de conocer a un hombre tan valiente. Cortés le (5. contestar) diciendo que él no (6. saber) cómo agradecerle su hospitalidad. En una ocasión Moctezuma les (7. mostrar) sus armas a los españoles. Estas armas (8. cortar) más que muchas de las espadas de los hombres de Cortés.

MODELO

1. Un ejército de moros llegó a España.
Detalles: El ejército llevaba diez meses viajando. Los soldados estaban cansados y enfermos.

2. Los soldados arrasaron las ciudades y tomaron el control.

1-8. ¿Y tú? Hay muchas películas famosas sobre el tema de la Conquista (*La Misión* o *1492* son buenos ejemplos). Si no has visto ninguna de estas películas, piensa en una película popular conocida por la mayoría que esté relacionada con la invasión de un pueblo por otro. No le digas el nombre de la película a tu compañero/a y sigue los siguientes pasos:

1. Escribe 4 ó 5 oraciones que indiquen los eventos principales de la película.
2. Verifica que los verbos estén en el tiempo pasado más apropiado.
3. Añade por lo menos dos detalles adicionales sobre cada punto.
4. Intercambia tu papel con el de tu compañero/a.
5. Determina de qué película se trata.
6. Si necesitas más detalles sobre algún punto, tu compañero/a puede darte la información oralmente.

- 5 cosas que hacías en el verano

- 5 cosas que hiciste ayer

Entrando en materia

1–9. Anticipar el tema. Mira el mapa y el texto que está abajo. Basándote en la información que ves, ¿qué temas crees que aparecerán en el artículo que vas a leer? Anota dos o tres ideas sobre el tema general y guárdalas para verificarlas después.

1–10. Vocabulario en contexto. En el artículo que vas a leer aparecen estas oraciones. Para familiarizarte con el vocabulario nuevo, presta atención a las palabras en negrita y escoge un sinónimo de la lista para cada palabra. Si te resulta difícil, puedes volver a esta actividad después de leer el artículo completo y revisar los sinónimos que elegiste.

> se produjo   se puede   tendió   consecuencias   lugares geográficos

1. Aunque la Conquista fue enormemente cruel, no tuvo motivos ni **secuelas** propiamente racistas.
2. La muerte colectiva **sobrevino** después, por las epidemias que trajeron los conquistadores.
3. **Cabe** hablar de discriminación, abuso y opresión, pero no de exterminio.
4. A partir del siglo XVII la sociedad mexicana **propendió** a la integración y mezcla de los grupos étnicos.
5. En Chiapas y en muchos **enclaves** mexicanos, los indios sufren un trato discriminatorio.

Población total: 3.920.515

Población indígena: 60%

Lengua: 57 lenguas indígenas, predomina el monolingüismo

Sociedad y política: el primero de enero de 1994 el pueblo chiapaneco protagonizó una protesta masiva contra el gobierno federal mexicano. La protesta fue coordinada

por un grupo rebelde, el Ejército Zapatista para la Liberación Nacional (EZLN). El pueblo de Chiapas reivindica entre otras cosas una reforma agraria justa, acceso a la educación y la protección de sus propios recursos naturales.

Nueve inexactitudes sobre la cuestión indígena

ENRIQUE KRAUZE

Enrique Krauze es un escritor e historiador mexicano.

(El texto a continuación es un fragmento del artículo en el que el autor describe la inexactitud número 4: la cuestión indígena en relación al racismo)

4. México es un país racista.

Depende de qué se entienda por racismo. En el siglo XX y aún en nuestros días, racismo equivale a muchas cosas. En algunos casos, el racismo ha tenido como consecuencia el exterminio de una raza por otra. En otros casos, la discriminación de un grupo racial determinado. Aunque es verdad que la Conquista de América fue enormemente cruel, no podemos decir que tuvo motivos ni **secuelas** propiamente racistas. La muerte colectiva de los pueblos indígenas **sobrevino** después, por las enfermedades y epidemias que trajeron a América los conquistadores, las cuales un siglo después de la llegada de los europeos habían causado la muerte del 75% de la población indígena original. Desde ese momento histórico, **cabe** hablar de discriminación, abuso y opresión, pero no es posible hablar del exterminio de una raza por otra. **Ⓜ**

A partir del siglo XVII la sociedad mexicana **propendió** a la integración y mezcla de los grupos étnicos. ¿Qué otro país de América ha tenido un presidente indígena? Sólo México con Benito Juárez (y con Porfirio Díaz, que en buena medida lo era). Perú tiene hoy un presidente indígena: Alejandro Toledo. No hay duda de que en la comunidad de Chiapas (como en la Tarahumara, Nayarit, Yucatán y otros **enclaves** mexicanos, incluido el Distrito Federal) los indios aún sufren un trato injusto y discriminatorio. Pero los europeos o estadounidenses que hablan del 'racismo mexicano' olvidan su propia situación: el racismo ha sido significativo históricamente en Europa y en el presente sigue siendo una fuente de problemas en la sociedad estadounidense. El problema de México no es principalmente racial, sino social, político y económico.

El País. **Opinión**. Jueves, 8 de marzo de 2001. DIARIO EL PAÍS, S.L. (Miguel Yuste 40, 28037 Madrid-España). Versión adaptada.

Ⓜomento de reflexión

Selecciona la idea que mejor representa el contenido de la lectura hasta este momento.

❏ a. El autor dice que los conquistadores no planearon exterminar a la población indígena.

❏ b. El racismo fue un factor importante en el proceso de la Conquista.

---

2 **1–11. ¿Hay racismo en México?** En parejas, comenten sus opiniones sobre las siguientes oraciones. Si no tienen la misma opinión, expliquen sus razones.

1. El artículo está escrito desde una perspectiva favorable a México.
2. En el artículo se ve claramente que la población indígena murió a consecuencia de la Conquista.
3. El autor tiene una opinión negativa de los europeos y los estadounidenses.
4. El artículo está escrito a favor de los grupos indígenas.
5. El autor dice que "El problema de México no es principalmente racial, sino social, político y económico". ¿Por qué creen que hace esta afirmación?

2 **1–12. Cuestión de palabras.** En parejas, consideren qué cambios pueden introducir en el párrafo anterior sobre Chiapas, para que el artículo parezca escrito por una persona que está en contra de la igualdad de los indígenas. Pueden enfocarse en los tiempos verbales, cambiar los adjetivos o incluso el orden de las oraciones. Después, intercambien su "nuevo" párrafo con otra pareja para saber qué opinan sus compañeros.

4 **1–13. Hablemos del tema.** En grupos de cuatro, repasen la información incluida sobre Chiapas y organicen un pequeño debate sobre **uno** de los siguientes puntos.

1. El racismo que existe en Chiapas es muy diferente del racismo que encontramos en Europa o en Estados Unidos. ¿Es cierta esta afirmación? ¿Por qué?
2. El racismo está presente en todas las sociedades. Históricamente el racismo era obvio; hoy en día, el racismo aparece en todas las sociedades, pero no es tan evidente como antes.

Refranes

Los refranes son frases cortas, a veces metafóricas, que contienen una enseñanza o una moraleja (*moral*). Las personas mayores tienden a usar refranes más que los jóvenes. Muchos refranes hispanos tienen un equivalente cercano en inglés, por ejemplo, *A bird in the hand is worth two in the bush* en español es *Más vale pájaro en mano que ciento volando.*

1–14. Refranes. Indica cuál es el significado de la columna B que corresponde al refrán de la columna A. Trata de pensar en el equivalente en inglés si existe.

A	**B**
Refranes	Significado
1. Perro que ladra, no muerde.	a. Por ejemplo, tú sabes español y tu padre tiene que pagar a un traductor para traducir una carta del español al inglés.
2. Ojos que no ven, corazón que no siente.	b. Una persona que se queja (*complaints*) mucho de una situación pero no actúa tan drásticamente como suenan sus palabras.
3. En casa del herrero, cucharas de palo.	c. Las cosas que no vemos o que no sabemos no nos pueden hacer sentirnos mal, precisamente porque las ignoramos.

1–15. Reconstruir un refrán. Ordenen estas palabras de forma lógica y tendrán un refrán. Después, intenten crear un nuevo refrán en inglés para expresar una idea similar. ¡Sean creativos!

librillo   cada   su   tiene   maestrillo

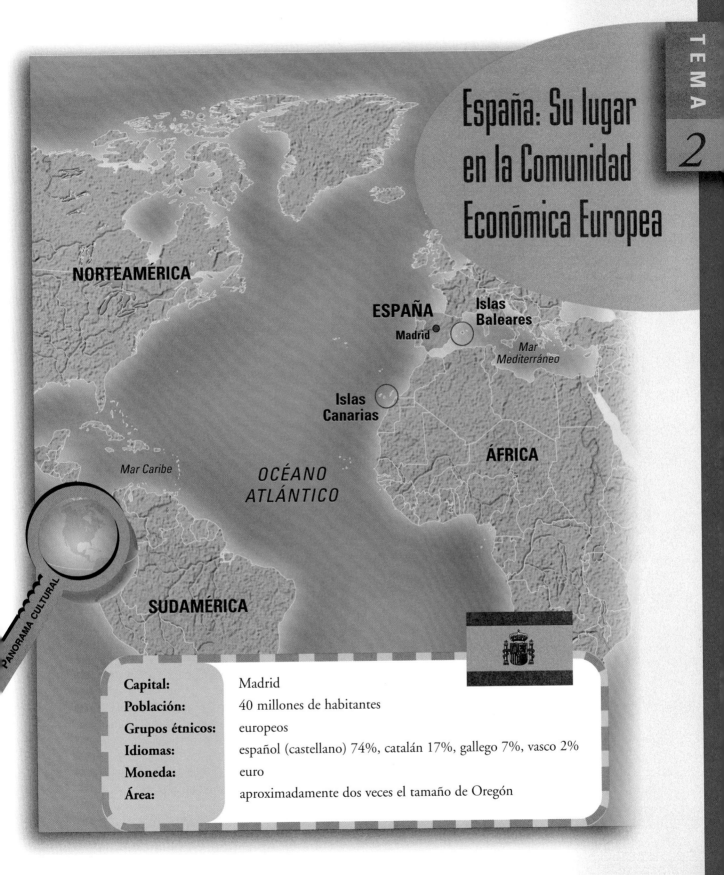

España: Su lugar en la Comunidad Económica Europea

NORTEAMÉRICA

ESPAÑA

Islas Baleares

Madrid

Mar Mediterráneo

Islas Canarias

ÁFRICA

Mar Caribe

OCÉANO ATLÁNTICO

PANORAMA CULTURAL

SUDAMÉRICA

Capital:	Madrid
Población:	40 millones de habitantes
Grupos étnicos:	europeos
Idiomas:	español (castellano) 74%, catalán 17%, gallego 7%, vasco 2%
Moneda:	euro
Área:	aproximadamente dos veces el tamaño de Oregón

Entrando en materia

1–16. ¿Qué sabes de España? Lee las siguientes oraciones sobre España y decide si son ciertas o falsas. Si puedes, corrige las falsas. Si no estás seguro/a, repasa tus respuestas después de leer la sección para ver si eran correctas.

1. España tiene frontera con Portugal y Francia solamente.
2. Los tacos son un tipo de comida española.
3. España, como el Reino Unido, tiene una monarquía.
4. La tortilla española es semejante a la tortilla mexicana.
5. Gibraltar está en la costa sur de España.

PERFIL

¿Qué pasó?

DECADENCIA DEL IMPERIO ESPAÑOL, DICTADURA Y DEMOCRACIA

Durante los siglos XVI y XVII, España poseía un gran imperio que incluía territorios en América, Europa y el norte de África. La derrota de la Armada Invencible (la flota española) por parte de los ingleses en 1588, marcó el comienzo de la decadencia del imperio español en Europa. En el siglo XIX, España perdió el control de las colonias americanas; su última colonia, Cuba, se independizó en 1898.

España vivió los primeros treinta y nueve años del siglo XX en aguda inestabi-lidad política y **estancamiento**[1] económico. Esta situación culminó en una guerra civil que comenzó en 1936 y terminó en 1939 con la victoria del General Francisco Franco. Exhausta después de la guerra civil, España se declaró neutral durante la Segunda Guerra Mundial. Su neutralidad y la dictadura de Franco mantuvieron a España **aislada**[2] del resto de Europa económica y políticamente. Por esta razón, en 1960 España era uno de los países más pobres de Europa.

Entre 1961 y 1973 se produjo una revolución económica marcada por un aumento de intercambio económico con otros países, una liberalización de la economía y la promoción turística del país. En 1969 Franco nombró como su sucesor al príncipe Juan Carlos, nieto del rey Alfonso XIII, quien se había exiliado de España en 1931. Dos días después de la muerte de Franco en 1975, Juan Carlos I fue proclamado rey de España. Con él se **reinstauró**[3] una monarquía constitucional y democrática. Las primeras elecciones democráticas después de la muerte de Franco tuvieron lugar en 1977.

---

1. *stagnation* 2. *isolated* 3. *restored*

¿Qué pasa?

ESPAÑA INGRESA EN LA UNIÓN EUROPEA

En 1986 España **ingresó**[4] en la Unión Europea después de un largo proceso de negociaciones. Como miembro de la Unión Europea, España participó en el proyecto para crear una moneda única para la Unión, el euro. Este proyecto se completó en enero de 2002. En esa fecha España y otros nueve miembros de la Unión Europea adoptaron el euro como **moneda**[5] oficial.

Algunos beneficios de esta unión monetaria son:

1. La eliminación de los costos de transacción como consecuencia de la sustitución de las distintas monedas nacionales **actualmente**[6] existentes.

2. La eliminación de la **incertidumbre**[7] asociada con la variación de los tipos de cambio de las monedas de los países que participan de la moneda

única. Esta **ventaja**[8] resulta clara al considerar el efecto negativo que el cambio de moneda genera sobre las inversiones internacionales.

El establecimiento del euro, aunque no es indispensable para el funcionamiento del mercado interior, constituye un paso definitivo en la integración de los mercados y aumenta las posibilidades de obtener más beneficios económicos.

Las condiciones establecidas en el Tratado de la Unión Europea indican que sólo aquellos países con estabilidad económica pueden tener acceso a la moneda común. Este nuevo contexto macroeconómico caracterizado por una mayor estabilidad sentará las bases para que España pueda crecer y crear empleo a un ritmo estable y sostenido.

---

4. *joined* 5. *currency* 6. *currently* 7. *uncertainty* 8. *advantage*

1–17. ¿Comprendiste? Completa las siguientes ideas sobre *¿Qué pasó?*

1. En los siglos XVI y XVII el territorio del imperio español incluía...
2. El acontecimiento que marca la decadencia del imperio español es...
3. La última colonia española en América fue...
4. De 1900 a 1939 la situación política y económica...
5. La Guerra Civil española terminó con la victoria de...
6. Entre 1961 y 1973 la revolución económica fue el resultado de...
7. La monarquía se reinstauró...
8. En 1986 España...

1–18. Un momento de pausa. En parejas, piensen en la información que leyeron en la sección *¿Qué pasa?* y hablen sobre las consecuencias de establecer una moneda única para todos los países del mundo. ¿Creen que sería algo beneficioso? Escriban un mínimo de dos consecuencias negativas y dos positivas que podrían resultar de la eliminación de las monedas nacionales. Después, comenten sus opiniones con sus compañeros.

¿Quién soy?

PENÉLOPE CRUZ

Penélope Cruz Sánchez nació en Madrid (España) en 1974 y tiene un hermano y una hermana. Sus padres siempre la han apoyado en todas sus decisiones. Con tan sólo cinco años ingresó en una academia de baile y a los catorce empezó a trabajar como modelo publicitaria. Cuando todavía no tenía dieciocho años recibió una oferta para hacer el **papel**[9] de protagonista en *Las edades de Lulú,* pero tuvo que rechazarlo por ser menor de edad.

Con la película *Belle Époque* de Fernando Trueba, que recibió el Oscar a la mejor película extranjera en 1993, Penélope Cruz se convirtió en una de las actrices españolas más **destacadas**[10]

del momento. Tuvo un papel importante en *Todo sobre mi madre,* de Pedro Almodóvar, película que recibió el Oscar a la mejor película extranjera en 1999.

Su primera película estadounidense fue *Hi-Lo Country.* En 2001 protagonizó *Vanilla Sky* junto a Tom Cruise.

Se llama Penélope por una canción de Joan Manuel Serrat, titulada *Penélope,* que era la preferida de sus padres. Los que la conocen la llaman Pe. La comida que más le gusta es la japonesa y sus colores son el blanco y el negro. Frases que ha dicho: "Soy una cosa a la que hacen fotos", "Todas las experiencias son positivas. Si no hay sombras, no puede haber luz".

9. *role* 10. *visible*

1–19. Más detalles. Responde a las preguntas sobre *¿Quién soy?* usando la información que leíste y tu propia opinión.

1. ¿Cómo crees que es la relación entre Penélope y sus padres?
2. ¿Por qué no pudo aceptar el papel que le ofrecieron en *Las edades de Lulú*?
3. Explica qué quiere decir Penélope con "Todas las experiencias son positivas. Si no hay sombras, no puede haber luz".
4. ¿Qué opinión tienes de Penélope? ¿Por qué?

¿Dónde está?

LA FERIA DE ABRIL DE SEVILLA

La Feria de Abril de Sevilla nació en el año 1846 como iniciativa para impulsar la economía de la ciudad. Gracias a aquella iniciativa, en abril de 1847 se celebró con gran éxito la primera Feria de Sevilla. Esta feria duró tres días y recibió a 75.000 visitantes, de los cuales un tercio eran extranjeros.

Los comercios se cerraban a las once de la noche y era entonces cuando comenzaba la música y el baile como manifestación espontánea de los sevillanos de la sierra y de todos los andaluces que allí se encontraban.

Hoy día la feria dura siete días y no tiene carácter **mercantil o ganadero**[11]

11. *trade or farm related*

sino que es una muestra folclórica, festiva y popular del pueblo sevillano. Las atracciones de la feria consisten en bailar o ver bailar sevillanas, escuchar sevillanas, ver a la gente pasear vestida con trajes folclóricos, ver las carrozas que desfilan por las calles, beber buen vino y disfrutar del ambiente festivo y del espectáculo de la gente divirtiéndose. En 1973 la celebración de la feria se trasladó al barrio de Los Remedios donde permanece hasta hoy.

Por si acaso

Las sevillanas

Las sevillanas son un baile popular de Sevilla. Se derivan del flamenco y se bailan en parejas de mujeres o entre un hombre y una mujer. Los miembros de la pareja se ponen de pie uno delante del otro. El baile consiste en intercambiar los lugares dando varios pasos de baile antes de pasar de un lugar al otro. El baile se acompaña con guitarras, castañuelas y palmadas (*hand clapping*).

1–20. ¿Recuerdas? Contesta estas preguntas para verificar tu comprensión.

1. ¿Por qué se celebró la Feria de Sevilla en 1847?
2. ¿Qué diferencia hay entre la primera feria y la de hoy día?
3. ¿Cuáles son las atracciones de la Feria de Sevilla hoy día?
4. ¿Conoces alguna celebración similar a la Feria de Sevilla? ¿Cuál?

ATENCIÓN A LA ESTRUCTURA

Present Perfect Tense

Formation

The present perfect tense has two parts, the first one is the present tense of the auxiliary verb **haber**, the second one is the past participle of the main verb.

Present tense (**haber**)   +   Past participle

	-ar	-er	-ir
yo **he**			
tú **has**			
él/ella/usted **ha**			
nosotros **hemos**	habl**ado**,	com**ido**,	dorm**ido**
vosotros **habéis**			
ellos/ellas/ustedes **han**			

To form the past participle, drop the last two letters of the infinitive and add **-ado** for **-ar** verbs, and **-ido** for **-er** and **-ir** verbs. Some verbs feature an irregular past participle. The most common ones are listed below.

abrir	→	abierto	hacer	→	hecho	romper	→ roto
decir	→	dicho	morir	→	muerto	ver	→ visto
escribir	→	escrito	poner	→	puesto	volver	→ vuelto
freír	→	frito	resolver	→	resuelto		

Any verbs that derive from the verbs above also have irregular past participles, e.g., **describir, refreír, deshacer, imponer, componer, prever,** and **devolver.**

Uses of the Present Perfect

The present perfect is used in Spanish in very much the same way it is used in English.

> España y Portugal **han recibido** mucha ayuda económica de la Unión Europea.
>
> *Spain and Portugal **have received** a lot of financial help from the European Union.*

The present perfect is a past tense used when the speaker perceives the action with results bearing upon the present time. That is why certain temporal references such as **hoy, esta mañana, hace una hora, este mes, este año,** and **este siglo** are compatible with the present perfect but expressions like **ayer, el año pasado,** and **la semana pasada** preclude the use of the present perfect and call for the preterit instead.

> **Este mes** hemos tenido muchos exámenes.
>
> ***This month** we have had many tests.*
>
> **Ayer** tuve un examen.
>
> ***Yesterday** I had a test.*

At times, the present perfect is interchangeable with the preterit.

> **Hoy** he bebido café tres veces.
>
> ***Today** I have drunk coffee three times.*
>
> **Hoy** bebí café tres veces.
>
> ***Today** I drank coffee three times.*

No word can come between the auxiliary verb and the past participle, therefore in negative sentences **no** is always placed before the auxiliary verb.

> —¿**Has** estudiado para el examen ya? —No, **no** he estudiado todavía.
>
> *Have you studied for the test yet? No, I have **not** studied yet.*

1–21. Identificación. Aquí tienes una nota de prensa sobre una visita del presidente de EE.UU. a España. Léela fijándote en los verbos que aparecen en el presente perfecto y subráyalos. ¿Puedes cambiarlos al pretérito? ¿Cambia el significado o se mantiene igual?

Noticias de España

El presidente de EE.UU. ha llegado a Madrid esta mañana. Uno de los temas de su visita es la lucha contra el terrorismo. Durante la cena ofrecida al presidente de EE.UU., el rey de España dijo: "España ha superado (*overcome*) muchos obstáculos a lo largo de la historia y está preparada para superar el problema del terrorismo local e internacional".

Durante el último año, España y EE.UU. han colaborado estrechamente (*closely*) en la lucha contra el terrorismo internacional

1–22. Lo que hemos aprendido. Usa la forma apropiada del presente perfecto de los verbos en paréntesis para completar esta sinopsis de lo que has aprendido en esta unidad.

En esta unidad nosotros (1. estudiar) varios aspectos de la historia y la cultura de España. Es impresionante ver cómo se (2. transformar) España en sólo unas décadas. La manera en que los españoles se (3. adaptar) a la democracia en tan poco tiempo es ejemplar. Ellos (4. hacer) un gran esfuerzo para integrarse política y económicamente en la Europa occidental. Yo (5. leer) un artículo que decía que algunos países gobernados bajo dictaduras (6. examinar) el caso de España para usarlo como ejemplo y facilitar su transición a la democracia. Yo (7. aprender) mucho sobre este tema y voy a buscar más información en Internet.

1–23. Un día en la vida del rey. En parejas, completen este párrafo para descubrir cómo pasa un día el rey de España. Deben conjugar los verbos de la lista en el tiempo pasado más apropiado (el imperfecto, el pretérito o el presente perfecto). ¡Atención, estos verbos pueden tener un participio pasado irregular!

> volver   decir   resolver   hacer   escribir

Mucha gente piensa que un rey no tiene nada que hacer. Sin embargo, un rey moderno tiene muchas responsabilidades. Por ejemplo, hoy el rey Don Juan Carlos (1) _ha vuelto_ de una visita a Costa Rica y (2) _ha leído_ diez cartas, todas ellas sobre importantes temas de estado. Por la tarde él y la reina (3) _han resuelto_ varios problemas durante una cena oficial para los dignatarios de la Unión Europea. El rey también (4) _ha hecho_ varias llamadas telefónicas a diferentes ministros del gobierno. Durante la cena oficial el rey no (5) _dijo_ mucho porque estaba muy cansado.

1–24. ¿Y tú? ¿Tiene tu rutina algo en común con la rutina diaria del rey? Explica en diez oraciones o menos qué ha pasado o no ha pasado esta semana, qué has hecho tú y qué han hecho las personas con las que te relacionas. Selecciona entre estos verbos para formar cinco de tus oraciones.

> abrir   escribir   freír   hacer   morir   poner   resolver   romper   ver   volver

hoy
¿Qué has hecho?

ayer
¿Qué hiciste?

Entrando en materia

1–25. ¿Qué saben de la Unión Europea? Usen lo que ya saben sobre la política mundial para determinar si estas oraciones son ciertas o falsas. Si pueden, corrijan las falsas.

1. Europa quiere ser una potencia (*power*) económica comparable a EE.UU. o Japón.
2. El ruso es una de las lenguas oficiales de la Unión Europea.
3. Los términos **Europa** y **Unión Europea** son sinónimos.
4. Los miembros de la Unión Europea son: Portugal, España, el Reino Unido, Irlanda, Francia, Grecia, Alemania, Italia, Austria, Finlandia, Suecia, Dinamarca, Bélgica, Holanda y Luxemburgo.
5. La Unión Europea permite que sus miembros tengan gobiernos no democráticos.

1–26. Vocabulario en contexto.

A. Vas a oír las oraciones siguientes en la miniconferencia. Usando el contexto de las oraciones, indica cuál de estos sinónimos corresponde a las palabras en negrita.

> dar   activar   pedir   situada   unión

1. El proceso de **adhesión** de España a la Unión Europea fue largo.
2. Un objetivo importante de la Unión Europea es **estimular** la economía.
3. La ciudadanía europea **confiere** a los españoles una serie de privilegios.
4. España está **ubicada** geográficamente al sur de Francia y al este de Portugal.
5. España **solicitó** la entrada en la Unión Europea en 1960.

B. Indica cuál de estos antónimos corresponde a las palabras en negrita en contexto.

> disminución   salida   occidental

1. La Unión Europea quiere ampliar la Unión y ahora se prepara para la quinta **ampliación**.
2. La Unión Europea quiere incluir a países de la Europa **oriental**.
3. El **ingreso** en la Unión Europea no fue fácil para España.

Antes de escuchar

¿Qué sabes ya sobre la Unión Europea? ¿Tienes una idea general del tipo de información que vas a escuchar? ¿Sabes cuáles son algunos de los requisitos para ingresar en la UE? Usa la información que ya tienes o simplemente tu "sentido común" para escribir una lista con 4 ó 5 puntos que crees que son importantes al decidir qué países están preparados para ingresar a la Unión. Después de escuchar la conferencia, revisa tu lista. ¿Acertaste en tus predicciones?

Ahora tu instructor/a va a presentar una miniconferencia.

1–27. Recapitulación. Responde a las siguientes preguntas según lo que escuchaste.

1. ¿Qué otros nombres ha recibido la Unión Europea en el pasado?
2. ¿Cuántas fases de adhesión ha tenido la Unión Europea?
3. Menciona tres aspectos en que los países de la Unión Europea quieren tener una política común.
4. ¿Qué requisitos necesita cumplir un país para ser aceptado en la Unión Europea?
5. ¿Cómo quiere ampliar la Unión Europea el número de países miembros?

1–28. Hablemos del tema. En la miniconferencia se menciona que España solicitó entrar a la Unión Europea en 1975, después de la muerte del dictador Francisco Franco. La Unión Europea no aceptó a España por considerar que el país no había consolidado su transición de la dictadura a la democracia. Ahora tú y tus compañeros van a representar una situación relacionada con ese hecho histórico.

Estudiantes A y B:

Dos representantes del gobierno español piden la entrada de España en la Unión Europea. Su objetivo es persuadir a los representantes de la Unión de que España está bien preparada para ser admitida y que no aceptarla sería un tremendo error. Preparen una lista de argumentos sólidos y convincentes (*convincing*). Sean creativos.

Estudiantes C y D:

Dos representantes de la Unión Europea expresan acuerdo o desacuerdo con los argumentos y comentarios de los representantes españoles. Finalmente, les comunican su decisión. Sean creativos.

Por si acaso

Expresiones para persuadir

Esta es una idea clave que merece su atención.
This is a key idea that deserves your attention.
Es muy importante que consideren todos los detalles.
It is very important that you consider every detail.
Este es un argumento convincente porque...
This is a convincing argument because . . .
Nuestra petición está justificada porque...
Our request is justified because . . .

Expresiones para expresar acuerdo o desacuerdo

(No) Estoy de acuerdo
I agree/disagree
(No) Tiene/s razón
You're right/wrong
Esa es una idea plausible pero . . .
That is a plausible idea but . . .
De acuerdo, pero no olvide/s que...
OK, but don't forget that . . .

1–29. Test: Euroinformación. ¡Pon a prueba tus conocimientos sobre la Unión Europea!

1. EE.UU. apoya la Unión Europea.
   a. cierto   **b.** falso

2. La población de la Unión Europea es superior a la de EE.UU.
   a. cierto   **b.** falso

3. El euro fue adoptado por todos los países de la Unión Europea en el 2002.
   a. cierto   **b.** falso

4. Suiza es miembro de la Unión Europea.
   a. cierto   **b.** falso

5. La bandera europea es azul y tiene 12 estrellas amarillas.
   a. cierto   **b.** falso

6. La representación de cada país en el parlamento europeo es proporcional al número de habitantes que tiene cada país.
   a. cierto   **b.** falso

7. Una de las caras del euro tiene exactamente el mismo diseño en todos los países.
   a. cierto   **b.** falso

8. El número de estrellas de la bandera europea es igual al número de países en la UE.
   a. cierto   **b.** falso

9. La tasa de desempleo de la UE es superior a la de EE.UU.
   a. cierto   **b.** falso

10. El territorio de EE.UU. es mayor que el de la UE.
    a. cierto   **b.** falso

Resultados:
0–3 euroinconsciente   4–7 euroconsciente   8–10 eurosnob

TEMA 3

México y España: Su rivalidad y reconciliación

MÉXICO

Golfo de México

México, D.F.

OCÉANO ATLÁNTICO

SPAIN

Madrid

Entrando en materia

1-30. ¿Qué esperas leer? Lee los títulos de *Perfil*. ¿Qué información esperas encontrar?

1. México se independiza de España
2. Fox quiere reproducir el milagro español
3. Plaza de las Tres Culturas

1-31. Términos y asociaciones. En parejas, expliquen qué ideas, conceptos o hechos históricos de su cultura u otras culturas asocian con los siguientes términos.

> **MODELO** invasión
> Los moros invadieron España en el año 711.

1. período colonial
2. independencia
3. revolución
4. guerra civil
5. monarquía absoluta

PERFIL

¿Qué pasó?

MÉXICO SE INDEPENDIZA DE ESPAÑA

España se resistió durante mucho tiempo a reconocer la independencia de México, que entonces se llamaba Nueva España. La Guerra de Independencia de la Nueva España duró 11 años (1810-1821). Durante esos años murieron algunos de sus principales líderes, como el padre Miguel Hidalgo, ejecutado en 1811, y el padre José María Morelos, ejecutado en 1815, además de miles de hombres y mujeres patriotas. Finalmente, la lucha por la independencia **alcanzó**[1] su objetivo el 27 de septiembre de 1821. Después de esta fecha, en 1829, España

---

1. *reached*

Mapa de
Nueva España

intentó recuperar México, pero no lo consiguió.

Varios factores inspiraron el deseo de independencia en México. Los criollos, blancos nacidos en territorio colonial, empezaron a cuestionar los privilegios de los nacidos en España, a los que se les llamaba **despectivamente**[2] gachupines. Los criollos no tenían acceso a los puestos más influyentes en la administración civil y eclesiástica de Nueva España. Además estos criollos, que no se sentían españoles, no veían la posibilidad de mejorar la economía en Nueva España porque los españoles no tenían interés en su prosperidad y utilizaban los recursos de las colonias para enriquecerse **a sí mismos**[3]. Igualmente, la población indígena y mestiza estaba descontenta por la

pobreza en la que vivían.

En la escena internacional, EE.UU., que había conseguido su independencia oficial en 1783, después de seis años de guerra con los británicos, fue un ejemplo para la población de Nueva España. Además las nuevas corrientes filosóficas de pensamiento liberal afectaron las ideas políticas de los indígenas, criollos y mestizos. La filosofía liberal se oponía al poder absoluto de la monarquía y defendía ideas democráticas: la **soberanía**[4] del pueblo y la división de los poderes ejecutivo, legislativo y judicial.

Al romperse la relación con España, los mexicanos iniciaron la búsqueda de su identidad política. La adopción de las ideas republicanas fue una manera de **rechazar**[5] el pasado colonial, que se asociaba con la monarquía.

---

2. derogatorily 3. themselves 4. sovereignty 5. reject

Por si acaso

España y México tienen hoy excelentes relaciones políticas y económicas. España invirtió (*invested*) 1,5 billones de dólares en México en el año 2000 y los dos países tienen múltiples acuerdos bilaterales para fomentar (*foster*) el intercambio cultural, económico y científico. El Instituto de México en España es una buena muestra del intercambio cultural entre los dos países.

¿Qué pasa?

FOX QUIERE REPRODUCIR EL MILAGRO ESPAÑOL

El actual presidente de México, Vicente Fox, capturó la atención de los mexicanos cuando afirmó que la economía de México podría crecer enormemente con tan sólo proponérselo y adoptar las medidas necesarias.

A pesar de la crisis que atraviesa la economía nacional mexicana, Vicente Fox tiene razón cuando dice que México puede, si quiere, mejorar su economía. La clave para esta mejora serán las decisiones internas que se tomen en relación con los principales temas económicos. Fox sugiere que México siga el ejemplo de España, un país que ha mejorado su economía en un período razonablemente corto de tiempo. Los **logros**[6] del gobierno de España incluyen:

1. En los últimos años España ha logrado aumentar su **ingreso**[7] per cápita de

75% del ingreso per cápita promedio de la Unión Europea en 1975 al 87% en el año 2000. Es decir, el ingreso per cápita español es ahora casi equivalente al del resto de los países de la Unión.

2. La economía española ha crecido a una **tasa anual**[8] superior al 4% en promedio, durante el período de 1997 a 2000, superando mucho la tasa promedio correspondiente de la Unión Europea.

Sin duda, España ha experimentado un "milagro económico" en los últimos diez años, similar al llamado "milagro económico alemán" de los años setenta. España ha experimentado el tipo de "milagro" que Fox quiere para México. **Por lo tanto**[9], es importante conocer cómo ha logrado España un alto crecimiento económico y una mejoría notable en el estándar de vida del pueblo español.

---

6. achievements 7. revenue 8. annual rate 9. Therefore

¿Quién soy?

LÁZARO CÁRDENAS (1895–1970)

Cárdenas, que fue presidente de México de 1934 a 1940, había sido general de la Revolución Mexicana (1910 a 1920), período en el que muchos líderes como Emiliano Zapata y Pancho Villa habían luchado por una reforma agraria y social profunda. Los grupos que favorecieron a Cárdenas para la presidencia pensaban que lo podrían manipular fácilmente, ya que era un hombre cortés, sereno y de pocas palabras. Sin embargo se equivocaron y Cárdenas procedió inmediatamente a implementar las reformas sociales de la Revolución. La prioridad de Cárdenas fue la reforma agraria, pues el 70% de la población trabajaba en agricultura o ganadería.

Algunos califican su política exterior como una de las más exitosas de la historia de México. Desde el punto de vista de España, Cárdenas ofreció una generosísima ayuda a los españoles no franquistas que tuvieron que exiliarse durante la Guerra Civil española (1936 a 1939) y después de que Franco iniciara su dictadura. México ofreció **asilo**[10] a miles de españoles, entre ellos a quinientos niños que quedaron huérfanos a consecuencia de la guerra. Muchos de esos españoles se establecieron para siempre en México.

10. *asylum*

Por si acaso

El corrido mexicano

El corrido es un tipo de canción popular mexicana que generalmente cuenta la historia de algún héroe legendario. La estrofa de abajo es parte de un corrido titulado *Corrido de la muerte de Zapata*.

A la sombra de un guayabo (*guava tree*) cantaban dos chapulines (*grasshoppers*):
—¡Ya murió el señor Zapata, terror de los gachupines!

1–32. En detalle. Indica qué idea de la columna B completa la idea de la columna A.

A	B
1. Por mucho tiempo, España no reconoció...	a. hombres y mujeres de ascendencia española que nacieron en territorio mexicano.
2. Miguel Hidalgo y José María Morelos...	b. que salieron de españa durante la Guerra Civil española.
3. Los criollos eran...	c. fueron héroes de la Guerra de la Independencia mexicana.
4. Los criollos se inspiraron en EE.UU. porque...	d. el "milagro económico" de España.
5. El presidente Fox quiere reproducir...	e. a México como país independiente.
6. Lázaro Cárdenas ayudó a los exiliados...	f. EE.UU. había tenido éxito (*success*) en su lucha por la independencia.

¿Dónde está?

PLAZA DE LAS TRES CULTURAS

Se encuentra en México, D.F. Su nombre representa la fusión de los

tres períodos culturales de México: prehispánico, hispánico y moderno. Tiene elementos de las tres culturas: la primera está representada por las ruinas de Tlatelolco, un centro ceremonial azteca; la segunda, por la Iglesia de Santiago Tlatelolco, construida en 1609, junto con el Colegio de Santa Cruz de Tlatelolco (1535); y finalmente, la tercera está representada por la Secretaría de Relaciones Exteriores, construida en 1970 y otros edificios modernos.

1-33. Comparación. Elige **una** de las siguientes preguntas y contéstala en un párrafo de unas 40 a 50 palabras. Puedes consultar la lectura, indicar datos, dar opiniones o incluso preparar un gráfico que refleje tu visión de la respuesta.

1. ¿Qué diferencias o semejanzas crees que hay entre la independencia de EE.UU. y la de México? ¿Crees que estas diferencias o semejanzas tuvieron mucha importancia en el proceso de independencia?
2. ¿Qué aspectos de la información de *Perfil* ilustran la noción de "rivalidad y reconciliación" entre México y España? ¿Qué puedes pronosticar sobre el futuro de las relaciones entre estos dos países, basándote en la historia entre ellos?
3. Fíjate en la foto de *¿Dónde está?* ¿Puedes pensar en algún lugar que conozcas que represente la fusión de varias culturas? Describe ese lugar con tanto detalle como puedas y explica cómo está representada cada cultura.

ATENCIÓN A LA ESTRUCTURA

Prepositions por, para, de, a, en

Except for the idiomatic uses of prepositions, we can define a preposition as a word that establishes a relationship between its most immediate words, e.g., mesa **de** madera, caminamos **por** dos días, vivo **en** Puebla. In these examples **de, por,** and **en** indicate a relationship of substance, time, and location respectively.

Only a few Spanish prepositions feature a one-to-one correspondence with English. The norm is for a Spanish preposition to have different translations in English depending on the context. In addition, while a certain phrase may not require a preposition in English, the Spanish equivalent may require it, e.g., *I'm afraid to speak.* ➔ Tengo miedo **de** hablar.

The focus of this unit is on the use of the prepositions **por, para, de, a,** and **en**. Some of the information you may recall from first-year Spanish and some of it may be new.

Uses of **por** and **para**

Por	**Para**
place of transit (**por** = *through*)	place of destination (**para** = *to*)
Los revolucionarios no quisieron pasar **por** la capital de México.	Algunos revolucionarios insistieron en ir **para** la capital de México.
*The revolutionaries did not wish to pass **through** the capital of Mexico.*	*Some revolutionaries insisted on going **to** the capital of Mexico.*
duration (**por** = *for*)	
Los rebeldes lucharon **por** once años.	
*The rebels fought **for** eleven years.*	
because of, in exchange for (**por** = *for*)	goal or recipient or beneficiary (**para** = *for, in order to*)
Los rebeldes lucharon **por** la libertad.	Los campesinos no tenían dinero **para** comprar comida.
*The rebels fought **for** liberty.*	*The peasants did not have any money **in order to** buy food.*
Las asociaciones no lucrativas no trabajan **por** dinero.	Los campesinos no tenían dinero **para** comida.
*Non-profit orizanizations do not work **for** money.*	*The peasants did not have any money **for** food.*
	Los campesinos trabajaron **para** los dueños de las haciendas.
	*The peasants worked **for** the owners of the ranches.*

Uses of **de**

1. Characteristic or condition (**de** = *in, with*)

   El hombre **del** sombrero es Pancho Villa. — *The man **in** the hat is Pancho Villa.*

   El hombre **de** ojos marrones e intensos es Emiliano Zapata. — *The man **with** intense brown eyes is Emiliano Zapata.*

2. Time and time span (**de** = *at, during, from*)

   Los revolucionarios atacaban **de** noche. — *The revolutionaries attacked **at** night.*

   Los campesinos trabajaban **de** día. — *The peasants worked **during** the day.*

   Los campesinos trabajaban **de** cinco de la mañana a ocho de la noche. — *The peasants worked **from** five in the morning until eight in the evening.*

3. Authorship (**de** = *by*)

   La historia "Los novios" es **de** un autor desconocido. — *The story "Los novios" is **by** an unknown author.*

   Estoy leyendo una novela **de** un autor mexicano. — *I am reading a novel **by** a Mexican author.*

Uses of **a**

1. Time expressed in reference to clock hours (**a** = *at*)

   Los revolucionarios se levantaron **a** las seis de la mañana.

   *The revolutionaries got up **at** six in the morning.*

2. After verbs of motion (**ir, venir, llegar, volver, caminar, correr**) (**a** = *to*)

   Los revolucionarios fueron **a** la capital de México.

   *The revolutionaries went **to** the capital of Mexico.*

3. In the construction **al** + *infinitive* to express an event that triggers another (**a** = *on/upon*)

   Al llegar los revolucionarios, la población indígena los aplaudió.

   Upon *the arrival of the revolutionaries, the indigenous population applauded.*

4. **a** + **la** + *feminine adjective* (of geographical origin) to indicate the style in which something is done (**a** + **la** + *feminine adjective* = *in the style*)

   Muchas personas en EE.UU. comen **a la mexicana.**

   *Many people in the US eat **in the Mexican style**.*

Uses of **en**

1. Location (**en** = *at*)

   Los campesinos tendrán una fiesta **en** la plaza del pueblo.

   *The peasants will have a party **at** the town square.*

2. Location (**en** = *on*)

   Emiliano Zapata puso la pistola **en** la mesa.

   *Emiliano Zapata put the gun **on** the table.*

3. Time in the past or in the future expressed in quantity (**en** = *in, within*)

   Estudiaremos más sobre Emiliano Zapata **en** dos semanas.

   *We will study more about Emiliano Zapata **in** two weeks.*

   México ha cambiado mucho **en** los últimos cinco años.

   *Mexico has changed greatly **within** the last five years.*

> For a review of the use of personal **a** and **ser** vs. **estar**, see *Apéndice gramatical 1.*

1–34. Identificación y producción.

A. Identifica el uso de las preposiciones en negrita en las oraciones siguientes. Después escribe una oración sobre tu vida personal o académica con el mismo uso de la preposición en el ejemplo.

MODELO
Me gusta pasear **por** México, D.F.
Use: **place of transit**
Todas las mañanas paso por el Centro Estudiantil de camino a mis clases.

1. España ha experimentado un "milagro económico" **en** los últimos diez años.
2. Tienes que ver México, D.F. **de** noche.
3. El primer ministro español, José María Aznar, voló **a** México ayer.
4. ¿Cuándo vas **para** España?
5. El revolucionario dejó su sombrero **en** una silla.
6. **A** las tres de la tarde tendremos un examen sobre la historia de México.
7. He estudiado **para** este examen **por** veinte horas.
8. España invirtió 1,5 billones de dólares **en** México en el año 2000.
9. **Al** ver al primer ministro Aznar, los periodistas se acercaron **para** tomar fotos.
10. El primer ministro Aznar bailó **a la mexicana**.
11. El hombre **del** poncho rojo es de Chiapas.
12. Compré este poncho en México **para** mi instructor de español.
13. Esta historia de México es **de** un historiador famoso.
14. Los rebeldes se sacrificaron **por** México.

B. Ahora decide si necesitas **por** o **para**.

1. Aznar visitó México (por / para) negociar acuerdos bilaterales.
2. Los mexicanos quieren trabajar más (por / para) un futuro mejor.
3. El día de la Virgen de Guadalupe, cientos de personas saldrán temprano (por / para) el santuario de la Virgen.
4. Muchos españoles vivieron en México (por / para) muchos años después de la Guerra Civil española.
5. A muchos turistas les gusta pasear (por / para) la Plaza de las Tres Culturas.

1–35. La boda del presidente Fox. Escoge la preposición apropiada usando la lista de preposiciones incluida en la sección anterior. ¡Ojo, es posible que haya más de una opción para algunas oraciones!

1. En esta foto, la señora ____ traje azul es la esposa del presidente Vicente Fox, Martha Sahagún.
2. A Martha le gustan los poemas ____ Octavio Paz, poeta mexicano.
3. Hoy, 2 de julio de 2001, el presidente Fox se levantó ____ las seis de la mañana y estuvo en su boda civil ____ siete y media a ocho de la mañana.
4. El presidente Fox y Martha Sahagún se casaron ____ la casa presidencial Los Pinos.
5. Después de la boda, fueron ____l Palacio Nacional.
6. El presidente y su esposa estuvieron muy ocupados con una visita oficial ____ las cinco horas después de su boda.
7. __l terminar la ceremonia civil, un sacerdote les dio la bendición.
8. Después de la boda, recibieron al presidente Aznar con una cordialidad ____ la mexicana.

Entrando en materia

1–36. Relacionar ideas. En parejas, lean el título de la lectura en la página 35 y seleccionen el tema que posiblemente aparecerá en el texto. Después, piensen en qué elementos pueden tener en común los inmigrantes de cualquier país. Hablen con otra pareja sobre sus opiniones y determinen qué puntos parecen más universales.

1. Un mexicano que vive en España.
2. Un centroamericano que emigra a México.
3. Un hombre de España que emigra a México.

1–37. Vocabulario en contexto. Primero, deduce el significado de las expresiones siguientes usando el contexto y las pistas que se incluyen. Estas expresiones aparecerán en la lectura que sigue. Si no entiendes el significado, vuelve a esta actividad después de la lectura para practicar el vocabulario nuevo. Después, responde a la pregunta para clarificar el uso de cada palabra.

1. **ley**
   En México, la **ley** de inmigración es estricta.
   ley: sinónimo de **regulación**
   explica: ¿Qué sabes de la **ley** de inmigración en EE.UU.?

2. **en cuanto a**
   El gobierno mexicano es estricto **en cuanto a** los requisitos de inmigración.
   en cuanto a: sinónimo de **en referencia a**
   explica: ¿**En cuanto a** qué aspectos es estricto el gobierno federal o estatal de EE.UU.?

3. **alentó**
   El gobierno mexicano **alentó** a los exiliados para ir a México.
   alentar: sinónimo de **animar**
   explica: ¿Crees que en el futuro EE.UU. **alentará** más inmigración? Explica.

4. **apoyó**
   El gobierno mexicano **apoyó** económicamente a los exiliados españoles.
   apoyar: sinónimo de **dar protección**
   explica: ¿Cómo **apoya** EE.UU. a otros países?

5. **botánica**
   El Dr. Faustino Miranda hacía estudios científicos en **botánica**.
   botánica: estudio de las plantas
   explica: ¿Qué tipo de actividades incluye la investigación **botánica**?

6. **a causa de**
   El Dr. Miranda emigró a México **a causa de** la Guerra Civil española.
   a causa de: sinónimo de **como consecuencia de**
   explica: Menciona un efecto sociocultural en la vida estadounidense que ha ocurrido **a causa de la** inmigración mexicana a EE.UU.

7. **conocedor**

El Dr. Miranda era **conocedor** de las plantas de Chiapas.

conocedor: Persona que sabe mucha información sobre un tema determinado.

explica: Da el nombre de una persona famosa **conocedora** de un tema de tu elección.

8. **premiar**

El gobierno mexicano **premió** al Dr. Miranda por su contribución científica.

premiar: sinónimo de **dar una placa o dinero o las dos cosas**

explica: ¿Qué tipo de actividades **premian** los gobiernos? ¿Y las instituciones académicas?

LECTURA

Faustino Miranda (1905–1964): Un emigrante español en México

La **ley** mexicana ha sido y continúa siendo muy estricta **en cuanto a** los requisitos de inmigración y en particular los de naturalización. Un ejemplo que ilustra este hecho es que un ciudadano naturalizado mexicano pierde automáticamente su ciudadanía mexicana si reside fuera de México por cinco años consecutivos. Sin embargo, México fue uno de los pocos países que mostraron solidaridad incondicional con los miles de españoles que tuvieron que abandonar España después de la guerra civil. Faustino Miranda formó parte de esa emigración masiva e incondicional que el gobierno mexicano **alentó** y **apoyó** económica y moralmente. Ⓜ

El Dr. Faustino Miranda nació en España e inició su brillante carrera de **botánica** en la Universidad Central de Madrid. Llegó a México en 1939, **a causa de** la Guerra Civil española. Fue catedrático de la Facultad de Ciencias y jefe del Departamento de Botánica en el Instituto de Biología, donde formó un brillante grupo de discípulos. Pasó dos o tres años en Chiapas fundando el Jardín Botánico de Tuxtla Gutiérrez (capital de Chiapas). El resultado de sus investigaciones en Chiapas fue, entre otras publicaciones, *La Vegetación de Chiapas*, que contiene una clasificación de las plantas que se encuentran en la región. En sus aspectos científicos y conservacionistas, el Jardín Botánico es un lugar donde crece una gran variedad de plantas representativas de las montañas y de las zonas tropicales y subtropicales de Chiapas.

El Dr. Faustino Miranda es considerado como el botánico más **conocedor** de las selvas del sur de México. En 1954 recibió el Premio "Chiapas", establecido por el gobierno para **premiar** a los hombres de ciencia.

El Dr. Miranda se casó con una mexicana a los cincuenta y nueve años de edad, pero tristemente murió poco después de su matrimonio, el 17 de diciembre de 1964.

Ⓜ**omento de reflexión**

Selecciona la idea que mejor representa el contenido de la lectura hasta este momento.

❏ a. Históricamente, México nunca ha hecho una excepción en la aplicación de su ley de inmigración.

❏ b. La estricta ley de inmigración contrasta con la incondicional invitación a los españoles exiliados para establecerse en México.

1–38. Recapitulación. Identifica en la lista las oraciones que describan la contribución del Dr. Faustino Miranda a la ciencia mexicana. Escribe **Sí** o **No** junto a cada frase en el espacio indicado.

1. _____ El Dr. Miranda colaboró con el gobierno en asuntos de inmigración.

2. _____ Fue instructor de Botánica en la Facultad de Ciencias.

3. _____ Se casó con una científica mexicana a los cincuenta y nueve años.

4. _____ Fue el fundador del Jardín Botánico de la capital de Chiapas.

5. _____ Fue un experto en temas de botánica tropical.

1–39. Palabras en acción. En parejas, respondan a las siguientes preguntas según sus opiniones personales.

1. Piensen en lo que ya saben sobre las leyes de inmigración en Estados Unidos. ¿Les parecen leyes justas y prácticas o creen que son demasiado estrictas?

2. El gobierno mexicano alentó a los españoles exiliados a vivir y trabajar en México. ¿Qué actitud general tiene el gobierno de Estados Unidos hacia los inmigrantes? ¿Los alienta a progresar? Justifiquen sus respuestas.

3. ¿Qué cosas positivas aportan los inmigrantes a la sociedad estadounidense? ¿Qué problemas causan?

4. ¿Qué aspectos de la vida de los inmigrantes les parecen más interesantes? ¿Por qué?

1–40. Hablemos del tema. En grupos de cuatro personas, piensen en algunos de los movimientos inmigratorios hacia EE.UU., por ejemplo, la llegada de la población judía de Alemania entre 1939 y 1945, la llegada de la población coreana entre 1950 y 1953 y la gran cantidad de población mexicana que ha llegado durante los últimos veinte años. Después, mantengan un breve debate con sus opiniones sobre los siguientes puntos:

1. ¿Por qué creen que se han producido esos movimientos migratorios?
2. ¿Cómo han contribuido estos grupos económica y socialmente al país?
3. ¿Qué grupos han recibido más aceptación? ¿Por qué?
4. Si tuvieran que emigrar a otro país, ¿qué país escogerían? ¿Por qué?

El padre Miguel Hidalgo y la independencia nacional,
de José Clemente Orozco

José Clemente Orozco (1883–1949) nació en el estado de Jalisco, México. Este pintor popularizó la técnica del fresco y es uno de los mejores muralistas de la cultura occidental. Trabajó en EE.UU. entre 1927 y 1934. Durante esta época pintó los murales de la biblioteca Baker en Dartmouth College, en los cuales se representa la historia de América. El movimiento pictórico que más influyó en su arte fue el simbolismo. Orozco fue un hombre activo en política durante el período de la Revolución Mexicana (1910 a 1920). Su preocupación por la justicia social se muestra en sus murales y en sus caricaturas.

1–41. Mirándolo con lupa.

1. Describe los objetos y los colores que observas en el cuadro.
2. Explica la relación entre las imágenes del cuadro y el título.
3. Dale un título diferente a la obra y explica tu selección.
4. Explica la relación entre el tema de este cuadro y el tema de esta unidad.
5. ¿Comprarías este cuadro? Explica.

Lo mejor de México y España

MÉXICO

Golfo de México

México, D.F.

SPAIN

OCÉANO ATLÁNTICO

Madrid

Mar Mediterráneo

PANORAMA CULTURAL

Entrando en materia

1–42. Anticipar. Dedica unos minutos a mirar las páginas de esta sección. Fíjate en los títulos y observa las ilustraciones de la sección de *Perfil*, pero no leas el texto todavía. Después, con la información que tienes de los títulos y fotos, intenta determinar qué tema de la columna B le corresponde a cada título de la columna A.

A: Título

1. Etnobotánica en México
2. Premio Reina Sofía 2000 a investigadores mexicanos
3. Santiago Ramón y Cajal, neurólogo español
4. Evangelina Villegas, bioquímica mexicana

B: Tema

a. el trabajo de una científica de México
b. plantas típicas de una región y una cultura
c. reconocimiento de un descubrimiento científico
d. el trabajo de un científico de España

PERFIL

¿Qué pasó?

ETNOBOTÁNICA EN MÉXICO

La etnobotánica es el estudio de las plantas con relación a su uso por parte de la comunidad humana. También incluye el estudio de cómo esa comunidad ha adquirido conocimientos sobre esas plantas.

Los distintos grupos étnicos de México todavía disponen del gran conocimiento de las plantas que existía en la época anterior a la conquista. Este conocimiento de la botánica de su entorno es el resultado de observaciones metódicas realizadas por muchas generaciones de observadores de la naturaleza. Esta sofisticación fue observada por los conquistadores, que preferían los servicios médicos de los indios a los de los europeos. Por su parte, los científicos españoles encontraron inspiración en el conocimiento de los indios, como el sevillano Nicolás Monardes, que escribió en 1569 el primer tratado de las plantas medicinales de la Nueva España, titulado *Historia Medicinal de las cosas que se traen de nuestras Indias Occidentales* (1574).

¿Qué pasa?

PREMIO REINA SOFÍA 2000 A INVESTIGADORES MEXICANOS

Un grupo de científicos de la Universidad Autónoma de México recibió el premio Reina Sofía 2000 de Investigación sobre Prevención de las Deficiencias (**dotado con**[1] treinta mil dólares) por su trabajo en la prevención del retraso mental. Este grupo de cincuenta científicos trabaja en la Unidad de Genética de Nutrición de la Universidad Autónoma de México y el Instituto Nacional de Pediatría de México. Se ha dedicado al estudio de factores que afectan el metabolismo humano. Sus descubrimientos han permitido la prevención del retraso mental en más de mil recién nacidos en los últimos veinte años.

---

1. *worth*   COMUNICADO DE PRENSA NO. 009, 20/Enero/2001, "Premio Reina Sofía 2000" a investigadores mexicanos

¿Quién soy?

SANTIAGO RAMÓN Y CAJAL, NEURÓLOGO ESPAÑOL

Neurólogo español cuyo trabajo en el área del sistema nervioso del cuerpo humano le mereció el Premio Nobel de medicina en 1906. De joven tuvo vocación de artista y tenía una gran habilidad para el dibujo. Sin embargo, su padre, que era instructor de anatomía, lo convenció para que estudiara medicina. Entre los trabajos que publicó se encuentran *Manual de anatomía patológica, Textura del sistema nervioso del hombre y los vertebrados* y más de cien artículos escritos en francés y en español.

EVANGELINA VILLEGAS, BIOQUÍMICA MEXICANA

La Dra. Evangelina Villegas, en colaboración con el científico hindú Surindar K. Vasal, ha desarrollado una nueva variedad de maíz enriquecido con proteína. Los dos científicos han trabajado en este proyecto durante tres décadas. Las investigaciones se llevaron a cabo en el Centro Internacional de Mejoramiento de Maíz y **Trigo**[2] y fueron galardonadas con el Premio Mundial de Alimentación 2000.

2. *wheat*

1–43. Resumir. Completa estas oraciones con la información adecuada de las secciones *¿Qué pasó?, ¿Qué pasa?* y *¿Quién soy?*

1. La etnobotánica es el estudio de...
2. Las comunidades indígenas tenían conocimientos sofisticados sobre las propiedades de las plantas. Por eso los conquistadores...
3. El premio Reina Sofía 2000 se lo dieron a un grupo de científicos de la Universidad Autónoma de México por su investigación en...
4. Santiago Ramón y Cajal es conocido por su trabajo en...
5. Los científicos Evangelina Villegas y Surindar K. Vasal recibieron el Premio Mundial de Alimentación 2000 por su trabajo en...

1–44. Análisis. Repasa la información de *Perfil* y sigue estos pasos:

1. Explica en qué aspectos España y México han colaborado en el área de la ciencia.
2. Apoya esta afirmación con la información de *Perfil*: la ciencia mexicana y española ha tenido un impacto internacional.
3. Imagina que estás haciendo un estudio etnobotánico de tu región o país; describe cómo se usan las plantas en diferentes circunstancias.

VEN A CONOCER

1–45. Preparación. Aquí tienen varios folletos turísticos. En parejas, y antes de leer, preparen una lista breve incluyendo el tipo de información que normalmente se encuentra en folletos turísticos. Incluyan tantos puntos como sea posible. Después de leer, repasen su lista para comprobar si sus predicciones eran acertadas.

Qué ver en Oaxaca

EL ESTADO DE OAXACA

En su vasta geografía encontrarás playas, montañas, bosques y valles; zonas arqueológicas, arquitectura colonial, enormes recursos de biodiversidad, todas las comodidades del mundo moderno, tradiciones centenarias y folclore. Todos estos aspectos hacen de Oaxaca uno de los destinos preferidos por el turismo nacional y extranjero.

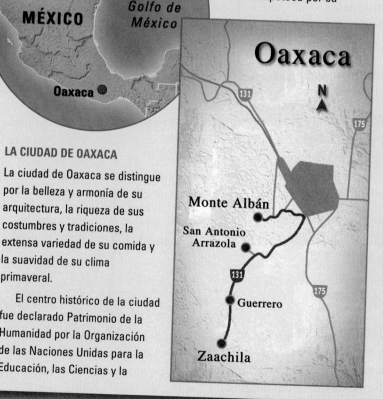

MÉXICO

Golfo de México

Oaxaca

LA CIUDAD DE OAXACA

La ciudad de Oaxaca se distingue por la belleza y armonía de su arquitectura, la riqueza de sus costumbres y tradiciones, la extensa variedad de su comida y la suavidad de su clima primaveral.

El centro histórico de la ciudad fue declarado Patrimonio de la Humanidad por la Organización de las Naciones Unidas para la Educación, las Ciencias y la Cultura (UNESCO). La Plaza de la Constitución o Zócalo de la ciudad es una de las más hermosas de México. El andador Macedonio Alcalá o "Andador Turístico" es una calle sin tráfico y es donde están los museos, las antiguas casas coloniales, las galerías, los restaurantes y las más distinguidas tiendas de artesanía y joyería.

RUTA DE LA CULTURA PREHISPÁNICA

La ruta Monte Albán-Zaachila comprende la zona arqueológica de Monte Albán, la ciudad más representativa de la cultura zapoteca por su desarrollo cultural y su arquitectura monumental. En el poblado de Atzompa se elaboran hermosas piezas de barro natural y verde vidriado[1].

Oaxaca

N

Monte Albán

San Antonio Arrazola

131

Guerrero

175

Zaachila

LA COSTA OAXAQUEÑA

¡Huatulco tiene de todo, menos invierno! Es uno de los lugares más bellos de la costa del Pacífico mexicano. Huatulco también es uno de los complejos turísticos más ambiciosos del país, porque en todos sus megaproyectos se ha buscado proteger la belleza natural del lugar y conservar su ecología.

EL SABOR DE OAXACA

La cocina oaxaqueña es una de las más ricas de México. En la cocina de Oaxaca el ingrediente prehispánico es fundamental. Los platillos más tradicionales son: el "mole oaxaqueño", en sus siete variedades dependiendo del tipo de chile que se utiliza, comenzando desde el mole más sencillo hasta el más elaborado; hay mole negro, amarillo, almendrado, de chichilo, verde y colorado. Además sobresalen los chiles rellenos, el quesillo, las tlayudas y los típicos tamales. Pero el platillo más peculiar son los "chapulines"[2] preparados con sal. Se dice que aquéllos que los prueban siempre regresan a Oaxaca. Y entre las bebidas típicas del estado se encuentra el "mezcal".

1. *glass crafts* 2. *grasshopper*

El Camino de Santiago: Turismo espiritual

La red[3] de caminos que conducen a Santiago de Compostela (España) recibe el título de Primer Itinerario Cultural Europeo por su función difusora de las manifestaciones culturales y creadora de una identidad común entre los pueblos de Europa. Es sin duda la primera gran ruta que conduce por tierras de España a viajeros de todo el mundo.

Desde hace más de ocho siglos, el culto al Apóstol Santiago tiene como consecuencia un flujo interminable de peregrinos[4]. El itinerario del Camino de Santiago tiene una función espiritual y cultural. En la ruta resalta[5] la gran variedad cultural de las regiones que se recorren, la hospitalidad de sus gentes y el variado paisaje.

La ruta más conocida y mejor acondicionada es la que se conoce como el camino francés. Entra en España por Somport u Orreaga-Roncesvalles en los Pirineos y se unifica después en Puente la Reina. El objetivo de la ruta es visitar la tumba del Apóstol Santiago, que se encuentra en la ciudad de Santiago de Compostela, específicamente en la catedral de esta ciudad.

La ciudad del Apóstol está llena de monumentos, y recorrer sus calles, plazas y rincones es el mejor atractivo antes de probar la excelente cocina. Las fiestas para honrar al Apóstol Santiago son los días 24 y 25 de julio.

Entre los famosos que han sido peregrinos en el Camino de Santiago están Shirley McLaine y Anthony Quinn.

---

3. *network* 4. *pilgrims* 5. *stands out*

1–46. Comprensión y preferencias. En parejas, sigan los siguientes pasos. Imaginen que tienen que hacer varias recomendaciones para sus amigos sobre algunos de los lugares mencionados en los folletos. Uno de sus amigos quiere hacer turismo arqueológico; a otro le interesa mucho la gastronomía y a su amiga Marta le fascina la playa durante las vacaciones.

- Primero indiquen qué lugar les parece más indicado para cada viajero.
- Después, incluyan información sobre las actividades disponibles en cada lugar.
- Finalmente, incluyan sus preferencias personales y explíquenles por qué ustedes preferirían ir a un sitio u otro.

1–47. Una postal. Imagínate que acabas de pasar tus vacaciones en uno de los lugares de *Ven a conocer*. Escribe una postal de unas 50 a 75 palabras y explícale a tu instructor a dónde fuiste y qué hiciste en los lugares de tu elección. Recuerda que debes dirigirte a tu instructor formalmente, usando usted, y presta atención a los tiempos verbales del pasado.

PONLO POR ESCRITO

Relaciones entre México y España desde la Conquista hasta nuestros días

1–48. Un resumen. La Enciclopedia Iberoamericana necesita una entrada (*entry*) de 250 a 300 palabras que resuma la historia de las relaciones entre México y España desde la Conquista hasta nuestros días. Escribe el artículo usando la información de esta unidad o de fuentes adicionales.

Preparación

1. Repasa las lecturas de esta unidad y toma nota de la información sobre las relaciones entre México y España.
2. Organiza la información en dos o tres subtemas, por ejemplo, política, sociedad, economía, etc.
3. ¿Cómo crees que debe ser el tono de este artículo: objetivo o subjetivo?

A escribir

4. Da un título a tu resumen.
5. Escribe una breve introducción que anticipe los temas que vas a tratar.
6. Desarrolla cada uno de los temas en un párrafo. Debes introducir cada tema con una oración temática (la idea central del párrafo) y continuar el resumen con dos o tres detalles que expliquen esa idea central.

MODELO

Párrafo 1

Oración temática ➔ **Las relaciones sociales entre México y España durante la época de la conquista eran...**

Detalle 1 ➔ **Entre otros factores, los conquistadores no respetaban la identidad cultural del pueblo indígena...**

7. Escribe una conclusión que resuma los puntos mencionados más importantes.

Revisión

1. Escribe el número de borradores que te indique tu instructor/a y revisa tu texto usando la guía de revisión del Apéndice C.
2. Escribe la versión final y entrégasela a tu instructor/a.

1–49. Anticipar. Antes de leer, respondan a las siguientes preguntas para identificar lo que ya saben sobre el tema que trata esta leyenda.

1. El título *Los novios* sugiere:
   a. una historia de misterio.   **b.** una historia de amor.
2. Lean la primera frase. ¿Conocen otras historias que empiezan de esa forma? ¿Qué tipo de historias son?

Los novios, Leyenda anónima

Hace mucho tiempo había un gran emperador azteca cuyo mayor tesoro era su hija, la muy hermosa Ixtaccíhuatl. Los aztecas, como toda nación poderosa, tenían muchos enemigos. Un día, el emperador recibió malas noticias. Sus peores enemigos planeaban un ataque contra su pueblo. El emperador era ya viejo y no podía ser el jefe de sus soldados en una lucha **despiadada**[1] y cruel. Por eso, convocó en el salón del **trono**[2] a todos los **guerreros**[3] jóvenes y valientes del imperio. El emperador les dijo:

—He recibido noticias terribles. Nuestros peores enemigos están planeando un ataque enorme contra nuestras fronteras. Yo ya soy viejo y no puedo mandar las tropas. Necesito un jefe para mi ejército. **Elijan**[4] entre ustedes al guerrero más valiente, más fuerte y más inteligente, y yo lo nombraré capitán de mis ejércitos. Si ganamos la guerra, no sólo le daré todo mi imperio, sino también mi joya más preciada: mi hija, la bella princesa Ixtaccíhuatl.

En la sala hubo mucho **alboroto**[5], un gran **rugido**[6] se elevó de las **gargantas**[7]; todos los guerreros gritaron al mismo tiempo un solo nombre:

—¡Popocatepetl! ¡Popocatepetl! Popocatepetl es el más valiente, Popocatepetl es el más fuerte y el más inteligente. Popocatepetl va a **derrotar**[8] a nuestros enemigos. ¡Viva Popocatepetl!

Los jóvenes guerreros **levantaron a Popocatepetl en hombros**[9] y lo llevaron hasta el emperador. Este lo miró a los ojos y le dijo:

—Popocatepetl, la **suerte**[10] de nuestro pueblo está en tus manos. Tú eres el nuevo jefe del ejército azteca. El enemigo es poderoso. Si **vences**[11], te daré mi trono y la mano de mi hija, la bella princesa Ixtaccíhuatl. Pero si eres **derrotado**[12], no vuelvas.

Popocatepetl tenía una tarea muy difícil ante él. Estaba preocupado y feliz: preocupado por la guerra, pero ¿por qué estaba feliz? Nadie lo sabía. El secreto que guardaba era que él e Ixtaccíhuatl se amaban. Se habían conocido hacía un año caminando entre **aguacates**[13], y el amor floreció en sus ojos desde la **primera mirada**[14]. La guerra sería dura, sería difícil, sería terrible; pero con la victoria, sus sueños de amor se verían cumplidos.

La noche antes de partir para la lucha, Popocatepetl fue a despedirse de Ixtaccíhuatl. La encontró paseando entre los canales. La princesa estaba muy triste, le dijo a su amado:

—Tengo miedo de que mueras, ten mucho cuidado, mi amor. Regresa **sano**[15] y vivo. Sé que no podré seguir viviendo si tú no estás conmigo.

—Volveré, volveré por ti. Nos casaremos y siempre, siempre, permaneceré a tu lado —contestó Popocatepetl.

1. merciless
2. throne
3. warriors
4. Choose
5. uproar
6. roar
7. throats
8. defeat
9. carried on their shoulders
10. fate
11. win
12. defeated
13. avocado trees
14. first sight
15. healthy

3. ¿Qué personajes creen que van a encontrar en *Los novios*?
4. Miren la ilustración de la historia y preparen una hipótesis sobre qué representan los dos volcanes. Después de leer la leyenda, revisen su hipótesis y corrijan los elementos necesarios.

Popocatepetl salió de la capital **al mando de**[16] los jóvenes soldados. La guerra resultó sangrienta, larga, feroz. Pero Popocatepetl era el más fuerte. Popocatepetl era el más inteligente. ¡Nadie era más valiente que Popocatepetl! ¡Viva Popocatepetl!

El ejército azteca triunfó contra sus enemigos. Todos los guerreros se alegraron. Todos celebraron la victoria. ¿Todos? Había un guerrero que no se alegró, un guerrero que no celebró la victoria. ¿Qué pasaba? Este guerrero tenía celos de Popocatepetl. Deseaba todo lo que Popocatepetl poseía. Él quería ser el nuevo jefe del ejército azteca y él deseaba casarse con la princesa Ixtaccíhuatl.

Los soldados aztecas se prepararon para regresar a la capital. Sin embargo, el guerrero celoso salió más pronto, corrió tan rápidamente que llegó un día antes que el resto del ejército. Fue donde el emperador. **Se arrodilló**[17] a sus pies y le anunció que Popocatepetl había muerto en el primer día de lucha; que él, y no Popocatepetl, fue el guerrero más fuerte y valiente; que él, y no Popocatepetl, fue el jefe del ejército en la batalla.

El emperador, quien apreciaba de verdad a Popocatepetl, se entristeció profundamente. Su **rostro**[18] se oscureció de dolor; pero él había hecho una promesa y tenía que cumplirla. Le ofreció al guerrero celoso todo el imperio azteca y la mano de su hija. Al día siguiente hubo una gran fiesta en el palacio con flores, música, bailes y concursos de poesía. Ese día se celebraban las bodas de la bella princesa y de aquel guerrero. **De repente**[19], en mitad de la ceremonia, Ixtaccíhuatl gritó: ¡Ay mi pobre Popocatepetl! No podré vivir sin ti. Y ella cayó muerta en el suelo.

En ese momento, los otros guerreros aztecas con Popocatepetl a la cabeza entraron ruidosamente en el palacio. Popocatepetl quería su recompensa y sus ojos buscaron a su amada por las salas. Nadie habló. Un gran silencio ocupó todas las estancias. Las miradas se dirigieron a la princesa muerta. Popocatepetl vio a Ixtaccíhuatl. Corrió a su lado. La tomó en sus brazos, le **acarició**[20] el pelo y **sollozando**[21] le **susurró**[22]:

—No te preocupes, amor mío. No te dejaré nunca sola. Estaré a tu lado hasta el fin del mundo. La llevó a las montañas más altas. La puso en un **lecho**[23] de flores y se sentó a su lado, para siempre, lejos de todos. Pasó tiempo y, por fin, uno de los buenos dioses se compadeció de los dos amantes: los transformó en volcanes.

Desde entonces, Ixtaccíhuatl ha sido un volcán tranquilo y silencioso: permanece dormido. Pero Popocatepetl tiembla de vez en cuando. Cuando su corazón sangra, **suspira**[24] y **vierte**[25] lágrimas **teñidas**[26] de fuego. Entonces, todo México sabe que Popocatepetl llora por su amor, la hermosa Ixtaccíhuatl.

16. *in charge of*
17. *He kneeled down*
18. *face*
19. *Suddenly*
20. *caressed*
21. *sobbing*
22. *whispered*
23. *bed*
24. *sighs*
25. *sheds*
26. *tinged*

1–50. Nuestra interpretación de la obra. Responde a las siguientes preguntas.

1. Selecciona la idea que mejor resume la trama (*plot*) de la leyenda:
   a. Una historia de amor.
   b. Una explicación mítica o fantástica del origen de dos volcanes.
2. ¿Qué semejanzas encuentras entre la leyenda y la trama de *Romeo y Julieta*?
3. Haz una lista de los personajes de la leyenda y describe su personalidad brevemente.
4. ¿Con qué personaje te identificas? Explica.
5. ¿Cuál es la parte más dramática de la historia?
6. ¿Cuál es la parte mítica o fantástica de la historia?

1–51. Ustedes tienen la palabra. En parejas, seleccionen una parte de la historia para representarla en clase. Pueden utilizar el diálogo original, o adaptarlo de forma creativa para cambiar el final. Escriban el diálogo y ensayen de 5 a 10 minutos antes de representarlo.

a causa de	*as a result of, because of*
adhesión *f*	*membership*
alentar	*to encourage*
ampliar	*to enlarge*
apoyar	*to support*
botánica *f*	*botany*
caber + *inf*	*can, may*
conferir (ie, i)	*to give*
conocedor/a	*knowledgeable*
desgarrar	*to tear*
en cuanto a	*in reference to*
enclave *m*	*place*
estar a punto de	*to be about to*
estimular	*to stimulate*
ingreso *m*	*admission*
ley *f*	*law*
oriental	*eastern*
pena *f*	*pity*
premiar	*to award*
propender a	*to have a tendency to*
pureza *f*	*purity*
secuela *f*	*consequence*
sobrevenir	*to ensue*
solicitar	*to request*
tejido *m*	*fabric*
ubicado/a	*located*

2 Culturas hispanas del Caribe: Paisajes variados

San Juan (Puerto Rico)

Santo Domingo (República Dominicana)

Caracas (Venezuela)

Mira las fotos y cuéntale a tu compañero/a lo que sabes de los lugares que figuran en las imágenes. ¿Has estado en alguno de ellos? Descríbeselo a tu pareja. Si no has visitado ninguno de estos lugares, ¿tienes interés en visitarlos? ¿Adónde irías primero y por qué?

La Habana (Cuba)

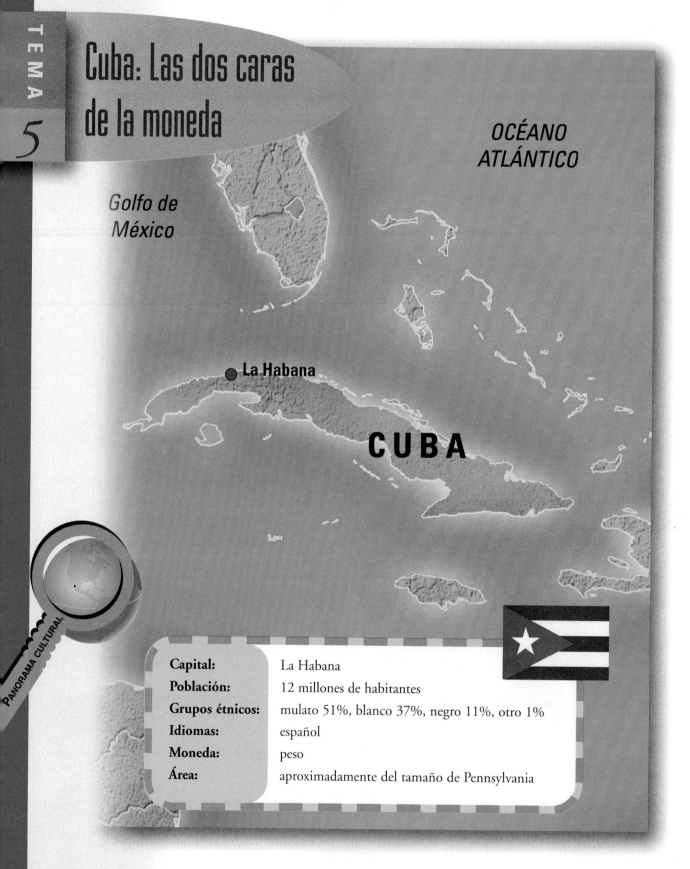

Cuba: Las dos caras de la moneda

OCÉANO ATLÁNTICO

Golfo de México

● La Habana

CUBA

PANORAMA CULTURAL

Capital:	La Habana
Población:	12 millones de habitantes
Grupos étnicos:	mulato 51%, blanco 37%, negro 11%, otro 1%
Idiomas:	español
Moneda:	peso
Área:	aproximadamente del tamaño de Pennsylvania

Entrando en materia

2-1. ¿Qué sabes de Cuba? Lee las siguientes oraciones sobre Cuba y decide si son ciertas o falsas. Si puedes, corrige las falsas. Si no estás seguro/a, repasa tus respuestas después de leer la sección para ver si eran correctas.

1. La isla de Cuba es la más grande de las Antillas.
2. Cuba es el único país latino con un régimen comunista.
3. El jefe del gobierno de Cuba es Fidel Castro.
4. Las relaciones entre EE.UU. y Cuba han sido siempre excelentes.
5. En los últimos años Cuba se ha convertido en uno de los centros turísticos más importantes del Caribe.

PERFIL

¿Qué pasó?

LA INDEPENDENCIA

Cuba fue el último país latino en obtener la independencia de España. Con la ayuda de Estados Unidos se independizó en el año 1898. Comenzó entonces un período de dominación de Estados Unidos sobre Cuba que duró hasta la declaración de la República de Cuba en 1902.

DE BATISTA A CASTRO

Después de lograr la independencia, hubo años de inestabilidad política, caracterizados por una serie de **gobiernos dictatoriales**[1]. En 1933 el dictador Fulgencio Batista tomó el control del gobierno hasta 1959, año en que fue **derrocado**[2] por Fidel Castro. En 1961, dos años después de tomar el poder, Castro anunció que su gobierno tenía una ideología marxista y formó una alianza con la Unión Soviética. Así comenzó un período de tensión política entre Cuba y Estados Unidos que todavía existe en el presente. En 1961 el gobierno de EE.UU. organizó una invasión de Cuba, pero fracasó. Esta invasión es conocida como la invasión de Bahía de Cochinos. En 1962 la Unión Soviética intentó aumentar su poder militar y comenzó a instalar misiles nucleares en Cuba. El presidente John F. Kennedy estableció un bloqueo económico de Cuba. Este bloqueo económico, que todavía existe, tiene el objetivo de **aislar**[3] económicamente a Cuba, limitando su relación comercial con otros países. El resultado ha sido un gran **empobrecimiento**[4] de Cuba.

Cuba es el único país comunista de Latinoamérica. Miles de cubanos se han exiliado de Cuba por el régimen de Castro y han buscado refugio político en Estados Unidos.

La revolución cubana ha tenido efectos positivos en la salud pública, la educación, las artes, el ejército y los deportes. Sin embargo, el gobierno de Cuba no ha hecho énfasis en la mejora de la vivienda, las comunicaciones y otras necesidades básicas.

---

1. *dictatorships* 2. *overthrown* 3. *isolate* 4. *impoverishment*

¿Qué pasa?

EL PERÍODO ESPECIAL

En los años noventa los problemas económicos en Cuba determinan el comienzo del llamado "período especial". Este período se caracteriza por acciones políticas más democráticas por parte del gobierno cubano. Cuba recibió ayuda económica de otros países a cambio de esta democratización de su política interna y externa. Ejemplos de esta suavización fueron el incremento de permisos para visitar la isla, la promoción del turismo, la creación de varios ministerios (de Economía y Planificación, de Inversión Extranjera y de Turismo, entre otros). Se produjo también una reconciliación con los grupos moderados de cubanos en el exilio con la celebración en 1994 de la *Primera Conferencia con la Comunidad en el Exterior.*

2–2. Una prueba. ¿Cuánto saben sobre la historia de Cuba? En parejas, respondan a las preguntas y después pónganse la nota que les corresponda. Cada respuesta correcta vale 2 puntos.

1. ¿Cuándo y cómo consiguió Cuba la independencia de España?
2. ¿Qué piensan al oír el nombre Bahía de Cochinos?
3. ¿Por qué se exiliaron tantos cubanos en el año 1959?
4. ¿Qué es el "período especial"?
5. ¿En qué consiste el bloqueo económico y cuáles han sido algunas de sus consecuencias?

Puntos	Nota
10	A
8	B
6	C
4	D
2	F

¿Quién soy?

SILVIO RODRÍGUEZ Y PABLO MILANÉS

Son dos cantantes cubanos contemporáneos con carreras musicales independientes. Son parte de un movimiento musical/ político llamado La Nueva Trova Cubana que comenzó en los años sesenta a raíz de la revolución de Cuba. Su música, suave y melodiosa, tiene un mensaje poético pero especialmente político. Muchos caracterizan su música como representante de la canción de protesta.

2–3. Quién es quién. Lee las oraciones y determina si describen el tipo de música de los cantantes Silvio Rodríguez y Pablo Milanés.

1. Cantan música rock.
2. Su música es parte de un movimiento ideológico de los años 60.
3. Sus canciones dicen cosas buenas sobre el gobierno de Cuba.

Ahora piensa en otros cantantes que conoces que también son famosos por este tipo de "canción de protesta". ¿Qué nombres podrías incluir? ¿Crees que las canciones de artistas como Bob Dylan o Joan Báez han tenido algún impacto en la política de tu país? ¿Por qué?

¿Dónde está?

LA HABANA

Es la capital de Cuba y la ciudad más grande de la isla. Es un centro comercial y turístico donde se concentra la mayoría de la población y las actividades políticas, culturales y sociales de todo el país. La Habana está situada al noreste de la isla en el Golfo de México. El puerto de La Habana está a menos de 100 millas de distancia de la costa de Florida. La parte vieja de la ciudad (la Habana Vieja) está rodeada de una muralla y tiene un aspecto claramente colonial. Hoy La Habana es una gran ciudad con bonitos paseos, como el del bulevar del Malecón, que se extiende varias millas a lo largo de la costa. El paseo del Malecón da a las playas y a las zonas residenciales de Vedado y Marianao, donde todavía se pueden ver los **rascacielos**[5] y hermosos hoteles que se construyeron en los años 40 y 50.

---

5. *skyscrapers*

Review of the Subjunctive in Noun Clauses

The subjunctive mood is used mostly in dependent clauses. There are three types of dependent clauses: noun clauses, adjective clauses (later in this unit), and adverb clauses (later in **Unidad 4**). In this section you are going to review and practice the use of the present and imperfect subjunctive in noun clauses. Let's begin by reviewing the forms.

Infinitive	*Yo* Form Present Indicative	Present Subjunctive	
caminar	camino	camine	caminemos
		camines	caminéis
		camine	caminen
comer	como	coma	comamos
		comas	comáis
		coma	coman
escribir	escribo	escriba	escribamos
		escribas	escribáis
		escriba	escriban

Infinitive	Third-Person Plural Preterit	Imperfect Subjunctive*	
caminar	caminaron	caminara	camináramos
		caminaras	caminarais
		caminara	caminaran
comer	comieron	comiera	comiéramos
		comieras	comierais
		comiera	comieran
escribir	escribieron	escribiera	escribiéramos
		escribieras	escribierais
		escribiera	escribieran

*There is an alternative spelling of the past subjunctive using the ending -**se** instead of -**ra**. The -**se** form is less commonly used in Latin America than the -**ra** form. In Spain, both forms are used interchangeably.

caminar: caminase, caminases, caminásemos…

comer: comiese, comieses, comiésemos…

escribir: escribiese, escribieses, escribiésemos…

Uses

Use the subjunctive in the dependent clause when the main verb in the
independent clause expresses:

- uncertainty, doubt, or denial.
- advice, suggestion, or recommendation.
- personal judgment, opinion, emotion, reaction.

1. Some verbs and expressions of uncertainty or doubt are:

ser (im)posible que	ser (im)probable que
no ser seguro que	ser dudoso que
no ser cierto que	no creer que
no estar seguro de que	

Independent Clause	Dependent Clause
No creo	que las relaciones entre EE.UU. y Cuba **mejoren** en un futuro cercano.
I don't think	*that the relations between the US and Cuba **will improve** in the near future.*

2. Some verbs and expressions of advice, recommendation, or suggestion are:

aconsejar que	permitir que
recomendar que	sugerir que
querer que	prohibir que
insistir en que	decir que
desear que	mandar que
ser mejor que	ser necesario que
ser preciso que	ser urgente que

Independent Clause	Dependent Clause
Las agencias de viaje recomiendan	que sus clientes **vayan** de vacaciones a Cuba.
Travel agencies recommend	*that their clients **go** to Cuba on vacation.*

3. Some verbs and expressions of opinion, judgment, reaction, and emotion are:

estar contento/ triste de que...	sentir que...
tener miedo de que...	(no) gustar que...
preocuparse de que...	odiar, detestar que...
molestar que...	ser bueno (malo, fantástico, increíble, interesante, importante, etc.) que...

Independent Clause	Dependent Clause
Al gobierno cubano le preocupa	que el gobierno estadounidense **continúe** con el bloqueo económico.
The Cuban government is worried	*that the American government **will continue** with the economic blockade.*

Present Subjunctive or Imperfect Subjunctive?

If the dependent clause requires the subjunctive, how do we tell which tense to use?

Here are the rules:

1. When the verb or impersonal expression in the independent clause is in the present, present perfect, future, or is a command, use the <u>present subjunctive</u> in the dependent clause.

2. When the verb or impersonal expression in the independent clause is in the preterite or imperfect, use the <u>imperfect subjunctive</u> in the dependent clause. ⌐or conditional

Independent Clause	Dependent Clause
Present, present perfect, future, command	Present subjunctive
Preterit, imperfect	Imperfect subjunctive

Independent Clause	Dependent Clause
Me parece increíble	que los discursos públicos de Fidel Castro **sean** tan largos.
I can't believe	*that Fidel Castro's public speeches **are** that long.*
La clase alta cubana temía	que el gobierno de Castro le **quitara** todas sus riquezas.
The Cuban upper class were afraid	*that the Castro regime **would strip them** of all their riches.*

See irregular verbs and verbs with spelling changes in the present and imperfect subjunctive in *Apéndice gramatical 2.*

2-4. **¿Y ustedes?** En parejas, hagan una lista de siete recomendaciones o sugerencias para un estudiante cubano que acaba de venir a Estados Unidos por primera vez. Combinen las expresiones de la columna A con las de la columna B para hacer sus sugerencias. También pueden añadir otras recomendaciones que les parezcan apropiadas para este tema.

> **MODELO** Te recomiendo que comas en McDonalds, es muy barato.

A	B
aconsejar	no acostarte muy tarde porque…
ser importante	llamar o escribir a tu familia porque…
ser necesario	estudiar mucho inglés porque…
ser esencial	¿…?
sugerir	¿…?
recomendar	¿…?

2-5. Conocimientos históricos. En parejas, repasen la información de la sección *Perfil* y contesten estas preguntas. Si quieren, pueden comentar sus opiniones sobre estos temas con el resto de la clase.

1. ¿Qué querían los cubanos que hicieran los españoles en el año 1898? ¿Por qué?
2. ¿Qué querían los cubanos que hiciera EE.UU. en 1898? ¿Por qué?
3. Batista fue un dictador, igual que Castro, pero sus dictaduras han sido muy diferentes. ¿Por qué creen que Castro no quería que continuara la dictadura de Batista? ¿Saben cuáles han sido las diferencias más importantes entre estas dictaduras?
4. ¿Qué prohibió Estados Unidos con el bloqueo económico de Cuba?
5. ¿Qué le pidieron los países democráticos a Castro durante el llamado "período especial"?

2-6. Cuando salí de Cuba. Como ya saben, en los años sesenta muchas personas salieron de Cuba y se exiliaron en Estados Unidos. Celia Cruz, una famosa cantante cubana, fue una de estas personas. ¿Qué recomendaciones creen que le hicieron su familia y amigos antes de salir del país? Usen la lógica y lo que saben de los dos países para escribir cuatro o cinco recomendaciones útiles. Aquí tienen algunos verbos que pueden ayudarles a escribir sus recomendaciones.

> sugerir
> recomendar
> pedir
> desear
> aconsejar

> **MODELO** Su madre le pidió que le escribiera a menudo.

Su esposo…
Su padre…
Su amigo de la infancia…
Otros cantantes cubanos…
Su agente artístico…
¿…?

2-7. Turista en Cuba. Imagina que eres un/a turista en Cuba y acabas de conocer a una estudiante cubana de tu edad. Ella te habla sobre las costumbres de Cuba. Expresa tu opinión o reacción por escrito sobre al menos cinco de los comentarios de tu nueva amiga. Puedes usar los verbos y expresiones siguientes. ¡Ojo! Algunas de estas expresiones requieren el uso del indicativo y otras el uso del subjuntivo.

creer	no creer	estar seguro	ser importante
ser evidente	ser bueno	ser interesante	ser sorprendente
ser increíble	ser extraño	ser natural	

MODELO

No creo que en Cuba sea obligatorio estudiar inglés en la escuela secundaria.

1. Muchos jóvenes cubanos hablan ruso porque han estudiado en la Unión Soviética.
2. El 50% de las mujeres cubanas son profesionales que trabajan fuera de la casa.
3. La gente de Cuba no es tan religiosa como la de otros países de Latinoamérica.
4. La mayoría de la gente en Cuba se casa en una ceremonia civil, seguida de una pequeña fiesta familiar.
5. Como no hay muchas casas disponibles, muchas parejas de recién casados viven un tiempo con los padres hasta que tienen casa o apartamento propio.
6. En Cuba algunos alimentos son escasos. Las tiendas llamadas "tiendas del dólar" tienen todos los productos necesarios, pero sólo los turistas pueden comprar ahí.
7. En Cuba, para dirigirte a una persona que no conoces debes decir **compañero** o **compañera** (*comrade*). También se usa **señor** o **señora**.

Entrando en materia

2-8. Anticipar el tema. Lee el título de la lectura a continuación y mira la foto de la página 60. ¿Cuál crees que es el tema general de esta lectura?

1. El título se refiere a que hay más de una isla en Cuba.
2. El título indica que hay dos formas de ver el gobierno de Cuba.

Ahora, piensa en lo que ya sabes sobre Cuba. Piensa en la información que escuchas en la televisión, las noticias que lees en el periódico, los comentarios de familiares y amigos respecto al tema... ¿Hay varias perspectivas o crees que las opiniones que escuchas siempre tienen algo en común? ¿Crees que la información que recibes en Estados Unidos sobre Cuba es objetiva? ¿Por qué? Anota tus respuestas a estas preguntas y coméntalas con tus compañeros. ¿Tienen las mismas opiniones? Si no las tienen, ¿en qué se centran las mayores diferencias?

2–9. Vocabulario en contexto. Las siguientes expresiones aparecen en el texto. Para familiarizarte un poco con el vocabulario, selecciona la expresión sinónima de cada frase en negrita. Si tienes dudas, verifica tus selecciones después de terminar la lectura.

1. **Han transcurrido** casi 40 años desde que Fidel Castro subió al poder en Cuba.

    a. han pasado   **b.** han retrasado

2. …durante esos años Cuba **ha logrado** avances notables.

    a. ha experimentado   **b.** ha fracasado

3. …una prensa libre donde los **ciudadanos** puedan expresarse.

    a. los habitantes de un país   **b.** los periodistas

4. El bloqueo económico **no ha debilitado** al gobierno.

    a. no ha impactado   **b.** no ha fortalecido

5. El diálogo es la única forma de evitar **el derramamiento de sangre**.

    a. víctimas   **b.** enfermedad

LECTURA

Cuba: Dos visiones, una isla

Han transcurrido casi 40 años desde que Fidel Castro subió al poder en Cuba después de derrocar la dictadura de Fulgencio Batista. Durante esas cuatro décadas muchas cosas han ocurrido en Cuba y en el mundo.

Hay quienes consideran que durante estos años Cuba **ha logrado** avances notables en educación y en salud, a pesar del bloqueo económico al que se ha visto sometida la isla por parte de los distintos gobiernos de Estados Unidos.

Hay otros que piensan que la realidad política cubana, sin partidos políticos, sin elecciones y sin una prensa libre donde los **ciudadanos** puedan expresarse, es evidencia de un contexto de violaciones fundamentales de los derechos humanos que no pueden justificarse bajo ninguna circunstancia. Ⓜ

Ⓜ**omento de reflexión**

Selecciona la oración que mejor describa el contenido de estos párrafos.
- ❏ 1. La opinión de algunas personas es que el gobierno de Cuba ha tenido efectos muy positivos en todas las áreas.
- ❏ 2. Algunas personas piensan que ha habido efectos positivos y otras piensan que, a pesar de las mejoras en la educación y la salud, el sistema de Cuba no es aceptable porque no hay libertad.

Momento de reflexión

Selecciona la oración que mejor describa el contenido de estos párrafos.

❏ 1. Algunas personas piensan que las relaciones de Cuba con el mundo sólo se pueden mejorar por medio del diálogo, mientras que otras personas piensan que el uso de la fuerza es la única solución.

❏ 2. Para la mayoría de las personas la única solución para mejorar las relaciones de Cuba con otros países es usar la fuerza, porque con Fidel Castro no se puede mantener un diálogo.

Momento de reflexión

Selecciona la oración que mejor describa el contenido del último párrafo.

❏ 1. No podemos saber la opinión real que tienen sobre el gobierno los cubanos que viven en Cuba, pero sí sabemos que los cubanos quieren que las condiciones económicas del país mejoren.

❏ 2. No podemos saber la opinión real que tienen los cubanos sobre su gobierno porque en Cuba no hay buenos medios de comunicación.

La búsqueda de un diálogo que permita la reconciliación del pueblo cubano con las naciones democráticas ha sido el deseo de muchos. Con Fidel no se puede hablar, reflexionan algunos. Él no está dispuesto a dejar el poder. Es más, la realidad y la historia no le permiten una salida democrática a su régimen. Sólo con sanciones que lo debiliten y con armas que lo derroten, será posible volver a ver una Cuba libre.

Por la vía de la fuerza no se puede alcanzar nada, dicen otros. La mejor prueba son estos cuarenta años. El bloqueo económico **no ha debilitado** al gobierno y lo único que ha hecho es empobrecer más al pueblo. El diálogo es la única vía práctica, además de ser la única forma en que se evitaría **el derramamiento de sangre**. Ⓜ

... ¿Y los cubanos en Cuba? Es difícil conocer con certeza sus opiniones. Por una parte, las restricciones que impone el gobierno crean un ambiente donde las ideas no pueden expresarse con libertad. Por otra, las precarias condiciones económicas generan malestar contra las autoridades y el deseo interno de que las cosas cambien. Ⓜ

2–10. Vocabulario en acción. Responde a estas preguntas incorporando en tu respuesta el vocabulario escrito en negrita.

1. ¿Cuántos años **han transcurrido** desde que Castro implantó el gobierno comunista en Cuba?
2. Explica con tus propias palabras qué significa para ti la palabra **"ciudadano"**.
3. ¿Qué acontecimiento histórico **ha debilitado** la economía de Cuba? ¿Qué opinas sobre esto? ¿Te parece una buena solución a los problemas actuales? ¿Por qué?
4. Identifica dos o tres situaciones reales en las que pueda haber **derramamiento de sangre**.

2–11. Resumir. En parejas, repasen el texto anterior para separar los hechos y la información objetiva de las opiniones y comentarios personales. Después, incluyan los datos objetivos en una de las dos categorías siguientes, según su contenido:

Una visión positiva:
Una visión negativa:

Después de completar esta tarea, vuelvan a leer el artículo. Según las opiniones que se incluyen, ¿cuál creen que es la intención del escritor? ¿Qué ideología política creen que tiene esta persona? ¿Por qué? Comenten sus respuestas con otras parejas en clase.

2–12. Hablemos del tema. Lean el texto *Los cubanos hablan*, que incluye comentarios a favor y en contra de Castro. Después, piensen en su propio gobierno y entre los cuatro, usen las expresiones de al lado para expresar tres afirmaciones a favor y tres afirmaciones en contra de la actitud del gobierno de Estados Unidos hacia Cuba.

Por si acaso

En mi opinión/ A mi parecer...
In my opinion . . .

Me parece que...
I think that . . .

Es posible que...
It is possible that . . .

Estoy seguro/a de que...
I am sure that . . .

Sugiero/ Recomiendo que...
I suggest/recommend that . . .

Es un tema muy controvertido pero...
It is a very controversial topic but . . .

Los cubanos hablan

Opiniones en contra

"El gobierno cubano le dice al pueblo que a la gente que se va de Cuba le va muy mal".

"En las tiendas para turistas no falta nada, pero el pueblo cubano no tiene acceso a ellas".

"Uno de los problemas que tenemos en Cuba es que no tenemos libertad para salir del país".

Opiniones a favor

"Hay que admirar la tenacidad y energía de Fidel Castro; después de cuarenta años Castro todavía tiene el carisma de un buen líder".

"Me parece admirable la lealtad de Castro al ideal socialista, que no se ha adulterado en Cuba. Castro es lo que podríamos llamar un purista".

"Si comparamos Cuba con el resto de Latinoamérica, yo diría que Castro ha dado a Cuba una dignidad y autonomía políticas que muchos países, sujetos al arbitrio de EE.UU., no han tenido".

2–13. Chistes de Fidel. Primero, trata de explicar el significado de estos chistes con la información que has aprendido sobre Cuba. Todos estos chistes tienen un mismo objetivo y un mismo comentario social, ¿cuál es? ¿crees que el humor puede ser útil para expresarse en situaciones donde la censura no permite la expresión libre? Comparte tus opiniones con la clase y con tu instructor/a.

Chistes de Cuba

2da. edición
500 chistes
160 páginas

Fidel va a su astrólogo y le pregunta:
—¿Qué día moriré?
—Comandante, morirá un día de fiesta nacional.

¿Cuál es la relación monetaria entre el dólar, la libra y el peso cubano?
—Que una libra de pesos cubanos vale un dólar.

Un periodista le pregunta a un cubano en la calle:
—¿Usted se considera señor o compañero?
—Yo me considero señor. Compañero es aquel que va en el Mercedes.

República Dominicana: Raíces de su música

OCÉANO ATLÁNTICO

LA REPÚBLICA DOMINICANA

Santo Domingo

Capital:	Santo Domingo
Población:	8 millones de habitantes
Grupos étnicos:	blanco 16%, negro 11%, mezcla de amerindio/ europeo/ africano 73%
Moneda:	peso
Idiomas:	español
Área:	dos veces el tamaño del estado de Vermont

Entrando en materia

2-14. ¿Qué sabes de la República Dominicana? Decide si las siguientes oraciones son ciertas o falsas. Si puedes, corrige las falsas. Si no estás seguro/a, repasa tus respuestas después de leer la sección para ver si eran correctas.

1. La República Dominicana está en las Antillas Mayores.
2. La isla donde se encuentra la República Dominicana es tan grande como la de Cuba.
3. Tanto en Haití como en la República Dominicana se habla español.
4. Los indígenas que vivían en la isla cuando llegaron los conquistadores eran taínos, al igual que los de otras islas del Caribe.

2-15. Anticipar el tema. Aquí tienes los títulos de cada una de las secciones de *Perfil*. Asocia el tema de la lista de abajo que crees que puede estar relacionado con cada una de las secciones.

Títulos

1. El fin de una raza y el comienzo de otra
2. La independencia de Haití
3. El gobierno corrupto de Trujillo
4. El gobierno democrático de Balaguer

Temas

a. dos países en una isla
b. luchas por dominar la isla
c. los blancos oprimen a los indios
d. abolición de la dictadura, elecciones periódicas
e. dictadura y corrupción
f. exterminio de grupos humanos

PERFIL

¿Qué pasó?

EL FIN DE UNA RAZA Y EL COMIENZO DE OTRA

Al igual que en otras islas del Caribe, los conquistadores también encontraron en la República Dominicana tribus de indios taínos y caribes que vivían en las islas antes de su llegada. La raza indígena fue prácticamente exterminada en un período de 50 años. La isla fue llamada La Española y fue la primera colonia europea del Nuevo Mundo. En su capital, Santo Domingo, se originaron las primeras instituciones culturales y sociales coloniales, se construyeron las primeras **fortalezas**[1], las primeras iglesias, la primera catedral, el primer hospital, los primeros monumentos y la primera universidad.

---

1. *forts*

LA INDEPENDENCIA DE HAITÍ

En 1697 España cedió a Francia la parte occidental de la isla. Nació así una nueva nación, Haití, colonizada por los franceses. Esta división fue origen de varias tensiones y disputas por el dominio de la isla a lo largo de la historia entre Francia y España. Los haitianos conquistaron toda la isla en el año 1822 pero las fuerzas del General Juan Pablo Duarte recuperaron el territorio dominicano y, con la ayuda de los españoles, se proclamó la independencia de Haití.

EL GOBIERNO CORRUPTO DE TRUJILLO

La ocupación del país entre 1916 y 1924 por Estados Unidos ayudó con la reorganización de la vida política y aportó un cierto nivel de estabilidad económica. A la ocupación estadounidense le siguió el período del gobierno del dictador Rafael Leónidas Trujillo que comenzó en 1930. Si bien el gobierno de Trujillo

hizo énfasis en la expansión de la industria y el **bienestar**[2] público, su gobierno ha pasado a la historia como una de las dictaduras más corruptas y **sanguinarias**[3]. En 1961 Trujillo fue asesinado, poniendo fin a 30 años de dictadura y corrupción.

2. *well being* 3. *bloody*

¿Qué pasa?

EL GOBIERNO DEMOCRÁTICO DE BALAGUER

En 1960, Trujillo nombró presidente a Joaquín Balaguer, cuyo gobierno de **derechas**[4] se caracterizó por la introducción de reformas democráticas después de la muerte de Trujillo.

En 1965 Estados Unidos volvió a ocupar el territorio dominicano con el objetivo de luchar contra el gobierno de Juan Bosch, líder de **izquierdas**[5] que había ganado las primeras elecciones libres en 38 años. El gobierno de Bosch fue derrocado y sustituido de nuevo por el mandato de derechas de Balaguer. El sistema democrático ha dominado la vida política dominicana hasta el presente, con elecciones que se celebran cada cuatro años, aunque quizás en algunos casos se haya tratado de elecciones **fraudulentas**[6].

4. *right-wing* 5. *left-wing* 6. *dishonest*

2–16. Correspondencias. Escribe una lista de cuatro puntos que indiquen momentos importantes en la historia de la República Dominicana, según la información que acabas de leer. Después, piensa en la historia de tu país durante esos años y escribe cuatro puntos indicando qué pasó en esas mismas fechas.

¿Quién soy?

JUAN LUIS GUERRA

Juan Luis Guerra es un popular cantante de salsa y merengue. En 1991 grabó el disco *Bachata Rosa*, que tuvo un éxito fenomenal y por el cual recibió un Grammy en EE.UU. Su música es tan popular en la República Dominicana como en otros países de habla hispana, incluyendo la comunidad hispana de Estados Unidos. Sus canciones son alegres y bailables con un notable mensaje poético y social.

¿Dónde está?

SANTO DOMINGO

Santo Domingo es la capital y ciudad más grande del país. Tiene un claro sabor colonial pero también es el centro industrial y comercial del país. La ciudad fue fundada en 1496 por Bartolomé Colón, hermano de Cristóbal Colón, y fue la primera colonia establecida en el Nuevo Mundo. En los últimos años el turismo se ha convertido en una de las fuentes de ingresos más importantes para el país, el cual recibe visitas de numerosos turistas norteamericanos y de otras nacionalidades.

2–17. Una prueba.

1. En parejas, preparen una prueba de cinco preguntas sobre la información histórica que acaban de leer. Intenten incluir preguntas de todas las partes de *Perfil*.
2. Después, intercambien su prueba con la de otra pareja y háganse oralmente las preguntas. Deben responder sin consultar el texto.

> **MODELO**
>
> ¿Por qué hubo tantos problemas entre Haití y la República Dominicana?

Review of the Subjunctive in Adjective Clauses

What is an adjective clause? An adjective clause, also known as relative clause, is a dependent clause that describes a preceding noun.

El merengue es <u>la música</u>   **que prefiere la mayoría de los dominicanos.**

Merengue is the music   *preferred by the majority of Dominicans.*

La música is the preceding noun to the adjective clause **que prefieren los dominicanos**. This clause qualifies the word **música**.

When do I use the subjunctive in an adjective clause?

1. Use the subjunctive in an adjective clause when the antecedent is unknown, unspecific, or uncertain.

   Ese estudiante quiere viajar a <u>un lugar de la República Dominicana</u> **que no sea demasiado turístico.**

   *That student wants to travel to a place in the Dominican Republic **that is not too touristy**. (The place the student is going to is not known.)*

2. When the antecedent refers to someone or something that is known to exist, the indicative is used.

   Ese estudiante quiere viajar <u>a ese lugar de la República Dominicana</u> **que tiene más turistas.**

   *That student wants to travel to that place in the Dominican Republic **that has more tourists**. (The place is specific and known to exist.)*

Experienced or known reality   ➔   Indicative

Unknown, unspecific reality   ➔   Subjunctive

Buscar, querer, necesitar

These verbs and other such verbs commonly trigger subjunctive in the dependent clause. Nevertheless, they may also refer to known or specific objects or people. When that is the case, the indicative must be used in the adjective clause:

   Busco **un hotel en Santo Domingo** que tenga todas las comodidades.

   *I'm looking for **a hotel in Santo Domingo** that has all the comforts.*

   Busco **el hotel de Santo Domingo** que ofrece una noche gratis para los recién casados.

   *I'm looking for **the hotel in Santo Domingo** that offers a free night stay to newlyweds.*

Do I need to use the present subjunctive or the imperfect subjunctive?

The rule is the same as the one you learned for noun clauses.

1. When the verb or impersonal expression in the independent clause is in the present, present perfect, future, or is a command, then the present subjunctive needs to be used in the dependent clause.

   Quiero hablar con una persona **que conozca bien la cultura dominicana**.
   *I want to speak with someone **that knows well the Dominican culture**.*

2. When the verb or impersonal expression in the independent clause is in the preterit or imperfect, the imperfect subjunctive needs to be used in the dependent clause.

   Después de Trujillo, el pueblo dominicano quería un presidente **que tuviera ideas democráticas**.
   *After Trujillo, the Dominican people wanted a president **who had democratic ideas**.*

2–18. Los dominicanos de ayer y de hoy. Completa las siguientes oraciones de forma lógica usando el imperfecto de subjuntivo y la información de *Perfil*. Después, ordena las oraciones cronológicamente. Puedes usar estos verbos para completar las oraciones.

tener	proporcionar	ser
dar	denunciar	garantizar
poder	comparar	mantener

1. El gobierno español quería colonizar territorios que…
2. Durante el gobierno de Rafael Leónidas Trujillo, los dominicanos buscaban un gobernante que…
3. EE.UU. luchó contra el gobierno de Juan Bosch porque EE.UU. prefería un gobierno que…
4. Los conquistadores que llegaron a la República Dominicana necesitaban trabajadores que…
5. Durante el período de tensión política con Haití, los dominicanos querían relaciones políticas que…
6. Después del asesinato de Trujillo el pueblo dominicano esperaba elecciones que…

2-19. Santo Domingo. Ustedes están a cargo de preparar unos folletos turísticos sobre Santo Domingo para aumentar el turismo. Aquí tienen información de la sección *¿Dónde está?* que les puede ayudar a preparar su folleto. Sigan los siguientes pasos.

A. Primero, seleccionen uno de los verbos entre paréntesis y escriban cada oración usando el indicativo o subjuntivo según convenga.

B. Después, organicen las ideas de forma lógica e incluyan otra información interesante para animar a los turistas a visitar Santo Domingo.

C. Inventen un título llamativo para su folleto.

D. Intercambien su folleto con sus compañeros de clase para ver cuál resulta más efectivo.

1. El turista en Santo Domingo se encuentra con una ciudad que (tener / necesitar) muchos edificios de la época colonial.

2. Los dominicanos van a agradecer el dinero de los turistas que (distribuir / contribuir) a aumentar los ingresos del país.

3. La ciudad de Santo Domingo recibe a turistas que (venir / ir / buscar) desde varias partes del mundo.

4. Santo Domingo fue la primera colonia que los españoles (descubrir / establecer) en el Nuevo Mundo.

5. Bartolomé Colón, hermano de Cristóbal Colón, fue la persona que (visitar / fundar) Santo Domingo.

2-20. Entrevista. En parejas, imaginen que una persona es un/a escritor/a que va a ir a la República Dominicana por primera vez. La otra persona es un/a guía turístico/a que se especializa en preparar viajes específicamente al gusto de cada persona. Sigan estos pasos y después, cambien de papeles.

Turista: Vas a viajar a la República Dominicana para buscar información sobre el país, para un libro nuevo que estás escribiendo. Debes encontrar información sobre lugares y personajes históricos, artistas famosos, comidas típicas, el sistema político, etc. Hazle tres o cuatro preguntas al guía turístico para que busque las mejores opciones para tu viaje.

Guía: Tú no sabes mucho sobre la República Dominicana, pero necesitas conseguir a este cliente para no perder tu trabajo. Usa la información que has aprendido aquí para convencer al cliente de que sabes dónde encontrar todo lo que busca.

> **MODELO**
>
> **Turista:** ¿Puede buscarme alojamiento en algún hotel histórico?
> **Guía:** Sí, conozco el sitio perfecto para usted. Está junto a la catedral.

3 **2-21. ¿Y ustedes?** Dos de ustedes están preparando unas vacaciones para ir una semana a la República Dominicana. La tercera persona trabaja en una agencia de viajes. Sigan las instrucciones para completar la conversación, y después, represéntenla frente a sus compañeros de clase. ¡No se olviden de incluir detalles creativos!

La pareja de turistas	El/La agente de viajes
Greet the travel agent.	Respond to your new clients and offer assistance.
Tell the agent what you need. Include where you want to go, when, for how long, and how many people are going to travel.	Respond logically. Ask in what city your clients want to stay and whether they prefer to stay in a hotel or apartment.
Answer the agent's question. Tell the agent you prefer to stay in a hotel.	Respond logically to your clients' request.
Tell the agent that you are looking for a hotel that is next to the ocean, with tennis courts and a big pool.	Tell your clients that Hotel (*invent a name*) is a place that has all those things.
Tell the agent that you need a room for two people that has a view of the ocean.	Tell your clients that Hotel (*invent a name*) is a place that seems to fit their needs. It also has a very good price.
Make the reservation.	Write down your clients' names, addresses, phone numbers, and credit card numbers.
Ask when the tickets will be ready.	Respond to your clients' question.
Say goodbye.	Say goodbye.

Entrando en materia

2-22. Ritmos populares. ¿Puedes adivinar cuál es el origen de estos ritmos populares? Selecciona la respuesta que te parezca correcta. Si no estás seguro/a, vuelve a mirar tus respuestas después de escuchar la miniconferencia.

1. Jazz
   a. Viene de la música africana de la época de la esclavitud en el siglo XIX.
   b. Se origina en Nueva Orleans a principios del siglo XX.

2. Rock-and-roll
   a. Se establece como género en los años 50.
   b. Se establece como género en los años 30.

3. Blues
   a. Es una variedad del jazz con el mismo origen.
   b. El origen del blues es desconocido.

4. Rap o hip-hop
   a. Un ritmo que comenzó en los años setenta en la comunidad hispana.
   b. Comenzó en los años setenta entre las comunidades afroamericanas e hispanas de Nueva York.

2-23. ¿Qué tipo de música? En grupos de cuatro, hablen sobre el tipo de música que les gusta escuchar y del tipo de música que prefieren para bailar. Entre todos, intenten llegar a un acuerdo para decidir qué tipo de música o qué cantante serían los mejores en las siguientes situaciones. Después, comenten sus respuestas con sus compañeros de clase.

> **MODELO**
> Música para meditar: La mejor música para meditar es la de Enya.

1. Música para estudiar:
2. Música para una cena romántica:
3. Música para dormir:
4. Música para una fiesta latina:
5. ¿...?

2-24. Vocabulario en contexto. Vas a escuchar estas expresiones en la miniconferencia. Identifica las expresiones de la lista que tienen un cognado en inglés, para familiarizarte un poco con el vocabulario.

teoría	Upa habanera	posibilidad	instrumento
inventar	La Tumba	improbable	nacer
incierto	origen	época	extender
plausible			

Antes de escuchar

La miniconferencia de esta unidad va a tratar sobre el origen del merengue. Antes de escuchar, piensa en lo que sabes sobre la música latina. ¿Hay algún elemento que diferencie la música latina de otros tipos de música que escuchas en la radio? ¿Qué diferencias tiene? ¿Qué tipo de instrumentos crees que son más comunes en los países del Caribe? Piensa en lo que has aprendido sobre la cultura y las gentes de estos países. ¿Crees que su música va a reflejar su estilo de vida? Anota tus observaciones y presta atención al texto que vas a escuchar, para ver si estabas en lo cierto.

Bandurria

Cuatro

El origen del merengue 🎧

Ahora tu instructor/a va a presentar una miniconferencia.

2–25. ¿Comprendiste? Después de escuchar la miniconferencia, en parejas, intenten dar la siguiente información. Si tienen dudas, respondan con la información que les parezca más lógica, basándose en lo que han aprendido.

1. El número de teorías sobre el origen del merengue.
2. La teoría más plausible o lógica de todas.
3. ¿Qué dice cada una de las teorías del origen?
4. ¿Por qué se hizo el merengue popular tan rápidamente?
5. ¿Por qué se comenzó a usar el acordeón para interpretar el merengue?

2–26. Palabras en acción. En parejas, expliquen el significado de estas expresiones con sus propias palabras. Pueden explicar el significado con sinónimos, antónimos o usando la palabra en el contexto de una oración. Consulten el glosario del texto o un diccionario, si lo necesitan.

> **MODELO**
>
> teoría   sinónimo de *hipótesis*, o
>   La teoría de la evolución de Darwin.

La Tumba	posibilidad	época	nacer
origen	improbable	instrumento	extender

"El costo de la vida", canción de Juan Luis Guerra

Lee la letra de este popular merengue de Juan Luis Guerra. Sólo necesitas comprender las ideas principales.

2–27. Anticipar el contenido. Primero lee el título y decide de qué trata este merengue.

1. tema amoroso
2. tema social y político
3. una combinación de los dos temas

El costo de la vida

I.

El costo de la vida sube otra vez
el peso que baja, ya ni se ve
y las habichuelas no se
pueden comer
ni una libra de arroz, ni una
cuarta de café
a nadie le importa qué piensa usted
será porque aquí no hablamos inglés
Ah, ah es verdad
do you understand? Do you, do you?

II.

Y la gasolina sube otra vez
el peso que baja, ya ni se ve
y la democracia no puede crecer
si la corrupción juega ajedrez
a nadie le importa qué piensa usted
será porque aquí no hablamos francés
Ah, ah vous parlez?
ah, ah non, Monsieur

III.

Somos un agujero
en medio del mar y el cielo

quinientos años después
una raza encendida
negra, blanca y taína
pero quién descubrió a quién

IV.

Ay, el costo de la vida
eh, ya ves, pa-arriba tú ves
y el peso que baja
eh, ya ves, pobre ni se ve
y la medicina
eh, ya ves, camina al revés
aquí no se cura
eh, ya ves, ni un callo en el pie

V.

Ay, ki-iki-iki
eh, ya ves, ay ki-iki-é
y ahora el desempleo
eh, ya ves, me mordió también
a nadie le importa
eh, ya ves, pues no hablamos inglés
ni a la Mitsubishi
eh, ya ves, ni a la Chevrolet

VI.

La corrupción pa-rriba

eh, ya ves, pa-rriba tú ves

y el peso que baja

eh, ya ves, pobre ni se ve

y la delincuencia

eh, ya ves, me pilló otra vez

aquí no se cura

eh, ya ves, ni un callo en el pie

Ay, ki-iki-iki

eh, ya ves, ay ki-iki-é

y ahora el desempleo

eh, ya ves, me mordió también

a nadie le importa, no

eh, ya ves, pues no hablamos inglés

ni a la Mitsubishi

eh, ya ves, ni a la Chevrolet

Oye!

La recesión pa-rriba

eh, ya ves, pa-rriba tú ves

y el peso que baja

eh, ya ves, pobre ni se ve

y la medicina

eh, ya ves, camina al revés

aquí no se cura

eh, ya ves, ni un callo en el pie

VII.

Ay, ki-iki-iki

eh, ya ves, ay ki-iki-é

y ahora el desempleo

eh, ya ves, me mordió también

a nadie le importa, no

eh, ya ves, pues no hablamos inglés

ni a la Mitsubishi

eh, ya ves, ni a la Chevrolet

2–28. En otras palabras. A continuación tienes la idea general de cada una de las estrofas de la canción. Identifica la estrofa que corresponde a la idea general.

1. Otro problema es la delincuencia (el crimen) y nadie quiere hacer nada para solucionarlo.
2. Hay tanta inflación en la República Dominicana que ni los productos básicos como el café, las habichuelas (frijoles) y el arroz se pueden comprar.
3. Repetición de otra estrofa con algunas variaciones.
4. Los servicios médicos son escasos y poco eficientes.
5. Los dominicanos no sólo tienen problemas para adquirir productos de primera necesidad sino que también tienen que vivir bajo la corrupción del gobierno.
6. No hay trabajo para todos en el país.
7. Quinientos años después del Descubrimiento, la República Dominicana es todavía un lugar olvidado por todos, habitado por personas que representan la mezcla étnica de tres culturas.

Puerto Rico: Encontrando su identidad

OCÉANO ATLÁNTICO

PUERTO RICO

San Juan

PANORAMA CULTURAL

Capital:	San Juan
Población:	3,5 millones de habitantes
Grupos étnicos:	europeo 80,5%, africano 8%, mezcla de amerindio/ europeo/ africano 10,9%
Moneda:	dólar americano
Idiomas:	español e inglés
Área:	aproximadamente el tamaño del estado de Maryland

Entrando en materia

2–29. ¿Qué sabes de Puerto Rico? Lee las siguientes oraciones sobre Puerto Rico y determina si son ciertas o falsas. Si puedes, corrige las falsas. Si no estás seguro/a, repasa tus respuestas después de leer la sección para ver si eran correctas.

1. Puerto Rico es una isla del Caribe con una extensión comparable al estado de Florida.
2. El nombre Puerto Rico se lo dieron los españoles por ser una isla hermosa y llena de recursos naturales.
3. El gobierno de Puerto Rico es un gobierno democrático e independiente, parecido al gobierno de la República Dominicana.
4. El jefe del gobierno de Puerto Rico es el presidente de Estados Unidos.
5. En Puerto Rico, la mayoría de la gente quiere seguir formando parte de Estados Unidos.

2–30. Anticipar el tema. Lee los títulos de cada una de las secciones de *Perfil* e identifica los temas que aparecerán bajo cada título.

Títulos	Temas
1. El dominio español	a. El Descubrimiento y Conquista
2. Del dominio español al estadounidense	b. Independencia del control español
3. Estado Libre Asociado	c. Influencia de EE.UU.
	d. Crisis de identidad, ni país ni estado miembro de EE.UU.

PERFIL

¿Qué pasó?

EL DOMINIO ESPAÑOL

Cristóbal Colón estableció Puerto Rico como territorio español en 1493, pero fue Ponce de León quien en 1502 se estableció en la isla como primer gobernador. La isla fue **codiciada**[1] por piratas y bucaneros, así como por expediciones inglesas y holandesas que querían ocuparla. Fue por estos continuos ataques que los españoles construyeron los fuertes del Morro y San Cristóbal, que les sirvieron para proteger el puerto de San Juan. A pesar de los ataques, la isla permaneció como territorio español. Los puertorriqueños se rebelaron contra el dominio español en 1868, lo que ocasionó tensiones políticas con España. Estas tensiones terminaron cuando España le cedió Puerto Rico a Estados Unidos después de perder la Guerra Hispano-americana en 1898.

---

1. *sought-after*

DEL DOMINIO ESPAÑOL AL ESTADOUNIDENSE

La Ley Jones de 1917 convirtió a todos los puertorriqueños en ciudadanos estadounidenses y Puerto Rico se convirtió en territorio anexado a Estados Unidos. Poco a poco el gobierno estadounidense ha dado a los puertorriqueños cierta autonomía en la elección de sus representantes en el gobierno local, la elección de un representante en Washington (sin derecho a votar) y autonomía para escribir su propia constitución.

¿Qué pasa?

Por si acaso

En diciembre de 1998 los puertorriqueños votaron para decidir si querían continuar como Estado Libre Asociado de Estados Unidos. Los resultados de esa votación fueron los siguientes:

Estado Libre Asociado
 50.2% de votos–
Estado 51 de la Unión
 (o estadidad)–
 46.5% de votos
Independencia–
 3.3% de votos

ESTADO LIBRE ASOCIADO

Con la Constitución de 1952, Puerto Rico pasó a llamarse Estado Libre Asociado de Puerto Rico (*Commonwealth of Puerto Rico*). La asociación política con Estados Unidos no ha anulado el interés de los puertorriqueños por mantenerse **fieles**[2] a su cultura y sus tradiciones. Muchos puertorriqueños van y vienen entre Estados Unidos y la isla, compartiendo así las posibilidades que les ofrecen estos dos mundos. La asociación entre Puerto Rico y Estados Unidos ha originado una nueva cultura híbrida que se observa en las costumbres y hasta en el lenguaje. La circulación constante de puertorriqueños que viajan cíclicamente entre la isla y el continente es una de la causas de esta mezcla de culturas.

Económicamente Puerto Rico es más fuerte que las otras islas del Caribe, con una mejor y mayor **red**[3] de industrias, comercios y servicios. La **renta per cápita**[4] es la más alta de Latinoamérica.

Hoy en día los puertorriqueños tienen algunos de los beneficios de los ciudadanos de Estados Unidos. Por ejemplo, tienen derecho a recibir asistencia social. El programa de estampillas beneficia aproximadamente al 50% de la población puertorriqueña. Sin embargo, los puertorriqueños no tienen derecho a votar en las elecciones presidenciales a pesar de tener la obligación de servir en el ejército. Los habitantes de Puerto Rico no están obligados a pagar **impuestos**[5] federales, pero pagan impuestos al gobierno de Puerto Rico. Estos impuestos son tan altos como los impuestos locales combinados con los federales que cualquier residente de un estado debe pagar.

La dominación sobre Puerto Rico por parte de Estados Unidos es un tema muy controvertido. Los independentistas quieren la separación absoluta para convertirse en una nación independiente; otro grupo apoya el estatus presente, y un tercer grupo quiere la estadidad, es decir, convertir a Puerto Rico en el estado 51 de la Unión.

---

2. *faithful* 3. *network* 4. *income per capita* 5. *taxes*

2-31. ¿Comprendiste? Completa las ideas de las siguientes oraciones según el contenido que acabas de leer en la sección de *Perfil*.

1. Los españoles construyeron los fuertes del Morro y San Cristóbal porque…
2. España le cedió Puerto Rico a EE.UU. porque…
3. La Ley Jones, aprobada en 1917, dice que…
4. Los puertorriqueños no tienen derecho a votar en las elecciones de EE.UU. debido a que…
5. En comparación a otras naciones del Caribe, la economía de Puerto Rico es…
6. En el presente en Puerto Rico hay tres posturas con respecto a la asociación de la isla con EE.UU. Estas posturas son…

¿Quién soy?

SILA M. CALDERÓN

Sila M. Calderón nació en San Juan el 23 de septiembre de 1942. Estudió en el Colegio Sagrado Corazón de las Madres en Santurce, donde se graduó con Primer Honor de su clase. Obtuvo su Bachillerato en Artes con honores de Manhattanville College en Purchase, Nueva York.

De enero de 1997 a diciembre de 2000 ocupó el cargo de alcaldesa de San Juan, capital de Puerto Rico, puesto que obtuvo en noviembre de 1996 con el 51% de los votos.

El 7 de noviembre de 2000 fue elegida gobernadora de Puerto Rico e hizo historia al convertirse en la primera mujer gobernadora del Estado Libre Asociado de Puerto Rico.

La señora Calderón está casada con el Sr. Adolfo Krans, empresario de la capital y es madre de ocho hijos.

¿Dónde está?

SAN JUAN, CAPITAL

San Juan es la capital de la isla, fundada en 1511 por Ponce de León. Es la ciudad más grande de la isla pero su número de habitantes no excede el número de puertorriqueños que residen en la ciudad de Nueva York. San Juan es un importante centro turístico rodeado de hermosas playas y lugares de gran interés cultural. El Castillo del Morro, una fortaleza construida para proteger la ciudad contra los ataques de los piratas, es uno de los monumentos más visitados.

2–32. Reflexiones. Elige una de las dos preguntas a continuación y escribe un párrafo breve explicando tu respuesta. Después, comparte lo que escribiste con tus compañeros de clase.

1. ¿Por qué crees que no hubo otras mujeres gobernadoras de Puerto Rico antes de Sila M. Calderón? ¿Crees que el ser mujer le dificultó su carrera política?
2. ¿Conoces alguna otra ciudad latinoamericana que tenga fortalezas similares al Castillo del Morro de Puerto Rico? ¿Hay alguna ciudad en tu país que tenga estructuras de este tipo?

ATENCIÓN A LA ESTRUCTURA

Another Look at the Indicative and Subjunctive Moods

When do I use subjunctive or indicative?

Noun Clauses

Always use the subjunctive in the dependent clause when the subject of the main clause . . .

1. gives advice, a recommendation, or attempts to influence someone's behavior.

   Te recomiendo que **visites** Ponce durante tus vacaciones en Puerto Rico.

   *I recommend that **you visit** Ponce during your vacation in Puerto Rico.*

2. expresses doubt, uncertainty, or denial.

   No creo que el 80% de los puertorriqueños **desee** la independencia.

   *I don't think that 80% of Puerto Ricans **want** independence.*

3. expresses a value judgement, opinion, or emotional reaction.

   Es importante que **aprendas** a hablar español antes de ir a Puerto Rico.

   *It is important that **you learn** to speak Spanish before going to Puerto Rico.*

Always use the indicative . . .

1. if the main clause simply transmits information.

   Los independentistas dicen que el gobierno de Puerto Rico **debe** ser de los puertorriqueños.

   *The independents say that the Puerto Rican government **should** belong to the Puerto Ricans.*

2. after expressions of certainty or belief.

   Estoy segura de que la vida en San Juan no **es** tan estresante como la vida en Nueva York.

   *I am sure that life in San Juan **is** not as stressful as life in New York.*

Adjective Clauses

Always use the subjunctive when the adjective clause refers back to an antecedent that is either unknown, indefinite, or may not exist at all.

> No hay nadie en Puerto Rico que no **hable** español. (**nadie** *is the antecedent*)
>
> *There is nobody in Puerto Rico that **does** not **speak** Spanish.*

Always use the indicative when the adjective clause refers back to an antecedent that is known or specific to the speaker.

> Voy a pasar una semana en el hotel que **tiene** los precios más altos de todo el mundo.
>
> *I am going to spend a week in the hotel that **has** the highest rates in the world.*

Infinitive Instead of Subjunctive

In noun clauses, when the verb in the main clause expresses recommendations, suggestions, or wishes and the verb in the dependent clause has the same subject, the infinitive is used instead of the subjunctive. In this case **que** is not used.

> **(yo) Quiero** que **(tú) vengas** a visitarme a la isla el próximo verano.
>
> *I want you to come visit me on the island next summer.*

but

> **(yo) Quiero visitar** la isla el próximo verano.
>
> *I want to visit the island next summer.*

2–33. Cuando vaya a Puerto Rico. Estás planeando unos días de vacaciones en Puerto Rico. ¿Qué vas a hacer allí? Completa la descripción siguiente.

En San Juan quiero quedarme en un lugar que _____.
También me interesa conocer a gente que _____. Voy a
visitar todos los monumentos que _____. Me interesa
especialmente conocer los fuertes que _____ para proteger
la isla contra los ataques de los piratas. Necesito quedarme en un hotel que
_____ porque no tengo mucho dinero.

2-34. Reacciones de los puertorriqueños. ¿Cómo crees que reaccionaron los puertorriqueños en los siguientes momentos históricos? Usa la información de la sección de *Perfil* y escribe tus respuestas. Recuerda que debes usar el subjuntivo después de expresiones de opinión y el indicativo después de opiniones de certeza. Puedes usar estas expresiones.

molestar	gustar
importar	estar de acuerdo
parecer interesante	pensar
parecer estupendo	creer
parecer horrible/	estar seguro
intolerable/	
aceptable/	
extraordinario/	

MODELO

Los piratas atacaban constantemente la isla de Puerto Rico en el siglo XV.
A los puertorriqueños les parecía intolerable que los piratas atacaran la isla constantemente.

1. España le cedió Puerto Rico a Estados Unidos al perder la guerra.
2. Estados Unidos le dio a Puerto Rico la autonomía para elegir a su gobernador.
3. Puerto Rico se convirtió en Estado Libre Asociado.
4. El gobierno de Estados Unidos eliminó la obligación de pagar impuestos federales para los residentes de la isla.
5. El gobierno de Estados Unidos estableció que los puertorriqueños tenían la obligación de servir en el ejército.

Entrando en materia

2-35. Anticipar el contenido. Haz una lectura rápida de los mensajes electrónicos del chat de las páginas 84–85 y determina lo siguiente.

1. el objetivo del intercambio de mensajes
2. los puntos de vista o posturas que figuran en este intercambio

2–36. Vocabulario en contexto. Usa las pistas y el contexto de estas expresiones para descubrir su significado. Usa la palabra en una oración.

1. derechos

   No se justifica que los puertorriqueños no tengan los mismos **derechos** que los demás ciudadanos americanos.

   pista: Aquí **derechos** es sinónimo de **beneficios**.

   ¿Cuál es tu oración?

2. equivocado

   Creo que estás totalmente **equivocado...**

   pista: No tener razón; cometer un error.

   ¿Cuál es tu oración?

3. desempleo

   El resultado de la estadidad: el **desempleo...**

   pista: **Desempleo** es la ausencia o falta de trabajo; no tener un trabajo.

   ¿Cuál es tu oración?

4. invierten

   Las compañías que **invierten** en la isla no van a querer hacerlo si tienen que pagar impuestos federales.

   pista: **Invertir** significa "contribuir con dinero con el fin de obtener un beneficio".

   ¿Cuál es tu oración?

5. apoyar

   El gobierno no va a **apoyar** la autonomía cultural de Puerto Rico.

   pista: **Apoyar** es aquí sinónimo de **ayudar**.

   ¿Cuál es tu oración?

Puerto Rico Chat

☐ | ⬜ **Puerto Rico** | 🔲 🔳

📤 Responder   📑 Reenviar   🗑 Borrar   🖨 Imprimir

Asunto: Estado Libre Asociado: ¿Sí o no?
Fecha: Dom, 25 Jul 2003 20:20:00 –0400
De: Michelle Forrester <mforrester@yahoo.com>
Grupo Informativo: soc.culture.puerto–rico

Hola. Soy una estudiante universitaria estadounidense y
escribo a este grupo electrónico para ver si es posible que se
discutan aquí opiniones sobre el estatus de Puerto Rico como
Estado Libre Asociado. ¿Qué piensan los puertorriqueños
sobre la intervención estadounidense en Puerto Rico?

Michelle Forrester

☐ | ⬜ **Puerto Rico** | 🔲 🔳

📤 Responder   📑 Reenviar   🗑 Borrar   🖨 Imprimir

Asunto: Re: Estado Libre Asociado: ¿Sí o no?
Fecha: Dom, 25 Jul 2003
De: Jorge Bustamante <Jbustaman@yahoo.com>
Grupo Informativo: soc.culture.puerto–rico

Michelle,

Para mí está muy claro que es totalmente necesario que
Puerto Rico sea el estado número 51. No hay justificación para
que los puertorriqueños no tengan los mismos **derechos** que
los demás ciudadanos. Ya es hora de que EE.UU. respete
nuestras libertades y abandone su política colonialista. No
hay ninguna duda: es la mejor solución para Puerto Rico.

Jorge Bustamante

Responder   Reenviar   Borrar   Imprimir

Asunto: Re: Estado Libre Asociado: ¿Sí o no?
Fecha: Dom, 25 Jul 2003
De: Mónica Seri <Mseri@yahoo.com>
Grupo Informativo: soc.culture.puerto-rico

Jorge,

Con todos mis respetos, creo que estás totalmente **equivocado**. La gente como tú no piensa en las consecuencias negativas de la estadidad. Como estado número 51, los ciudadanos de Puerto Rico tendrían que pagar impuestos federales. El resultado de esto: más **desempleo** porque las compañías que hoy **invierten** en la isla ya no van a querer hacerlo si tienen que pagar impuestos. Y lo que es peor, corremos el peligro de perder nuestras tradiciones, cultura e idioma porque el Congreso no va a **apoyar** la autonomía cultural de Puerto Rico. Creo que éstos son argumentos sólidos para olvidar la estadidad y dejar las cosas como están. Como Estado Libre Asociado estamos mucho mejor. Hay que ser realistas y reconocer que Puerto Rico es lo que es gracias a Estados Unidos. Te sugiero que pienses en estas cosas, amigo Jorge.

Mónica Seri

Responder   Reenviar   Borrar   Imprimir

Asunto: Re: Estado Libre Asociado: ¿Sí o no?
Fecha: Dom, 25 Jul 2003
De: Luisa Pérez <Lupe@yahoo.com>
Grupo Informativo: soc.culture.puerto-rico

¿Cuándo se van a dar cuenta los puertorriqueños de que la asociación con Estados Unidos es la anulación de nuestra identidad? ¿Por qué no puede ser Puerto Rico un país que se gobierne a sí mismo como lo hacen tantos otros países en el mundo? ¡Ya va siendo hora de que empecemos a mandar en nuestra propia casa! Sólo siendo independientes podremos interactuar con el mundo con personalidad propia, tomando nuestras propias decisiones sin la intervención de un gobierno extranjero.

Luisa Pérez

2 **2–37. A resumir.** En parejas, identifiquen la postura de cada uno de los participantes del chat. Resuman los argumentos a favor que se dan para cada una.

1. Postura de Jorge: Argumentos de apoyo:	
2. Postura de Mónica: Argumentos de apoyo:	
3. Postura de Luisa: Argumentos de apoyo:	

2 **2–38. Palabras en acción.** Ahora que ya saben tanto sobre Puerto Rico, intenten ponerse de acuerdo para dar una sola respuesta a cada una de estas preguntas.

1. ¿Qué **derecho** no tienen los puertorriqueños como Estado Libre Asociado de EE.UU.?
2. ¿Creen que algún participante de esta discusión electrónica está **equivocado**? ¿Por qué?
3. Según Mónica, ¿qué puede causar problemas de **desempleo** en Puerto Rico?
4. ¿Por qué es beneficioso para ciertas compañías **invertir** en Puerto Rico?
5. ¿Piensan que Puerto Rico debe continuar siendo un Estado Libre Asociado, ser independiente o ser el estado 51 de la Unión? **Apoyen** su opinión con uno o dos argumentos.

3 **2–39. Hablemos del tema.** En grupos de tres, preparen un pequeño párrafo con dos o tres recomendaciones para el gobierno de Estados Unidos con respecto a su intervención en la política de Puerto Rico. Compartan sus recomendaciones oralmente con el resto de la clase y determinen qué párrafo podría ser mejor aceptado por el gobierno. Repasen las expresiones para dar sugerencias y recomendaciones y no se olviden de usar el subjuntivo cuando sea necesario.

José Alicea en su estudio

José Alicea es un artista puertorriqueño que hace diseño gráfico. La fotografía que ves aquí muestra al artista en su taller, rodeado de sus diseños.

2-40. Mirándolo con lupa. Mira la fotografía con atención durante un par de minutos y habla de tus impresiones con tu compañero/a. Sigue estos pasos.

1. Describe en detalle lo que ves en la fotografía.
2. ¿Qué imágenes puedes distinguir en el póster que tiene el artista en sus manos?
3. Observa los posters que se ven mejor, ¿qué títulos les pondrías?

Venezuela:
Diversidad de paisajes

Mar Caribe

Caracas

VENEZUELA

Capital:	Caracas
Población:	22 millones de habitantes
Grupos étnicos:	mestizo 67%, blanco 21%, africano 10%, una variedad de grupos amerindios 2%
Idiomas:	español, varias lenguas indígenas
Moneda:	bolívar
Área:	más o menos el doble del tamaño de California

Entrando en materia

2–41. ¿Qué sabes de Venezuela? Responde a estas preguntas con **Sí** o **No**.

1. ¿Es Venezuela un país caribeño únicamente?
2. ¿Es Venezuela uno de los países productores de petróleo más importantes del mundo?
3. ¿Es Venezuela un país con clima tropical?
4. ¿Es Venezuela el único país del continente sudamericano en la costa del mar Caribe?

2–42. Anticipar el tema. Haz una lectura rápida de cada una de las secciones de *Perfil* para determinar si estas oraciones son ciertas o falsas. Si puedes, corrige las falsas. Si no estás seguro/a, repasa tus respuestas después de leer la sección para ver si eran correctas.

1. Los colonizadores asociaron Venezuela con la ciudad de Venecia por las aldeas de palafitos.
2. El gobierno del dictador Juan Vicente Gómez estuvo caracterizado por la honestidad.
3. Hugo Chávez intentó tomar el gobierno en 1993 por medio de un golpe de estado.
4. La fuente económica esencial del país es la agricultura.
5. A Hugo Chávez, el presidente actual, lo llaman "Huracán Chávez" por su temperamento apasionado.

PERFIL

¿Qué pasó?

LA LLEGADA DE LOS ESPAÑOLES

Cristóbal Colón llegó por primera vez a las costas de Venezuela en su tercer viaje en 1498. El territorio estaba habitado por una variedad de tribus indígenas dedicadas a la agricultura y a la pesca. El nombre Venezuela se lo dieron a este territorio los colonizadores, por las **aldeas de palafitos**[1] que asociaron con la ciudad de Venecia. Américo Vespucio le dio el nombre *Veneciola*, palabra que en italiano significa "pequeña Venecia".

1. *indigenous constructions built on stilts*

Muchos exploradores fueron a Venezuela para buscar **perlas**[2] y otras riquezas. España no tenía mucho interés en estas tierras, de forma que Carlos V les cedió a banqueros alemanes el derecho de explotar y colonizar el territorio. El interés de los alemanes en Venezuela era exclusivamente económico y la abandonaron cuando no pudieron encontrar las riquezas que esperaban.

2. *pearls*

LAS DICTADURAS

Después de la independencia el gobierno de Venezuela se caracterizó por una serie de dictaduras y gobiernos corruptos. Un ejemplo fue el gobierno de Juan Vicente Gómez (1908–1935), quien hizo cambiar en varias ocasiones la Constitución para hacer legítima su permanencia en el poder. Cuando no era Presidente, era Comandante en Jefe del ejército, y designaba a hombres de su **confianza**[3] para el cargo de presidente. Gómez y sus aliados se convirtieron en los dueños del país. El mismo Gómez llegó a **poseer**[4] el 60% del **ganado**[5] nacional y se convirtió en el mayor proveedor de carne del país.

3. *trust* 4. *own* 5. *cattle*

¿Qué pasa?

VENEZUELA DEMOCRÁTICA

En el año 1958 terminó el mandato del dictador Pérez Jiménez y desde entonces Venezuela ha vivido en democracia. El general Hugo Chávez intentó en 1993 dar un **golpe de estado**[6] durante el gobierno de Carlos Andrés Pérez, a quien acusaban de corrupción, pero el intento golpista **no tuvo éxito**[7]. Hugo Chávez fue elegido presidente de Venezuela en las elecciones de 1998.

Venezuela es un país con enormes riquezas naturales. Especialmente importante es la producción de petróleo; Venezuela es el tercer país productor de petróleo del mundo. En los años 70, con la subida del precio del petróleo, la economía venezolana mejoró inmensamente. Fueron unos años de abundancia y bienestar general. Esta situación ha cambiado desde los años ochenta hasta el presente, debido a la baja de los precios del petróleo, que es la fuente económica esencial del país.

6. *coup d'état* 7. *didn't succeed*

Unidad 2   Culturas hispanas del Caribe: Paisajes variados

2 **2–43. Resumir la idea principal.** En parejas, escriban una oración como tesis para cada segmento de *¿Qué pasa?* y *¿Qué pasó?* Después, intercambien sus oraciones con las de otra pareja y determinen qué oraciones expresan la idea principal de cada párrafo con más claridad. Justifiquen su selección y traten de ser objetivos.

¿Quién soy?

HUGO CHÁVEZ (1954–)

Fue elegido presidente de Venezuela en 1998. Nació en 1954 en un pueblo rural venezolano, hijo de un maestro de escuela. Realizó sus estudios superiores en la Academia Militar de Venezuela. Sus **seguidores**[8] lo llaman "Huracán Chávez", por su carácter apasionado y directo. Sus oponentes no pueden olvidar que en 1993 intentó derrocar el gobierno de Carlos Andrés Pérez y lo consideran un dictador en potencia.

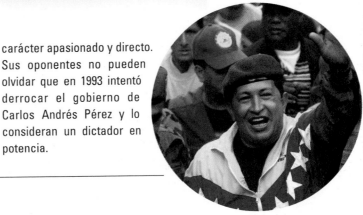

8. *followers*

2 **2–44. Preguntas.** Repasen la sección *¿Quién soy?* Basándose en la información que tienen sobre Chávez, ¿qué preguntas les gustaría hacerle a este gobernante? ¿Por qué? Escriban un mínimo de tres preguntas a las que les gustaría que Chávez respondiera si tuvieran la oportunidad de conocerlo.

VEN A CONOCER

2 **2–45. Anticipar el tema.** Mira el texto y la fotografía de la página 92. Habla con tu compañero/a de lo siguiente:

1. de qué creen que trata este texto
2. a qué tipo de público está dirigido
3. en qué medio se puede encontrar un texto como éste

2–46. Identificación. Haz una lectura rápida del texto para encontrar la siguiente información.

1. qué tipo de lugar es Canaima
2. dónde se encuentra (ubícalo en el mapa de Venezuela de la sección de *Perfil*)
3. tipo de paquetes de viaje disponibles en verano
4. tipo de paquete de viaje disponible en temporada de lluvia
5. el paquete de viaje más caro de todos

Canaima

UN PARAISO TERRENAL

TOUR CANAIMA Y SALTO ÁNGEL

Excursión de aventura en uno de los parques nacionales más grandes del mundo. Ubicado al sur del Río Orinoco, Canaima es un paraíso con una variedad infinita de recursos naturales y asombrosos paisajes. En esta expedición usted tendrá la oportunidad de apreciar los hermosos paisajes de Canaima, sin duda uno de los lugares más espectaculares del mundo.

Nuestro destino más famoso es el Salto Ángel en la selva venezolana. El Salto Ángel tiene más de 3.000 pies de altura y la caída libre de agua más alta del mundo. La mejor época del año es la temporada de lluvia, de junio a noviembre. ¡Usted podrá ver otras cascadas y pasear sobre algunos rápidos! En este recorrido viajaremos río arriba en "curiaras" (canoas indígenas que ahora tienen motores fuera de borda), acompañados por guías bilingües conocedores de la zona y que con gusto responderán a las miles de preguntas que tanto usted como sus acompañantes quieran hacer.

Visitará también el no menos famoso Salto Sapo, atracción muy singular y única en el mundo en la que vivirá la experiencia de caminar detrás de una cortina de toneladas de agua. Se encontrará en esta excursión con visitantes de todas partes del mundo, amantes de la naturaleza, que han encontrado en Canaima, la pureza y tranquilidad de una tierra virgen y mágica llena de leyendas y personajes.

TOURS DURANTE TODO EL AÑO:

Canaima en Verano, 2 días y 1 noche.

Incluye: Excursiones a Salto Sapo, medio día. Yuri-Lú, (Playa y Salto Yuri) medio día. Paseo en la Laguna Canaima. Alojamiento en Posada (hab. con camas y baño privado): US$240,00

Alojamiento en Campamento Rústico en hamacas: US$220,00

Sobrevuelo al Salto Ángel (Opcional): US$50,00

Canaima en Verano, 3 días y 2 noches.

Incluye: Excursiones a Salto Sapo, medio día. Yuri-Lú, (Salto y Playa Yuri) medio día. Expedición a Isla de Orquídea, rápidos de Mayupa y Pozo de la Felicidad, Paseo en la Laguna Canaima. Alojamiento en Posada (hab. con camas y baño privado): US$370,00

Alojamiento en Campamento Rústico en hamacas: US$260,00

Sobrevuelo al Salto Ángel (Opcional): US$50,00

EXCURSIONES EN TEMPORADA DE LLUVIA:

Canaima, 3 días y 2 noches.

Incluye: Expedición hasta Salto Ángel, navegación río arriba por el Río Carrao (pasando por los Rápidos de Mayupa) hasta llegar al Campamento en la Isla de Orquídea. Viaje al pie del Salto Ángel y caminata por la selva tropical. Regreso a Canaima de llegada a las 11:00 de la mañana aproximadamente.

Alojamiento en Campamento Rústico: US$240.00

Alojamiento en Posada con camas y baños privados: US$395.00

Sobrevuelo al Salto Ángel (Opcional): US$50.00

Todas las excursiones incluyen:

Asistencia al pasajero en el aeropuerto de Canaima. Un guía exclusivo en cada excursión. Traslados terrestres y fluviales. Todas las comidas y bebidas (exceptuando bebidas alcohólicas). Alojamiento en Posadas o Campamento Rústico (de acuerdo al plan seleccionado). Chaleco salvavidas para cada pasajero.

Sugerimos traer:

Identificación o pasaporte * suéteres o chaquetas * botas o zapatos de tenis * jeans y camisetas * pantalones cortos deportivos * linterna pequeña * impermeable * trajes de baño y toallas * repelente de mosquitos y protector solar

El costo del impuesto de entrada al Parque Nacional Canaima no está incluido * Los niños menores de 7 años pagan 50% * Las excursiones con alojamiento en los campamentos de selva no están recomendadas para personas de edad avanzada ni con problemas físicos o de salud * Si el pasajero renuncia injustificadamente a nuestro servicio la compañía no hará devoluciones

2–47. Comprensión.

1. ¿Qué es el Salto Ángel? Descríbelo con tus propias palabras.
2. ¿Por qué es la temporada de lluvia la mejor época para visitar el salto?
3. ¿Qué tipo de alojamiento seleccionarías tú si fueras de viaje a Canaima? Explica tu respuesta.
4. Según el texto, ¿es éste un tipo de excursión recomendable para personas mayores? Explica tu respuesta.
5. ¿Te interesaría hacer un viaje a Canaima? ¿Por qué?

3 **2–48. Vacaciones en Canaima.** Un amigo está a punto de salir de viaje para Canaima con uno de estos paquetes de viaje y les envía este mensaje electrónico para pedir consejo. Usando la información del texto, háganle cinco recomendaciones a su amigo.

Responder   Reenviar   Borrar   Imprimir

Asunto: **Vacaciones en Canaima**
Fecha: **Lun 6 Oct 2003**
De: **jsmith@masalla.edu**

¡Hola! Ya estoy a punto de salir para Canaima y no me ha dado tiempo de ir a verlos para que me orienten un poco y me den un par de consejos. ¿Qué me recomiendan? Nos vemos a la vuelta.

Muchas gracias y saludos,

¡¡¡Tarzán de los monos!!!

Responder   Reenviar   Borrar   Imprimir

Asunto: **Re: Vacaciones en Canaima**
Fecha: **Mar 7 Oct 2003**
De: **fulanito@masalla.edu**

De viaje por el Caribe

2–49. Un anuncio. El club de español de tu universidad está organizando un viaje para las vacaciones de primavera y te ha pedido que escribas un noticia anunciando el viaje. El anuncio se publicará en la hoja informativa (*newsletter*) del departamento de español. Los estudiantes del programa de español son el público a quien va dirigido el texto. Necesitas captar el interés de los lectores hacia este lugar e intentar convencerlos de que no hay un lugar mejor en el mundo para pasar las vacaciones de primavera.

Preparación

Para escribir el anuncio debes seguir los siguientes pasos.

1. Seleccionar un lugar de tu interés en el Caribe y buscar información sobre ese lugar en Internet u otras fuentes.
2. Hacer una lista de la información que quieres incluir.
3. Seleccionar qué elementos de la lista son los más atractivos para el posible visitante.

A escribir

1. Introducir

   Escribe una introducción que capte el interés de los lectores. Recuerda que quieres convencer a tus lectores de que no hay un lugar en el mundo mejor que éste.

2. Describir

   Escribe un resumen descriptivo de la información encontrada en las fuentes.

3. Expresar tu opinión con la intención de convencer a los lectores.
   - ¿Qué aspectos hacen que este lugar sea tan especial y único?
   - ¿Por qué deben tus lectores elegir este lugar para sus vacaciones de primavera y no otro lugar?
   - Consulta la información gramatical de la unidad y repasa el uso del subjuntivo.

4. Conclusión

   Escribe una conclusión que resalte los puntos más importantes de tu ensayo.

Revisión

1. Escribe el número de borradores que te indique tu instructor/a y revisa tu texto usando la guía de revisión del Apéndice C.
2. Escribe la versión final y entrégasela a tu instructor/a.

EL ESCRITOR TIENE LA PALABRA

No sé por qué piensas tú, de Nicolás Guillén

NICOLÁS GUILLÉN (1902–1989) es el poeta más conocido de los autores que escriben literatura afroantillana. Es conocido por sus poemas sobre la vida afrocubana y sobre la protesta política y social.

Ha tenido mucha influencia en el mundo literario y también en la vida de muchos cubanos y otros latinos. Guillén nació en Camagüey, Cuba, el diez de julio de 1902. Como su padre, Guillén fue activista a favor de la Revolución cubana durante toda su vida.

Durante el gobierno de Batista estuvo exiliado por sus actividades rebeldes. Vivió en Buenos Aires hasta que Fidel Castro tomó el poder en Cuba y permitió que Guillén regresara. Murió en Cuba en 1989.

2–50. Entrando en materia.

1. Haz una lectura rápida del poema a continuación y escribe una lista de cinco palabras que sabes y cinco palabras que no sabes. Compara tu lista con la de tu compañero/a y ayúdense mutuamente (*help each other*) a comprender el significado de las palabras que no saben.

2. ¿Cuál crees que es el tema central del poema?

No sé por qué piensas tú

No sé por qué piensas tú,
soldado, que te odio yo,
si somos la misma cosa
yo,
tú.

Tú eres pobre, lo soy yo;
soy de abajo, lo eres tú;
¿de dónde has sacado tú,
soldado, que te odio yo?

Me duele que a veces tú
te olvides de quién soy yo;
caramba, si yo soy tú,
lo mismo que tú eres yo.

Pero no por eso yo
he de malquererte, tú;
si somos la misma cosa,
yo,
tú,
no sé por qué piensas tú,
soldado, que te odio yo.

Ya nos veremos yo y tú,
juntos en la misma calle,
hombro con hombro, tú y yo,
sin odios ni yo ni tú,
pero sabiendo tú y yo,
a dónde vamos yo y tú…
¡no sé por qué piensas tú,
soldado, que te odio yo!

2–51. Nuestra interpretación de la obra.

1. La idea principal del poema es:
   a. describir a un soldado cubano.
   b. describir los sentimientos del poeta sobre la igualdad social.

2. ¿En qué estrofa del poema compara el poeta sus orígenes con los del soldado?

3. El poeta usa el término *soldado* para simbolizar:
   a. a la gente de color de la clase trabajadora con la que el poeta se identifica.
   b. a la gente de la clase alta en el poder.

4. ¿Qué expresiones usa el poeta para enfatizar la idea de igualdad social? Identifica las partes del poema que tengan esta idea.

MODELO

La expresión *somos la misma cosa* enfatiza la idea de igualdad social.

4 **2–52. Ustedes tienen la palabra.** En grupos de cuatro, escriban la estrofa de un poema de 4 versos (*lines*) usando algunas de las palabras que se incluyen a continuación. Presten atención a la rima (*rhyme*) de las palabras al final de cada verso. Por ejemplo, las palabras **melón** y **pantalón** pueden estar al final de dos versos haciendo rima. Todos los miembros del grupo deben contribuir por lo menos un verso. ¡Buena suerte y que se diviertan!

> **MODELO**
>
> El otro día se me cayó un pedazo de melón
> encima de mi hermoso pantalón

habitante	improbable	incierto/a	estudiante	instrumento
intento	inventar	comprar	comprensión	legítimo/a
lograr	nacer	perla	poseer	rancho
sucesión	crecer	responsable	cuento	infierno

acercamiento *m*	*approach*
aislar	*to isolate*
apoyar	*to support*
bienestar *m*	*well being*
ciudadano/a	*citizen*
derechos *m*	*rights*
derramamiento (de sangre) *m*	*bloodshed*
derrocar	*to overthrow*
desempleo *m*	*unemployment*
época *f*	*time, period*
equivocado/a	*wrong*
extender (ie)	*to extend*
ganado *m*	*cattle*
gobierno *m*	*government*
habitante *m/f*	*inhabitant*
improbable	*unlikely*
incierto/a	*uncertain*
instrumento *m*	*instrument*
intento *m*	*attempt*
inventar	*to invent*
invertir (ie, i)	*to invest*
legítimo/a	*legitimate*
lograr	*to achieve*
nacer	*to be born*
perla *f*	*pearl*
poseer	*to own*
rancho *m*	*hut; ranch*
sucesión *f*	*sequence*
tener éxito	*to be successful*
teoría *f*	*theory*
transcurrir	*to pass, go by*
Tumba *f*	*Cuban rhythm*
Upa habanera *f*	*Cuban rhythm*

3

Centroamérica: Mirada al futuro sin olvidar el pasado

Centroamérica ofrece la oportunidad de observar la historia en vivo, ya que las comunidades indígenas han mantenido muchas tradiciones milenarias. Hoy Centroamérica empieza a encontrar el equilibrio entre la tradición y la modernidad. ¿Crees que es posible mantener este equilibrio? ¿Cuáles son las posibles dificultades?

Guatemala: Lo maya en Guatemala

GUATEMALA

Ciudad de ● Guatemala

PANORAMA CULTURAL

Capital:	Ciudad de Guatemala
Población:	11 millones
Grupos étnicos:	mestizo 55%, amerindio 43%, blanco 2%
Idiomas:	español y 21 lenguas indígenas
Moneda:	quetzal
Área:	aproximadamente el tamaño de Tennessee

Entrando en materia

3-1. ¿Qué sabes de geografía? Mira la información de la página anterior y el mapa que sigue, y describe la situación geográfica de Guatemala. Incluye lo siguiente:

1. La situación geográfica de Guatemala con respecto a otros países.
2. Identifica las áreas montañosas y las áreas costeras del país.
3. ¿Cuál es la capital de Guatemala?
4. Usa la información anterior como base para elaborar una hipótesis sobre la presencia indígena en Guatemala.

Tikail

LA CIVILIZACIÓN MAYA

La civilización maya floreció por toda el área guatemalteca hace más de dos mil años y se extendió también a territorios de México, Belice y Honduras. Se especula que la población maya llegó a los tres millones durante el período clásico (300 a 900+ d. C.). Los miembros de esta brillante civilización esencialmente se dedicaban a la agricultura y vivían en pequeñas aldeas cercanas a centros ceremoniales. Tikal fue el mayor centro urbano del período clásico maya. La ciudad tenía plazas, templos y palacios majestuosos.

Los mayas tenían piel oscura, baja estatura y cabezas redondas con la frente plana. La frente plana era un signo de belleza para esta civilización. También apreciaban la estética de los ojos **bizcos**[1], una "moda" maya comparable a las lentillas que se usan en el presente para cambiar el color de los ojos.

Los mayas desarrollaron un sistema numérico muy sofisticado basado en puntos y barras. El punto equivalía a una unidad y la barra, a cinco unidades. Estas cifras se usaban para los cálculos de la vida diaria, y también para medir el tiempo. El calendario maya era asombrosamente sofisticado y superaba en exactitud al calendario que se usaba en Europa en aquellos tiempos.

Los mayas usaron un complejo sistema jeroglífico para representar sus cálculos matemáticos y su escritura. Fue el sistema de escritura y representación numérica más complejo del continente. Los mayas cubrieron sus monumentos con numerosas inscripciones y también "escribieron" misteriosos mensajes jeroglíficos (con figuras humanas y animales) usando la corteza de los árboles como papel.

La civilización maya desapareció misteriosamente alrededor del año 900. Nadie ha podido explicar el motivo del colapso del pueblo maya. La

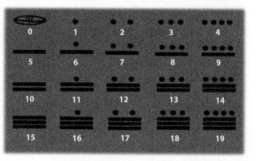

hipótesis más plausible indica que los mayas tenían frecuentes conflictos bélicos con otros pueblos, que contribuyeron a su desaparición.

---

1. *cross-eyed*

LOS GOBIERNOS AUTOCRÁTICOS

Guatemala por fin consiguió la independencia de España el 15 de septiembre de 1821. A partir de esa fecha, entre la mitad del s. XIX y la década de 1980, la historia política de Guatemala estuvo caracterizada por gobiernos autocráticos y dictatoriales, insurrecciones y **golpes de estado**[2]. Esta inestabilidad política ha caracterizado igualmente al resto de los países centroamericanos, a excepción de Costa Rica.

---

2. *coup d'état*

¿Qué pasa?

LOS ÚLTIMOS QUINCE AÑOS

En la década de 1990 la presidencia de Ramiro de León Carpio ha contribuido notablemente a la reducción de la corrupción y a la consolidación del proceso de **paz**[3] entre las diferentes facciones políticas y militares. Entre 1994 y 1995 el gobierno firmó **tratados**[4] de derechos humanos, derechos indígenas y reinserción de personas desplazadas.

Álvaro Arzu ganó las elecciones presidenciales en enero de 1996. A finales de 1999 terminó su mandato y se llevaron a cabo nuevas elecciones. En 1997 la UNESCO le concedió el premio de paz Houphouet-Boigny por haber negociado el final de la guerra civil entre los miembros de las guerrillas y el gobierno. Esta negociación dio fin a 36 años de guerra civil en la que murieron más de 150.000 personas y desaparecieron más de 40.000.

En cuanto a las relaciones con el exterior, Guatemala todavía tiene una

Álvaro Arzu

disputa de fronteras con Belice que está pendiente de negociación. Las relaciones con EE.UU. han sido tradicionalmente **estrechas**[5]. En la actualidad EE.UU. es el socio comercial más importante de Guatemala; ya que los productos estadounidenses constituyen el 44% de las importaciones y EE.UU. es el destino del 31% de las exportaciones guatemaltecas.

---

3. *peace* 4. *treaties* 5. *close*

3–2. Asociar ideas. Repasa las secciones *¿Qué pasó?* y *¿Qué pasa?* tomando nota de los puntos más importantes de la lectura. Después utiliza la información para asociar los elementos de la columna A con los elementos de la columna B de la tabla siguiente.

A	**B**
1. 1821	**a.** período clásico maya
2. sistema jeroglífico	**b.** complejos y misteriosos símbolos
3. Álvaro Arzu	**c.** negociación de límites territoriales
4. civilización maya	**d.** buenas relaciones políticas y económicas
5. tres millones de habitantes	**e.** desaparición de la civilización maya
6. EE.UU.	**f.** los mayas del período clásico
7. Tikal	**g.** independencia
8. 900 años d.C.	**h.** ciudad maya más importante
9. Belice	**i.** final de 36 años de guerra

¿Quién soy?

RIGOBERTA MENCHÚ

Soy Rigoberta Menchú Tum. Se me conoce internacionalmente por mi lucha en favor de los derechos humanos, la paz y los derechos de los pueblos indígenas.

El Premio Nobel de la Paz que recibí en 1992 es un reconocimiento simbólico a las víctimas de la represión, el racismo y la **pobreza**[6] en el continente americano, así como un homenaje a las mujeres indígenas.

Nací en 1959 en la aldea de Chimel, Guatemala, que es una comunidad continuadora de la cultura milenaria maya-quiché. Desde muy joven trabajé en el campo y después trabajé en la ciudad como **empleada doméstica**[7]. En 1981 empecé a **luchar**[8] activamente en defensa de los derechos de los indígenas guatemaltecos y tuve que exiliarme para no ser detenida por la policía. En 1983 publiqué mi biografía, *Me llamo Rigoberta Menchú y así me nació la conciencia*, que ha sido traducida a doce idiomas. Actualmente vivo en la Ciudad de Guatemala con mi esposo y mi hijo, y continúo mi lucha por la defensa de los derechos humanos.

6. *poverty* 7. *maid* 8. *to fight*

3–3. Resumir la información. Repasa la sección *¿Quién soy?* y después completa el cuadro de abajo escribiendo qué ocurrió en las fechas indicadas.

Cronología de momentos importantes en la vida de Rigoberta Menchú	
1. 1959	
2. 1981	
3. 1983	
4. 1992	

¿Dónde está?

EL LAGO ATITLÁN

El lago Atitlán, situado al suroeste de Guatemala, a una media hora en carro de la Ciudad de Guatemala, es uno de los lugares más bellos de Centroamérica. No lejos del lago hay unos doce pueblos pequeños habitados fundamentalmente por indígenas de descendencia cakchiquel y tzutuhil. Los habitantes de estos pueblos se visten con trajes tradicionales fabricados por medio de técnicas también tradicionales. Las telas y los diseños de estos trajes reflejan la tradición maya.

Todos estos pueblos se pueden visitar en excursiones de un día desde Panajachel. Panajachel, situado al nordeste del lago, es probablemente el pueblo menos tradicional. Sin embargo, es el pueblo que muchos visitantes usan como base, y desde allí hacen excursiones de un día a los otros pueblos que coronan el lago. Los visitantes más aventureros prefieren viajar a pie de pueblo en pueblo; el recorrido a pie alrededor del lago lleva aproximadamente una semana.

SAN PEDRO LA LAGUNA

San Pedro La Laguna está situado al pie del volcán San Pedro. Además de la belleza natural del pueblo y sus alrededores, una de las atracciones de este pueblo es el día de mercado, que tiene lugar cada domingo. En el mercado, el visitante puede ver una muestra completa de artesanía maya: telas, ropas, objetos decorativos y utensilios de cocina. Otro aspecto interesante de San Pedro La Laguna es la pintura al óleo producida por un grupo de pintores locales. Estos pintores han aprendido el arte de la pintura de forma intuitiva y por medio de familiares y amigos.

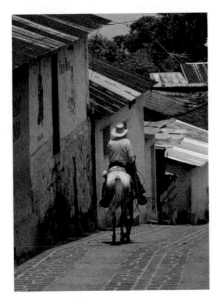

3–4. Lo que más me interesa. Primero, lean individualmente la sección *¿Dónde está?* pensando en qué cosas hacen que el lago Atitlán y San Pedro La Laguna sean lugares interesantes y especiales. Escriban una lista de las tres cosas que les parezcan más interesantes. A continuación, intercambien sus listas con los otros dos miembros del grupo para ver si sus opiniones coinciden o no. Si han puesto cosas distintas en sus listas, expliquen la razón de sus elecciones al resto del grupo.

ATENCIÓN A LA ESTRUCTURA

The Future Tense to Talk About What Will Happen and to Express Possible or Probable Situations in the Present

The future tense is used to talk about what will happen, and to express possible situations in the present.

The future tense in Spanish corresponds to the English *shall/will*. Conjugating the future tense is quite easy since this tense uses the entire infinitive as the stem. Here is how you do it:

1. Take the infinitive of a verb,
2. add the endings **-é, -ás, -á, -emos, -éis, -án**.

Use of the Future Tense

1. To express future actions

You basically use the future tense in Spanish in the same situations you would use future tense in English (*shall/will* + verb).

La clase de español **viajará** a Guatemala este verano.

*The Spanish class **will travel** to Guatemala this summer.*

Spanish speakers tend to use the future tense less frequently than English speakers. They commonly substitute this tense with either the simple present or the **ir a** + *infinitive* construction.

Mañana **voy** a la universidad en autobús.

Mañana **voy a ir** a la universidad en autobús.

Mañana **iré** a la universidad en autobús.

*Tomorrow **I'll go** to the university by bus.*

p. 263

See verb tables and *Apéndice gramatical 3* for a review on irregular future.

2. To express probability or conjecture

The future tense can be used to express conjecture about an event that may be happening in the present. In English we express conjecture with *probably* + present tense or *may* + verb.

With non-action verbs such as **ser, estar, parecer,** and **tener** the simple future is used.

¿Dónde está tu hermana?   *Where is your sister?*

No sé, **estará** en casa de   *I don't know, **she may be***
  su mejor amiga.   ***(is probably)** at her best*
                                          friend's house.

With action verbs such as **correr, escribir, caminar, viajar,** and **llegar,** the future progressive is used. The progressive form of any tense is formed by conjugating the verb **estar** and using the action verb in the present participle form (stem + **-ando** or **-iendo**). The future progressive is formed by conjugating the verb **estar** in the future tense plus the present participle of a verb.

Me pregunto si mi amigo Miguel **estará llegando** a
  Guatemala ahora.

*I wonder whether my friend Miguel **may be arriving** in Guatemala
  right now.*

— ¿Dónde estará M.
  en este momento?
— Estará llegando...

3. Future tense in **si** (*if*) clauses to express possible or probable
  situations

Si clauses are used to talk about an event that will happen only if certain conditions are met. The **si** clause has a verb in the present tense and expresses the condition. The clause with the future tense expresses the result of the condition.

"*Si* + pres. ind. +
  future"

Si tengo bastante dinero, **iré** a Guatemala este verano.

*If I have enough money, **I'll go** to Guatemala this summer.*

or

Iré a Guatemala este verano si tengo bastante dinero.

***I'll go** to Guatemala this summer if I have enough money.*

3-5. Identificación. Lee estas predicciones que un profeta maya hizo sobre la desaparición de su civilización. Identifica los verbos que expresan futuro. Después, vuelve a escribir el párrafo, sustituyendo estos verbos por la construcción **ir a** + infinitivo para expresar futuro.

> **MODELO**
>
> Nuestro pueblo, tal y como lo conocemos hoy, dejará de existir.
> Nuestro pueblo, tal y como lo conocemos hoy, **va a dejar** de existir.

Los dioses me han revelado terribles noticias. Nuestro pueblo, tal y como lo conocemos hoy, dejará de existir. La vegetación de la selva cubrirá y sepultará nuestras casas, templos y monumentos. Éstos quedarán olvidados durante cientos y cientos de años. Pero un día, dos hombres extranjeros con apariencia y ropas extrañas encontrarán los restos de nuestra civilización y todos los pueblos del mundo conocerán y admirarán nuestra cultura.

3-6. No estoy seguro/a pero me imagino que... Con la información que ya tenías sobre Guatemala y lo que has aprendido en esta unidad, podrás responder a las preguntas siguientes expresando conjeturas usando el futuro de probabilidad. Escribe las respuestas en tu cuaderno. Después, compara tus respuestas con las de tu compañero/a.

1. ¿Cuántos años crees que tiene Rigoberta Menchú?

    a. 51 años   **b.** 44 años   **c.** 60 años

    No estoy seguro/a pero me imagino/creo que...

2. ¿Cuántas millas crees que hay entre el lago Atitlán y Ciudad de Guatemala?

    a. 30 millas   **b.** 60 millas   **c.** 100 millas

3. ¿Cómo es el nivel de vida de la población indígena guatemalteca?

    a. alto   **b.** aceptable   **c.** muy bajo

4. ¿Cuál es la religión predominante en Guatemala?

    a. católica   **b.** protestante   **c.** maya

5. ¿Cuál es el índice de alfabetización en Guatemala?

    a. 23%   **b.** 55%   **c.** 80%

6. ¿Cuál es la fuente más importante de ingresos económicos para el país?

    a. la agricultura   **b.** el turismo   **c.** el petróleo

3–7. Estudiante de intercambio. En parejas, una persona va a hacer el papel de Luis, un estudiante de la Universidad de Guatemala que va a pasar el verano en EE.UU. La otra persona es Roberto, el estudiante estadounidense que va a recibir a Luis. Antes de salir de viaje, Luis llama por teléfono a Roberto para preguntarle algunas cosas. Representen la conversación entre los dos estudiantes siguiendo las preguntas 1 a 4. Después cambien de papel y representen la conversación con las preguntas 5 a 8.

> **MODELO**
> ¿Qué pasará... si llego a casa a las dos de la mañana?
> Si llegas a casa a las dos de la mañana, mi madre se pondrá furiosa. *o*
> Mi madre se pondrá furiosa si llegas a casa a las dos de la mañana.

¿Qué pasará…

1. si llevo 1.000 quetzales solamente (un dólar equivale a 7 quetzales)?
2. si llevo sólo ropa elegante?
3. si no aprendo a hablar inglés perfectamente antes de viajar?
4. si fumo en tu casa?
5. si llevo sólo ropa informal?
6. si a tu familia no le gustan mis hábitos?
7. si no me gusta la comida de tu país?
8. si quiero conocer otras partes del país?

3–8. ¿Qué planes tienes? Después de aclarar las dudas de Luis, Roberto le pregunta sobre sus planes futuros para el próximo semestre, las próximas vacaciones, e incluso, después de graduarse de la universidad. Continúen la conversación telefónica anterior haciéndose preguntas sobre sus planes futuros.

> **MODELO**
> Roberto: ¿Qué vas a hacer el próximo semestre, Luis?
> Luis: El próximo semestre tomaré dos clases más de literatura.
> Roberto: ¿Y qué planes tienes para las próximas vacaciones?
> Luis: Pues creo que iré a visitar a mi primo que vive en El Salvador.

No se olviden de intercambiar los papeles para poder practicar preguntas y respuestas.

3. **3-9. La máquina del tiempo.** Imaginen que son miembros de la tripulación de una máquina del tiempo que ha viajado al año 300 d.C. La máquina aterriza en Tikal, donde conocen a un grupo de jóvenes mayas de su edad. Estos jóvenes mayas quieren usar la máquina del tiempo para visitar la época en la que ustedes viven. Ayúdenlos a prepararse para su viaje escribiendo un documento explicándoles qué cosas sorprendentes y avances tecnológicos encontrarán en el siglo XXI.

3-10. ¿Qué haremos en Guatemala? Imagina que estás planeando un viaje a Guatemala. Quieres que tu novio/a te acompañe, pero él/ella no quiere. Para convencerlo/a, escribe un párrafo breve describiendo las actividades que podrán hacer cuando visiten el país. Tu destino puede ser el lago Atitlán, San Pedro La Laguna u otro lugar de Guatemala. Trata de ser persuasivo/a para convencer a tu novio/a.

¡Usa la imaginación! Recuerda que puedes usar **ir a** + infinitivo para sustituir el uso del futuro en español.

◄ **Por si acaso**

¿Qué significa la palabra quetzal?

Quetzal es una palabra maya para designar a un pájaro sagrado de esta cultura. Hoy el quetzal es un símbolo de Guatemala. Este pájaro no es mítico, es real y es uno de los motivos que adornan la bandera guatemalteca.

Entrando en materia

3. **3-11. Moda y costumbres contemporáneas.** En grupos de tres, hablen sobre los cambios que ha habido entre los años 60 y la actualidad. Piensen en estos temas: música, ropa, transporte, comida, programas de televisión y películas. Después, sigan estos pasos:

1. Hagan una lista de las características comunes y diferentes entre estos dos períodos.
2. Preparen un cartel clasificando estas características de forma gráfica. Pueden utilizar una tabla de tres columnas (años 1960/ características comunes/ actualidad), diagramas de Venn o ¡cualquier otra forma original de presentar la información que se les ocurra! Incluyan dibujos, fotografías, etc. para ilustrar sus carteles.
3. Presenten sus trabajos al resto de la clase. El mejor trabajo quedará expuesto en el salón de clase mientras se estudie esta unidad.

3–12. Vocabulario en contexto. Busca estas expresiones en la lectura e intenta deducir su significado usando el contexto. Si tienes dudas, repasa tus respuestas después de leer la sección para ver si eran correctas.

1. …es tarde para adoptar esta moda maya porque se tiene que hacer **al nacer**.

   a. cuando eres un bebé   **b.** en la adolescencia

2. La presión de las tablas era suficiente para dar al **cráneo** una nueva forma plana, alargada.

   a. un dios maya   **b.** los huesos de la cabeza

3. Dada la gran flexibilidad del **cerebro** durante la infancia, la cabeza se adaptaba fácilmente a su nueva forma.

   a. El cerebro se encuentra dentro del cráneo.   **b.** El cerebro es una parte de los brazos.

4. un grano de **maíz**

   a. Las tortillas mexicanas tradicionales se hacen con harina de maíz.   **b.** un juego infantil maya

5. En esos casos, los mayas tenían una creación cosmética alternativa para reducir los efectos del **fracaso**.

   a. Un fracaso es un resultado negativo.   **b.** Un fracaso es algo positivo para la estética.

6. el **puente nasal**

   a. un objeto redondo que los mayas se ponían en los pies   **b.** un objeto alargado que los mayas se ponían en la nariz

7. **uñas postizas**

   a. Las uñas están en la cabeza y son postizas cuando la persona lleva un sombrero.   **b.** Las uñas están en los dedos y son postizas cuando no son reales o naturales.

8. **tatuajes**

   a. dibujos permanentes que hombres y mujeres se ponen en varias partes del cuerpo   **b.** un tipo de comida maya

9. Para los mayas ser **bizco** tenía un gran atractivo…

   a. bizco significa que los dos ojos están orientados hacia la nariz   **b.** bizco significa llevar lentes

10. **la persona vencida** o **el perdedor**

    a. cuando no tienes suficiente dinero eres la persona vencida   **b.** cuando no ganas en una competición eres la persona vencida

11. Este **atuendo** identificaba al hombre importante en la sociedad maya…

    a. sinónimo de ropa   **b.** sinónimo de atender

Ponte a la moda al estilo maya

La forma de la cabeza

Desafortunadamente, si estás leyendo este texto ya es demasiado tarde para adoptar esta moda maya porque se tiene que hacer **al nacer**. Los mayas colocaban a los recién nacidos entre dos tablas durante varios días. La presión de las tablas era suficiente para dar al **cráneo** una nueva forma plana, alargada y con el ángulo de la frente hacia atrás. Se cree que esta práctica no tenía efectos negativos en la inteligencia. Dada la gran flexibilidad del **cerebro** durante la infancia, la cabeza se adaptaba fácilmente a su nueva forma. Se piensa que esta costumbre maya tenía como objetivo remodelar la forma de la cabeza para imitar la forma de un grano de **maíz**. El maíz era la fuente esencial de alimentación para la civilización maya, y según el *Popol Vuh*, la sustancia de este grano era el origen de todos los seres humanos.

Por supuesto, cabía la posibilidad de que a pesar de pasar por el proceso, el perfil de la cabeza no consiguiera tener ese aspecto plano y elegante que los mayas admiraban tanto. En esos casos, los mayas tenían una creación cosmética alternativa para reducir los efectos del **fracaso**: el **puente nasal**. No se sabe con seguridad de qué estaban hechos estos artefactos nasales mesoamericanos, equivalentes a las **uñas postizas** de los tiempos modernos. Ⓜ

La estética de los ojos, los dientes, perforaciones de la piel y tatuajes

Cambiar la disposición de los ojos es otra moda maya que ya no puedes adoptar dado que el proceso de transformación estética también se iniciaba en la infancia. Para los mayas ser **bizco** tenía un gran atractivo. Para conseguir el efecto estético deseado, colgaban una bolsita de cera entre los ojos de los niños con la esperanza de obtener el resultado esperado.

Pero incluso si la transformación de la cabeza o los ojos no es posible, todavía puedes seguir la moda maya poniéndote pirita o jade entre los dientes. Los mayas se perforaban con agujeros las orejas, la nariz y los labios para poder ponerse joyas de jade, conchas y madera. Por supuesto, no hay que olvidar que también puedes seguir la moda maya decorando tu cuerpo con **tatuajes** y pintura.

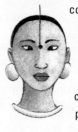

Ⓜomento de reflexión

Marca con una X las ideas correctas.
❑ 1. El texto dice que algunas prácticas mayas son barbáricas.
❑ 2. El texto describe objetivamente algunas prácticas mayas e ideas mayas sobre la belleza.
❑ 3. La forma de la cabeza era importante en el ideal maya de belleza.

Sombreros y tocados

Los sombreros mayas variaban de un lugar a otro pero en todos los tipos de sombreros había un denominador común: cuanto más grande era el sombrero, más importante era el individuo que lo llevaba. En la ilustración que acompaña a este texto se pueden ver cuatro sombreros. Uno de ellos perteneció a la **persona vencida** en una batalla. No es muy difícil adivinar qué sombrero perteneció al **perdedor**, ¿no te parece?

Retoques finales

Las mujeres de la aristocracia maya se vestían con el hermoso y elegante *huipil*. También llevaban faldas cubiertas con adornos. Para los hombres, la moda era llevar pieles de jaguar desde la cabeza a los pies.

Este **atuendo** identificaba al hombre importante en la sociedadmaya. En los murales de *Bonampak* se puede reconocer al jefe de la comunidad porque es el único que lleva sandalias de piel de jaguar. También era muy elegante llevar abundantes ornamentos de jade y plumas de quetzal.

Hay que mencionar que es muy posible que algunas de las prácticas estéticas descritas aquí sólo fueran propias de la aristocracia maya. A lo largo de la historia de varias culturas, la tendencia ha sido que la clase dirigente se diferenciara de la gente del pueblo por medio de su apariencia. También es lógico pensar que dedicar atención a la estética requería tiempo libre y riquezas, que típicamente caracterizan a los miembros de la clase alta.

3–13. ¿Es verdad? Indica si las siguientes oraciones son ciertas o falsas basándote en la información de la lectura.

1. Los mayas nacían con el cráneo en forma de grano de maíz.
2. Los mayas no conocían la técnica del tatuaje.
3. Las mujeres mayas se vestían con pieles de jaguar.
4. Los sombreros eran un símbolo de distinción social en la sociedad maya.

A. En parejas, escriban una prueba de cuatro preguntas sobre los temas de la lista. Una pareja escribe preguntas sobre los temas 1 a 4, la otra pareja, sobre los temas 5 a 8.

1. Ser bizco en la cultura maya
2. Relación entre la clase social y la importancia de la estética
3. Signos estéticos que identificaban al hombre importante
4. El tamaño de los sombreros
5. Procedimiento para aplanar la cabeza
6. Efectos de este procedimiento en la inteligencia
7. La estética femenina
8. El jaguar y la moda

B. Hagan sus preguntas a la otra pareja y respondan a las que ellos han preparado.

3-15. Palabras en acción. Completa las siguientes oraciones con palabras del vocabulario nuevo. Puedes usar las pistas entre paréntesis para determinar qué palabra del vocabulario debes usar.

1. Los bebés suelen llorar __al nacer__ (*cuando nacen*).
2. El tamaño del __cráneo__ (*los huesos de la cabeza*) no está relacionado con la inteligencia.
3. Muchas comidas latinoamericanas tienen como base __el maíz__ (*un cereal*).
4. Carlos está disgustado por su __fracaso__ (*mal resultado*) en los exámenes.
5. Mónica se hizo un __tatuaje__ (*un dibujo permanente*) en el brazo derecho.
6. Nuestro equipo ha sido el __perdedor__ (*que no ganó*) del partido.

3-16. Consejos estéticos. Imagina que eres un/a esteticista maya del período clásico y le hablas a un grupo de jóvenes sobre una serie de posibilidades estéticas. Completa las oraciones según la información de la lectura.

MODELO Si tienen los ojos bizcos,… Si tienen los ojos bizcos, tendrán muchos/as novios/as.

1. Si se ponen una bolsita de cera entre los ojos,…
2. Si quieren tener una hermosa frente,…
3. Si los varones se ponen sandalias de piel de jaguar,…
4. Si se visten con muchas plumas y joyas,…
5. Si se ponen pirita o jade entre los dientes,…
6. Si se les permite usar un sombrero muy grande,…

2 3-17. Hablemos del tema. En parejas, hagan una lista de las diferencias y similitudes entre la moda maya y la contemporánea. Después, preparen un breve informe oral explicando qué aspectos de la moda moderna creen que asombrarían (*would shock*) a los miembros de la civilización maya y cuáles creen que ellos estarían dispuestos a adoptar. ¿Por qué? ¡Usen su imaginación y sentido del humor!

3–18. Crucigrama. Completa el crucigrama según las pistas horizontales y verticales.

HORIZONTALES

3. La frente de los mayas era...
5. El grupo racial más numeroso de Guatemala
6. Tipo de escritura maya

VERTICALES

1. Nombre de un pájaro y de la moneda guatemalteca
2. El nombre de la cultura indígena precolombina en Guatemala
3. Rigoberta Menchú recibió el Premio Nobel de la...
4. Un país de habla inglesa donde existió la cultura maya
5. El país que está al norte de Guatemala

El Salvador, Honduras, Nicaragua: Un futuro prometedor

Mar Caribe

HONDURAS

Tegucigalpa

EL SALVADOR

San Salvador

NICARAGUA

Managua

OCÉANO PACÍFICO

PANORAMA CULTURAL

El Salvador
Capital: San Salvador
Población: más de 6 millones de habitantes
Grupos étnicos: mestizo 90%, amerindio 1%, blanco 9%
Idiomas: español, náhuatl
Moneda: colón
Área: un poco más pequeño que Massachusetts

Honduras
Capital: Tegucigalpa
Población: más de 6 millones de habitantes
Grupos étnicos: mestizo 90%, amerindio 7%, negro 2%, blanco 1%
Idiomas: español, algunas lenguas indígenas
Moneda: lempira
Área: un poco más grande que Tennessee

Nicaragua	
Capital:	Managua
Población:	aproximadamente 5 millones de habitantes
Grupos étnicos:	mestizo 69%, blanco 17%, negro 9%, amerindio 5%
Idiomas:	español, algunas lenguas indígenas
Moneda:	córdoba
Área:	un poco más pequeño que el estado de Nueva York

Entrando en materia

3-19. ¿Qué sabes de El Salvador, Honduras y Nicaragua? Indica si estas oraciones son ciertas o falsas. Si puedes, corrige las falsas. Si no estás seguro/a, revisa tus respuestas después de leer la sección para ver si eran correctas.

1. De los tres países, El Salvador es el único que no tiene costa en el mar Caribe.
2. Los tres países son exclusivamente católicos.
3. Los tres países actualmente tienen un sistema de gobierno democrático.
4. Los tres países tienen volcanes activos en su territorio.

PERFIL

¿Qué pasó?

AÑOS DE CONFLICTO

El Salvador

Consiguió la independencia de España en 1821. En la vida política salvadoreña, los dos partidos protagonistas de las últimas décadas son ARENA (Alianza Republicana Nacionalista), de tendencia conservadora, y FMLN (Farabundo Martí para la Liberación Nacional), de tendencia liberal. En 1992, bajo la supervisión de las Naciones Unidas, se terminó una guerra civil que duró doce años.

Honduras

Se independizó de España en 1821. Después de más de veinte años de dictaduras militares, se celebraron elecciones y en 1982 se estableció un gobierno civil. De 1980 a 1989, Honduras fue refugio para los contras, grupo que luchaba contra el gobierno marxista nicaragüense.

Nicaragua

Como El Salvador y Honduras, Nicaragua también consiguió la independencia de España en 1821. En 1978, el pueblo nicaragüense se rebeló contra el gobierno corrupto. Esto resultó en una guerra civil que culminó con la toma del poder por parte de las guerrillas marxistas sandinistas en 1979. El apoyo que Nicaragua prestó a los rebeldes izquierdistas en El Salvador provocó la intervención de EE.UU. entre 1980 y 1989. Esta intervención tuvo lugar en forma de apoyo económico y militar a las guerrillas contra. Los sandinistas perdieron las elecciones libres en 1990 y 1996.

Por si acaso

El nombre de Honduras viene de la palabra "hondo" (*deep*). La leyenda dice que cuando Cristóbal Colón llegó a las costas de Centroamérica en lo que hoy es la parte norte de Honduras, sus naves fueron azotadas por un huracán. Cuando el huracán terminó y su tripulación se encontraba ya a salvo (*safe*), Cristóbal Colón exclamó: "¡Gracias a Dios que salimos de estas honduras!". Ese fue el nombre que se le dio al nuevo territorio.

¿Qué pasa?

LOS ÚLTIMOS AÑOS

El Salvador

El Salvador es hoy una república democrática gobernada por un presidente y una asamblea legislativa. El presidente es elegido por sufragio universal y gobierna durante cinco años.

Los acuerdos de paz de 1992 establecieron las bases para una reforma militar, judicial y agraria. A consecuencia de esta reforma, el personal militar se redujo a la mitad y se formó una nueva fuerza policial de carácter civil. El código penal se ha revisado sustancialmente y se ha establecido un programa de redistribución de tierras. Todas estas reformas están incrementando el nivel de confianza de los inversores, los cuales están contribuyendo a un mejoramiento de la economía.

Honduras

Los dos partidos principales son el Partido Liberal y el Partido Nacional. Honduras es el segundo país del mundo en el sector de las maquiladoras. Debido a sus necesidades económicas y de seguridad nacional, el apoyo político y económico de Estados Unidos es vital para Honduras. Estados Unidos es hoy el principal destinatario del intercambio comercial de Honduras.

Nicaragua

En el año 2000, el país celebró su tercera elección libre desde 1990. La libertad de expresión está garantizada por la constitución y los nicaragüenses ejercitan este derecho de manera regular. A pesar de que Nicaragua es el segundo país más pobre del Hemisferio Occidental, después de Haití, su estabilidad política promete una progresiva recuperación económica.

3–20. Pasado y presente. Responde a las siguientes preguntas.

1. ¿Qué representa la fecha de 1821 para El Salvador, Honduras y Nicaragua?
2. ¿Quiénes fueron los contras?
3. ¿Con qué país asocias a los sandinistas?
4. Señala algún aspecto positivo de la historia más reciente de estos países.

¿Quién soy?

EN HONDURAS: LEMPIRA

Lempira (1499–1537) fue uno de los pocos líderes amerindios que resistió con éxito a los españoles. Aunque la resistencia amerindia terminó con la muerte de Lempira, este amerindio es hoy uno de los héroes de Honduras, y su nombre, que significa "hombre de montaña", simboliza el orgullo de la herencia indígena.

Según la leyenda, como los españoles no pudieron vencerlo con tácticas militares, tuvieron que **recurrir**[1] al **engaño**[2]. Los españoles persuadieron a Lempira de que asistiera a una reunión para negociar la paz y en esa reunión Lempira fue asesinado.

---

1. *resort to* 2. *trickery, deception*

EN EL SALVADOR: ÓSCAR ROMERO

Óscar Romero nació en Ciudad Barrios (El Salvador) en 1917 y estudió teología en la Universidad Gregoriana de Roma, donde en 1942 fue ordenado sacerdote. En 1977 asumió el puesto de arzobispo de San Salvador. En 1978 el parlamento inglés lo presentó como candidato al Premio Nobel de la Paz.

Romero hizo una petición al presidente de Estados Unidos mediante una carta, en la cual le pedía que el gobierno estadounidense suspendiera las ayudas militares a El Salvador, las cuales se transformaban en una sangrienta represión para el pueblo.

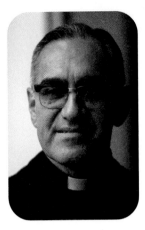

En una **homilía**[3] pronunciada en la catedral, monseñor Romero hizo referencia explícita al ejército y pidió a los soldados que **rehusaran**[4] obedecer órdenes de matar a campesinos inocentes y desarmados. Al día siguiente, monseñor Romero caía asesinado por un **francotirador**[5].

3. *sermon, homily* 4. *refuse* 5. *sniper*

EN NICARAGUA: AUGUSTO CÉSAR SANDINO

Augusto César Sandino nació en 1895 en Niquinohomo, un pueblecito de Nicaragua. Pasó varios años en México, donde se familiarizó con diversas ideologías políticas. Las ideas de Sandino tenían un marcado tono nacionalista y antiimperialista; concretamente, Sandino estaba en contra del control estadounidense sobre Nicaragua. La resistencia de Sandino y sus seguidores finalmente forzó a Estados Unidos a cesar su intervención en 1933. A cambio, Sandino se comprometió a desarmar a sus seguidores, aunque cambió de opinión al ver que la Guardia Nacional, un cuerpo policial de nueva creación y bajo la dirección de Anastasio Somoza, adquiría un poder desmesurado. En 1934, Somoza, que temía ver su poder disminuido, asesinó a Sandino.

3-21. Síntesis. En la sección *¿Quién soy?* se presentan tres figuras importantes en la historia de estos países. En grupos de tres, cada persona debe elegir a un personaje y hacer un esquema con los puntos más importantes de la biografía de ese personaje. Después, comparando los tres esquemas que han hecho, determinen:

1. Qué aspectos tienen en común estas tres personas.
2. Quiénes de estas tres personas critican la actuación de EE.UU. ¿Por qué? ¿Están de acuerdo con su crítica?
3. Por qué las tres personas murieron violentamente. ¿Creen que la violencia es algo constante en la historia de estos países? ¿Por qué?

¿Dónde está?

EN EL SALVADOR: SUCHITOTO

El nombre Suchitoto se deriva del idioma náhuatl y significa "lugar de pájaros y flores". Esta ciudad, situada a treinta minutos de San Salvador, todavía conserva su arquitectura colonial. Los alrededores de Suchitoto tienen como atracción principal el lago Suchitlán.

EN HONDURAS: LAS ISLAS DE LA BAHÍA

De las tres islas, Utila, Roatán y Guanaja, la primera es la más cercana a la costa de Honduras y la que mantiene mejor las costumbres locales. Se puede llegar a Utila en avioneta o en barco. El viaje en barco es de una hora. Además de admirar la belleza de sus playas, el visitante puede realizar otras actividades como **pesca en alta mar**[1] y submarinismo.

1. *deep water fishing*

EN NICARAGUA: LEÓN

Es la segunda ciudad más poblada de Nicaragua. Fue la capital de Nicaragua durante el período colonial y su arquitectura presenta espléndidas muestras de este período, como la catedral, que es la más grande de Centroamérica. León, orgullosa de su tradición liberal, mantiene aún hoy una rivalidad secular con Granada, orgullosa de su tradición conservadora.

3-22. ¡Ganamos! Imaginen que su clase ha ganado un premio de un viaje a uno de los tres lugares que se mencionan en *¿Dónde está?* Como es natural, las opiniones están divididas y no se ponen de acuerdo sobre a dónde ir. En grupos de cuatro, elijan uno de esos lugares y busquen información sobre ellos en Internet o en la biblioteca. Después, preparen un informe oral exponiendo las ventajas de visitar el lugar que ustedes han elegido. Utilicen todos los materiales y recursos que puedan para hacer atractiva su propuesta. Después de escuchar todos los informes, la clase hará una votación para decidir a qué lugar prefieren ir.

The Conditional to Express Probability, Future Within a Past Perspective, and Politeness

The conditional is used to express probability, future within a past perspective, and politeness.

The conditional tense in Spanish corresponds to the English *should/would*. Conjugating the conditional tense is similar to conjugating the future since this tense also uses the entire infinitive as the stem. Here is how to do it:

1. Take the infinitive of a verb,
2. add the endings **-ía, -ías, -ía, -íamos, -íais, -ían.**

> See verb tables and *Apéndice gramatical 3* for a review of the irregular conditional.

Uses of the Conditional Tense

1. Probability in the past

You learned to use the future to express conjecture about an event that may be happening in the present. To express probability or conjecture about a past event you may use the conditional.

> Ayer no fui a clase; me pregunto qué **explicaría** el profesor sobre la historia de Nicaragua.
>
> *Yesterday I didn't go to class; I wonder what my professor **must have explained** about the history of Nicaragua.*

2. Future when the reference point is a past action

The conditional may function as the counterpart of the future when it expresses a future event within a past perspective. Therefore, when in direct speech the future tense appears, in indirect speech the conditional tense is used.

> *Direct speech:* El próximo año el gobierno **estimulará** más el turismo.
>
> *Next year the government **will stimulate** tourism more.*
>
> *Indirect speech:* El presidente dijo que el próximo año el gobierno **estimularía** más el turismo.
>
> *The president said that next year the government **would stimulate** tourism more.*

3. The conditional to convey politeness or wish

The use of the conditional to convey politeness or a wish with a polite tone is usually limited to **gustar** + *infinitive*, **poder, desear,** and **preferir.**

> ¿Le **gustaría** tomar un café? Me **gustaría** conocer El Salvador.
>
> ***Would you like** to have a cup of coffee?* ***I would like** to visit El Salvador.*

> See irregular verb forms and additional information on the conditional in *Apéndice gramatical 3.*

3–23. Identificación. Prepara una tabla en la que se reflejen los tres usos del condicional que acabas de estudiar. Después, lee los artículos que siguen y escribe un ejemplo en cada columna utilizando frases de los artículos.

Honduras después del huracán Mitch

Unos días después del huracán, muchos hondureños le preguntaron al gobierno si les darían casa a las personas afectadas. El gobierno les aseguró que proporcionarían casas y controlarían los precios de los productos básicos.

La primera dama nicaragüense y superstición importada

¿Sería verdad lo que dijeron en la televisión ayer? La primera dama, que vivió mucho tiempo en EE.UU., le pidió al presidente que cancelara su viaje a Taiwán porque la fecha era un viernes trece.

Cartas al director

Leo su periódico semanalmente y en general me parece muy buena la sección de noticias internacionales. Sin embargo, me gustaría ver noticias positivas de El Salvador. Todo lo que publican sobre este país es muy negativo. Sería deseable ver noticias sobre algún aspecto cultural, por ejemplo, las costumbres culinarias o el paisaje salvadoreño.

3–24. Redacción de noticias. El periódico de la universidad quiere publicar una serie de biografías de personas que luchan o han luchado por los derechos del pueblo. A ti te han asignado la biografía de Óscar Romero. El editor quiere que comiences con un párrafo que enumere algunas cosas que Óscar Romero dijo durante su vida. Utiliza la lista de abajo para escribir un pequeño párrafo que empiece: **"Óscar Romero, arzobispo de San Salvador y defensor del pueblo, dijo que..."**

1. La semilla (*seed*) de la justicia crecerá algún día.
2. Juntos mejoraremos las condiciones de vida del pueblo salvadoreño.
3. No abandonaré a mi pueblo.
4. Correré todos los riesgos que mi ministerio exige.
5. Si me matan, resucitaré en el pueblo salvadoreño.

3–25. Conjeturas. Ayer el profesor de historia latinoamericana llegó muy serio a clase. En parejas, hagan una lista de cinco posibles razones por las que estaba tan preocupado y después, con cada una de esas razones, escriban una oración que responda a la pregunta **¿qué le pasaría al profesor ayer?**

> **MODELO**
>
> Estaría deprimido porque leyó en el periódico los problemas internos que está teniendo Argentina.

estaría ~~triste~~
enojado
disgustado
cansado

3–26. Preferencias. ¿Recuerdan el viaje que ganó su clase? Pues ¡están de suerte! Acaban de recibir una carta comunicándoles que pueden elegir cualquier lugar de Centroamérica como destino. Ahora tienen que poner por escrito sus preferencias. Trabajen en parejas para preparar el documento.

A. Háganse preguntas sobre sus preferencias acerca de los siguientes temas: país, campo/ ciudad/ playa, tipo de hotel, duración del viaje.

> **MODELO**
>
> ¿En qué época del año preferirías ir?
> Preferiría ir en otoño.
> ¿Preferirías unas vacaciones en el campo o en la playa?
> Preferiría ir a una playa del Caribe.

B. Traten de llegar a un acuerdo sobre las vacaciones ideales para escribir un informe corto y entregárselo a su instructor/a. Recuerden que deben escribir el informe en plural para expresar las preferencias de los dos.

3–27. ¿Y tú? ¿Qué otra cosa les gustaría hacer después de esas vacaciones ideales? Cada uno de ustedes va a preparar una lista de preguntas para hacerle a su compañero/a sobre cosas que le gustaría hacer o conseguir en el futuro. Cuando tengan las listas preparadas, túrnense para preguntar y responder. Usen la imaginación, ¡aquí pueden soñar cuanto quieran!

En el futuro
¿Te gustaría?
¿Preferirías?
¿Querrías?
¿Te interesaría?

> **MODELO**
>
> Estudiante A: ¿Querrías tener un carro nuevo?
> Estudiante B: Sí, claro. Me gustaría tener un Ferrari rojo.
> Estudiante A: ¿Te gustaría casarte?
> Estudiante B: No estoy seguro/a, pero desearía tener uno o dos hijos.

Entrando en materia

3–28. Tipos de viajes. En parejas, identifiquen las diferencias y semejanzas de los tipos de viaje de la lista. Pueden hablar sobre los siguientes aspectos: contacto con otras personas, precio, autonomía para planear, contacto con la naturaleza, contacto con áreas urbanas, efecto positivo o negativo de los visitantes. ¿Qué tipo de viaje les resultaría más interesante?

1. crucero (*cruise*)
2. safari
3. exploración de las selvas tropicales
4. viaje a Tegucigalpa (en Honduras)

3–29. Vocabulario en contexto. Usa el contexto de la oración para deducir el significado de la palabra. Después responde a la pregunta.

1. **medio ambiente**

   El **medio ambiente** es el grupo de elementos que hacen posible la vida, por ejemplo, el agua, el aire y la naturaleza.

   explica: Da un ejemplo de actividades buenas para el medio ambiente.

2. **dañino**

   Hay actividades que son **dañinas** para la salud, por ejemplo, fumar.

   explica: Da un ejemplo de actividades dañinas para la salud de una persona.

3. **creciente**

   Describe algo que aumenta en volumen o cantidad, por ejemplo, la polución es un fenómeno **creciente**.

   explica: ¿Qué fenómenos crecientes se observan en tu región: industrialización, polución, movimientos demográficos?

4. **fauna**

   La **fauna** es el grupo de especies diferentes de animales que viven en una región.

   explica: Nombra algún animal típico de la fauna de tu región.

5. **flora**

   La **flora** es el grupo de especies diferentes de plantas que viven en una región.

   explica: Nombra alguna planta típica de la flora de tu región.

6. **inalterado/a**

   Inalterado/a es sinónimo de no cambiado.

   explica: Nombra alguna región inalterada por la industrialización.

7. **disfrutar**

   Disfrutar es tener una experiencia positiva.

   explica: De tus viajes, ¿cuál has disfrutado más?

8. **paisaje**

   El **paisaje** es el conjunto de elementos que uno puede ver cuando visita un área rural o natural, por ejemplo las montañas.

   explica: Describe el paisaje de las afueras de tu ciudad o pueblo.

9. **grado de**

Expresión que se utiliza para establecer una jerarquía basada en la cantidad, por ejemplo, **grado de** inteligencia, **grado de** madurez, **grado de** industrialización.

explica: Describe el **grado de** polución de tu región.

Antes de escuchar

¿Has oído hablar del ecoturismo? Teniendo en cuenta que la palabra "ecoturismo" procede de la combinación de **ecología** (*ecology*) y **turismo**, ¿puedes escribir tres características del ecoturismo o de las personas que lo practican? Después de escuchar la miniconferencia, comprueba si tus predicciones han sido correctas.

MINICONFERENCIA

Una alternativa al turismo convencional: El ecoturismo

Ahora tu instructor/a va a presentar una miniconferencia.

3–30. Palabras en acción. Responde a las preguntas usando el vocabulario y la información que acabas de escuchar.

1. ¿Cuál es la ciencia que estudia la relación entre los organismos y el medio ambiente?
2. ¿Qué ofrece Centroamérica a la creciente industria del ecoturismo?
3. Explica los factores que se tienen en cuenta para determinar el grado de ecología de un viaje.
4. Además de disfrutar del paisaje, ¿qué otros aspectos motivan al ecoturista?

3–31. Hablemos del tema. Ahora, en parejas, comenten sus ideas sobre el ecoturismo. Pueden centrarse en los puntos siguientes:

1. ¿Creen que el ecoturismo será bueno o malo para Centroamérica? ¿Por qué?
2. ¿Cuáles son los aspectos más atractivos del ecoturismo? ¿Y los menos atractivos?
3. ¿Creen que el ecoturismo es más atractivo a una edad determinada? ¿Por qué?
4. ¿Qué tipo de ecoturistas les gustaría ser? Justifiquen sus respuestas.

Humor político

—Chiste hondureño anónimo

El presidente de Honduras se dirige a la nación después de una reunión con dignatarios internacionales:

> Estimado pueblo, les traigo buenas y malas noticias. Les doy primero las buenas: ya no tenemos deuda exterior. Ahora las malas: tenemos veinticuatro horas para salir del país.

3–32. Humor centroamericano. ¿Crees que este chiste tendría sentido en tu país? ¿Por qué? Intenta adaptar el chiste para reflejar un asunto de tu país usando el mismo formato. Después, intercambia tu chiste con tu compañero/a para ver si lo entiende.

Costa Rica: La "Suiza" de Centroamérica

TEMA

11

Capital:	San José
Población:	3. 604.642 habitantes
Grupos étnicos:	blanco 80%, mestizo 17%, africano 2%, amerindio 1%
Idiomas:	español
Moneda:	colón
Área:	el doble del estado de Vermont

Mar Caribe

Monteverde

San Jose

COSTA RICA

OCÉANO PACÍFICO

PANORAMA CULTURAL

Entrando en materia

3–33. ¿Qué sabes de Costa Rica? Basándote en tu conocimiento previo, determina cuáles de estas oraciones son falsas y cuáles son ciertas. Si puedes corrige las falsas. Si no estás seguro/a, repasa tus respuestas después de leer la sección para ver si eran correctas.

1. Costa Rica es un país conocido por su belleza natural, sus parques nacionales y sus reservas biológicas.
2. La mayoría de los habitantes de este país es de origen africano o indígena.
3. Costa Rica, bañada por las costas del mar Caribe y el océano Pacífico, limita con Nicaragua al norte y con Panamá al sur.
4. La historia contemporánea de Costa Rica está caracterizada por abundantes conflictos políticos.
5. Costa Rica es conocida como la "Suiza" de Centroamérica, por su estabilidad económica y social en relación con otros países centroamericanos.

PERFIL

¿Qué pasó?

LOS CONQUISTADORES: EN BUSCA DE LAS RIQUEZAS DE COSTA RICA

Cristóbal Colón llegó a las costas caribeñas de Costa Rica el 18 de septiembre de 1502, en su último viaje a América. Colón y sus hombres notaron que muchos indígenas llevaban adornos de oro y pensaron que estas tierras estaban llenas de riquezas. Por eso le dieron el nombre de Costa Rica (*rich coast*). Posteriormente otros españoles y europeos llegaron a Costa Rica en busca de oro y riquezas. También querían convertir a los indígenas al catolicismo. Durante la conquista la mayoría de la población indígena de Costa Rica desapareció a causa de los malos tratos y las enfermedades traídas de Europa. A diferencia de otros países centroamericanos, como Guatemala y Belice, qué todavía conservan gran parte de su población indígena, esta población en Costa Rica ha desaparecido prácticamente en su totalidad. Actualmente sólo un 1% de la población de este país es de origen indígena.

Costa Rica se independizó de España en 1821. En 1823 se convirtió en Estado y pasó a formar parte de las Provincias Unidas de Centroamérica, a las que perteneció hasta el año 1838. Costa Rica se convirtió en un país independiente con la declaración de la primera República en 1848. La vida republicana del país se caracterizó por la lucha constante entre liberales y conservadores, hasta que en 1889, la política comenzó a estabilizarse y se sentaron las bases de la democracia.

¿Qué pasa?

COSTA RICA CONTEMPORÁNEA: UNA DEMOCRACIA EFECTIVA Y VIABLE

En el s. XX Costa Rica se distinguió por ser el país más democrático de Latinoamérica. En 1947, Pepe Figueres Ferrer, un propietario cafetero, fundó el Partido de Liberación Nacional (PLN). En 1953 ganó las elecciones y fue presidente hasta 1958. Su gobierno liberal y reformista fue un ejemplo de preocupación por el bienestar y los intereses del pueblo. Tras varios períodos presidenciales, durante los cuales el PLN alternó el poder con la oposición conservadora, Pepe Figueres fue elegido presidente otra vez en 1970.

Todos los presidentes posteriores a Figueres han mantenido los ideales democráticos y reformistas que éste inició. A diferencia de otros países en Centroamérica, Costa Rica ha mantenido su estabilidad democrática en medio de una zona geográfica caracterizada por conflictos políticos, dictaduras y guerras civiles.

Costa Rica está considerada como una de las democracias latinoamericanas más viables y efectivas. En 1949 se abolió el ejército para proteger al país de gobiernos dictatoriales y para dedicar más dinero a la educación escolar del pueblo. Los "ticos", como se conoce familiarmente a los costarricenses, están muy orgullosos de que su país dedique la mayor parte de su presupuesto a la educación. Es de notar que el índice de alfabetización de Costa Rica es del 95%. Solo un 5% de la población no sabe leer ni escribir.

Parque Central, San José

3–34. Completar ideas. Completa las siguientes ideas sobre *¿Qué pasó?* y *¿Qué pasa?*

1. Costa Rica recibió su nombre porque...
2. A diferencia de otros países centroamericanos, en Costa Rica no hay mucha población indígena porque...
3. El Partido de Liberación Nacional de Pepe Figueres tiene una ideología con las siguientes características:
4. Costa Rica y el resto de Centroamérica se diferencian en las siguientes tres características políticas y sociales: — estabilidad democrática — no tiene ejército — la mayor parte de su presupuesto se dedica a la educación —índice de alfabetización 95%

Costa Rica: La "Suiza" de Centroamérica   **Tema 11**   **131**

¿Quién soy?

ÓSCAR ARIAS SÁNCHEZ

Nació en San José de Costa Rica en 1941. Fue elegido presidente de Costa Rica en 1986 y durante su mandato sus principales preocupaciones fueron resolver el problema de la deuda externa de 4.000 millones de dólares y el problema de la paz en los países centroamericanos. En 1987 Arias recibió el Premio Nobel de la Paz por sus esfuerzos para promover la paz en los países centroamericanos. Estos esfuerzos dieron lugar a la firma de un acuerdo de paz en Guatemala el 7 de agosto de 1987. El comité Nobel reconoció la contribución de Arias como un paso decisivo hacia la paz y estabilidad en una zona geográfica caracterizada por revueltas y guerras civiles. Con la firma del acuerdo se establecían las bases para el desarrollo democrático y la cooperación entre los países de Centroamérica. Este acuerdo de paz fue firmado por Guatemala, Costa Rica, El Salvador, Nicaragua y Honduras.

¿Dónde está?

EL BARRIO AMÓN, SAN JOSÉ DE COSTA RICA

El señor Amón Fasileau Duplantier llegó a Costa Rica a finales del siglo XIX. Era cuñado de Hipólito Tournón y representante de la firma Tournón, que tenía una gran plantación de café, situada en el lado norte de lo que ahora es el Barrio Amón. En 1892, el señor Fasileau Duplantier propuso a la municipalidad de San José construir el barrio que lleva su nombre.

El Barrio Amón reunió a una parte de la burguesía, por lo que se convirtió en el primer barrio elegante de San José. Allí se construyeron residencias de diversos estilos: victoriano, ecléctico y neoclásico entre otros. Actualmente, algunas todavía siguen utilizándose como residencias, mientras que otras están ocupadas por hoteles, restaurantes y tiendas de antigüedades, siempre conservando su elegancia original.

Tanto los costarricenses como los extranjeros que visitan el barrio deberían hacer un recorrido a pie, para poder apreciar detenidamente los maravillosos detalles que encierra este lugar. El Barrio Amón representa en San José lo que Georgetown es en la ciudad de Washington.

3–35. Síntesis. En parejas, respondan a las siguientes preguntas sobre *¿Quién soy?* y *¿Dónde está?*

1. ¿Cuál ha sido la contribución principal de Óscar Arias en Centroamérica?
2. ¿Les recuerda el Barrio Amón a algún lugar que conocen?
3. Describan las características del Barrio Amón.
4. Expliquen si el Barrio Amón les parece interesante o no. ¿Por qué?

ATENCIÓN A LA ESTRUCTURA

Conditional Clauses with si (*if*): Indicative vs. Subjunctive

In *Tema 9* you studied how to use the future tense in **si** clauses.

Remember, the **si** (*if*) clause expresses the condition to be met. In English as well as in Spanish, the **si** clause can be placed either before or after the clause that states the result.

> **Si** voy a Costa Rica, visitaré el Barrio Amón.
>
> **If** I go to Costa Rica, I will visit the Amón district.
>
> Visitaré el Barrio Amón **si** voy a Costa Rica.
>
> I will visit the Amón district **if** I go to Costa Rica.

Let's focus on the tense and mood of the verb in the **si** clause. The **si** clause can introduce the following types of conditions:

1. Possible or probable conditions: Use the indicative:

If, in the mind of the speaker, the condition is likely or will possibly take place, the indicative mood is used in both clauses.

Si Clause	Clause that States Result
present	present
present	future
imperfect	imperfect

> Si no **estudio,** no **puedo** aprender.
>
> If I don't **study,** I **can't** learn.
>
> Si **voy** a Costa Rica, **visitaré** el Barrio Amón. (*It is very possible that I will visit Costa Rica.*)
>
> If **I go** to Costa Rica, **I will visit** the Amón district.
>
> Cuando era pequeña, si **terminaba** la tarea pronto, **podía** jugar con mis amigas.
>
> As a child, if **I finished** my homework early, I **could play** with my friends.

[handwritten notes in right margin:]
Si estudias, aprendes.
Si tengo dinero, iré a España.
Si tenía tiempo, siempre iba al cine los domingos.
Si no entregaba la tarea, la profesora se enojaba.

2. Improbable or contrary-to-fact conditions: Use the subjunctive:

When referring to the present or the future, if the situation is improbable or expresses something that is contrary to fact, use the imperfect subjunctive in the **si** clause. Note that the order of the two clauses can also be altered.

Si Clause	Clause that States Result
imperfect subjunctive	conditional

Si **tuviera** tiempo y dinero, **haría** ecoturismo en Costa Rica. (*I don't have the time and money and it's unlikely that I ever will.*)

If *I **had*** time and money, I ***would do*** ecotourism in Costa Rica.

Hablaría mucho español si **fuera** a San José el verano próximo. (*I probably won't go to San José.*)

*I **would speak** a lot of Spanish if **I were to go** to San José next summer.*

Como si: Imperfect Subjunctive

The expression **como si** is always followed by the past subjunctive in Spanish. This phrase always signals improbability or contrary-to-fact situations.

Ese muchacho habla **como si fuera** un "tico".

*That young man speaks **as if he were** a "Tico."*

See improbable or contrary-to-fact **si** clauses describing a past action in *Apéndice gramatical 3.*

3–36. Identificación. Lee con atención las siguientes oraciones condicionales con **si**. Determina qué oraciones expresan una situación probable o improbable.

1. Si hablara español me gustaría viajar a Costa Rica.
2. El nivel de alfabetización de Costa Rica seguirá mejorando si el gobierno continúa dedicando fondos a la educación.
3. Si la geografía de Costa Rica no fuera tan atractiva, el país recibiría muchos menos turistas al año.
4. El equilibrio económico de Costa Rica mejorará si la política de sus países vecinos en Centroamérica se estabiliza.
5. Si los alumnos de esta clase estuvieran interesados en hacer ecoturismo, organizarían una expedición a uno de los parques nacionales de Costa Rica.

3–37. Si vienen a estudiar aquí. Imagina que tienes dos amigos por correspondencia (*pen pals*) que son de Costa Rica. Ellos son estudiantes universitarios y están pensando en venir juntos a estudiar en tu universidad durante el semestre de otoño. Haz una serie de predicciones para informarles sobre qué pasará si vienen a tu universidad. Usa la información de las columnas.

Condición

1. No comer la comida del comedor universitario.
2. No traer ropa de abrigo para combatir el frío.
3. No tener buenas notas para la mitad del semestre.
4. Comprar los libros en Costa Rica.
5. Vivir en un apartamento en las afueras.

Resultado

a. Tener problemas de sobrepeso en el aeropuerto.
b. Pasar frío en enero y febrero.
c. Necesitar un carro.
d. Recibir una carta de aviso (*warning*) de la oficina de asuntos académicos.
e. Gastar mucho dinero en restaurantes.

> **MODELO**
>
> Llegar antes del comienzo de las clases. / Poder familiarizarse mejor con la vida del campus.
> Si llegan antes del comienzo de las clases, podrán familiarizarse mejor con la vida del campus.

3–38. ¿Y tú? Aquí tienes una serie de situaciones en las que te podrías encontrar.

A. Primero, completa estas oraciones explicando cuál sería tu reacción personal en cada situación. ¡Sé creativo/a!

> **MODELO**
>
> Si me siento triste...
> Si me siento triste, llamo a mi mejor amigo/a por teléfono.

1. Si los estudios no me van bien...
2. Si mi amigo me dice que necesita relajarse...
3. Si no tengo nada que hacer...
4. Si mi mejor amigo/a no cumple sus promesas...
5. Si tengo mucho trabajo...
6. Si tengo ganas de tomarme unas vacaciones anticipadas…

B. En parejas, intercambien sus reacciones a las situaciones anteriores. ¿Reaccionaron de forma similar? ¿de forma diferente? ¿Por qué creen que las reacciones de los dos son parecidas o diferentes? ¿Creen que un "tico" reaccionaría de la misma manera en estas situaciones? Justifiquen sus respuestas.

3-39. ¿Qué harías? En parejas, decidan en qué situaciones harían estas cosas si visitaran Costa Rica algún día.

1. Nos quedaríamos en un hotel del Barrio Amón si…
2. Nos gustaría conocer… si…
3. Cambiaríamos todos nuestros dólares por colones si…
4. Estudiaríamos en la universidad de San José si…
5. Haríamos una excursión a las reservas biológicas si…

3-40. Voluntarios en Monteverde, Costa Rica. Lean el siguiente anuncio en el que se buscan tres voluntarios para participar en un programa de estudios en Monteverde (localicen Monteverde en el mapa de la página 129).

Centro Creativo de Monteverde necesita voluntarios.

El Centro Creativo de Monteverde busca tres jóvenes voluntarios para ayudar en la instrucción de matemáticas, arte, historia, gramática inglesa y educación física para niños de nivel escolar elemental (desde Kinder hasta quinto grado). Las personas cualificadas deben tener experiencia de trabajo con niños y una gran motivación y entusiasmo por hacer trabajo voluntario.

Si les dieran esos puestos de voluntarios…

1. ¿Cómo se prepararían para el viaje?
2. Una vez en Costa Rica, ¿cómo viajarían a Monteverde? (carro, autobús, tren, autostop)
3. Si les asignaran enseñar clases de segundo grado, ¿qué materias querrían enseñar y cómo lo harían?
4. ¿Qué aspectos de la cultura estadounidense les enseñarían a los niños? ¿Por qué?
5. Si tuvieran tiempo libre, ¿qué otros lugares visitarían?

Entrando en materia

3-41. Anticipación. Lee el título y los subtítulos de la lectura. Después, mira la foto y lee el texto al pie de la foto. ¿Cuál crees que es el tema general del texto? ¿Por qué?

3-42. Vocabulario en contexto. Las siguientes palabras y expresiones en negrita aparecen en la lectura. En parejas, intenten deducir su significado basándose en el contexto. Si no les queda claro, pueden verificar sus respuestas después de terminar la lectura.

1. ¡Díganlo **en voz alta**!
   a. expresar con fuerza y seguridad   b. decir algo sólo una vez

2. La única condición es que se diga con una **sonrisa**, de lo contrario no resulta genuino.

   a. expresión facial de alegría   **b.** expresión facial de enfado o enojo

3. Costa Rica tiene un **sinfín** de expresiones únicas de la región.

   a. el final de algo   **b.** una gran variedad

4. Es buena idea aprender español porque esta lengua se habla en muchos países que **vale la pena** visitar.

   a. ser interesante   **b.** ser pobre

5. Así que, si vas a venir a Costa Rica, **apúntate** ya a clases de español.

   a. Escribe una carta en español.   **b.** Inscríbete en una clase de español.

6. En la calle a menudo nos encontramos con gente **desconocida**.

   a. antónimo de conocer   **b.** sinónimo de amigable

7. Los locales están siempre **dispuestos a echarte una mano** si necesitas ayuda.

   a. Te tocan mucho con las manos.   **b.** Tienen interés en ayudar.

LECTURA

Dos estadounidenses en Costa Rica: Diario de un viaje

Amy y Steve pasaron un año en Costa Rica dando clases de ecología en una escuela de Monteverde. Estuvieron a cargo de una reserva ecológica en la península Osa y exploraron la costa y las montañas del país. Su estancia en Costa Rica fue parte de un programa de educación ambiental patrocinado por la Fundación Watson. Steve y Amy crearon un sitio de Internet llamado Eco-Odyssey en el que describieron sus experiencias.

Pura vida

¡Ya hemos llegado al mundo hispanohablante! De ahora en adelante, y a lo largo de todo un año, hablaremos español con todo el mundo. Así que… ¡Pura vida! ¡Díganlo **en voz alta**! Por aquí lo dice todo el mundo y significa "Pure Life". A nosotros nos parece que la expresión simboliza a la perfección la esencia de la vida costarricense. En Costa Rica "pura vida" es la forma popular de expresar una gran variedad de cosas. Significa "hola", "sí", "¿cómo estás?", "todo va bien". A menudo nos da la impresión de que cuando la gente lo dice puede significar cualquier cosa. La única condición es que se diga con una **sonrisa**, de lo contrario no resulta genuino. Costa Rica tiene un **sinfín** de expresiones únicas de la región. Los locales llaman "ticos" a los hombres y "ticas" a las mujeres. Como en otros países de Latinoamérica, a los estadounidenses algunas veces nos llaman "gringos" o "gringas". Los hombres de Costa Rica se llaman unos a otros "maje", que equivale más o menos a "dude" en inglés. Otra expresión frecuente en Costa Rica es "twanis", que significa "cool" en inglés. Ⓜ

Es buena idea aprender español porque esta lengua se habla en muchos países que **vale la pena** visitar. Sin embargo, los lectores deben tener en cuenta que el idioma español es diferente dependiendo de la zona que visiten. Por ejemplo, es posible que un español y un costarricense de Monteverde (la localidad rural en la que nos encontramos

nosotros), no se comprendan entre sí con mucha facilidad. Así que, si vas a venir a Costa Rica, **apúntate** ya a clases de español. Vas a necesitar saber unas cuantas palabras cuando estés por aquí.

Nuestras impresiones sobre los costarricenses

Viajar al extranjero puede ser muy difícil, lo sabemos por experiencia. Pero afortunadamente para nosotros, nos encontramos en Costa Rica, donde la gente local es la más amable, considerada y servicial que hemos conocido. A los costarricenses se les conoce por su hospitalidad y carácter extrovertido. En la calle, a menudo nos encontramos con gente **desconocida** a quien le encanta sentarse a charlar con nosotros. Estos desconocidos se interesan por nosotros y nos hacen todo tipo de preguntas. Los habitantes locales están siempre **dispuestos a echarte una mano** si necesitas ayuda, desde encontrar la parada del autobús o un buen restaurante, hasta encontrar un hotel para pasar la noche. En todos los lugares que hemos visitado, nuestra impresión ha sido que el costarricense está muy orgulloso de su país y les da la bienvenida a los visitantes con los brazos abiertos. Quizás lo haga porque sabe que la economía del país depende de los turistas, pero Steve y yo creemos que la amabilidad del costarricense es genuina y que se trata esencialmente de un pueblo que da la bienvenida al extranjero de una forma sincera.

Adaptado de Eco-Odyssey, de Steve y Amy Higgs

Ⓜ **omento de reflexión**

Marca con una X las ideas correctas.

❑ 1. Amy y Steve se quejan (*complain*) porque en Costa Rica dicen *gringo* para referirse a los estadounidenses.

❑ 2. Amy y Steve expresan entusiasmo hacia Costa Rica y los costarricenses.

❑ 3. El español de Costa Rica tiene muchas expresiones que no se usan en otros países.

3–43. ¿Qué comprendiste? Decide si la información de abajo es cierta o falsa. Corrige la información falsa.

1. Steve y Amy fueron a Costa Rica para hacer turismo exclusivamente.
2. La expresión "pura vida" se usa muy poco en Costa Rica y se refiere al agua.
3. El español que se habla en Costa Rica es igual al que se habla en otros países latinos. En realidad, el idioma español es igual en todos los países de habla hispana.
4. Un hombre costarricense llama a otro "twanis".
5. Amy y Steve piensan que la gente que han conocido es muy cordial, pero que no todos los costarricenses son tan amables con los extranjeros.

3–44. Palabras en acción. En parejas, van a hacerse unas cuantas preguntas sencillas. Una persona hará las preguntas asignadas al Estudiante A, y la otra persona hará las preguntas del Estudiante B. Pueden responder como quieran, pero utilizando el vocabulario nuevo cuando sea posible.

Estudiante A

1. ¿Qué efectos tiene la sonrisa de una persona en ti?
2. En tu opinión, ¿qué países de Latinoamérica vale la pena visitar? ¿Por qué?
3. ¿Crees que es cierto que todos los hispanos hablan siempre en voz alta?

Estudiante B

1. ¿Cómo reaccionas tú cuando vas a una fiesta o reunión social donde hay mucha gente desconocida?
2. ¿Qué personas en tu vida están siempre dispuestas a echarte una mano?
3. ¿Te has apuntado a alguna clase de español este semestre?

3–45. Hablemos del tema. Lean otra vez el anuncio de la actividad 3–40 en el que se piden voluntarios para participar en un programa escolar en Monteverde. Preparen y representen una entrevista de trabajo en la que un estudiante es el jefe de estudios del programa y otro un/a solicitante (*applicant*). ¡Sean creativos!

Estudiante A: Jefe de estudios

Comienza la entrevista haciendo preguntas de tipo general; por ejemplo, sobre datos biográficos y de tipo personal. Continúa con preguntas de tipo profesional, sobre la experiencia, la preparación académica, etc. Termina la entrevista adecuadamente.

Estudiante B: Solicitante

Responde a las preguntas de tu entrevistador con el mayor número de detalles posibles. Recuerda que tienes que demostrar tus méritos para conseguir el puesto que solicitas.

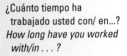

Por si acaso

Expresiones útiles

¿Cuánto tiempo ha trabajado usted con/ en…?
How long have you worked with/in . . . ?

Estoy muy bien preparado/a para el puesto.
I am well qualified for the job.

Mi experiencia es/ no es muy relevante.
My experience is (is not) quite relevant.

La compensación que espero es…
The compensation I am hoping for is . . .

Ya le avisaremos cuando tomemos una decisión.
We will let you know when a decision is made.

El puesto es suyo. ¡Enhorabuena!
The position is yours. Congratulations!

Ciudad centroamericana, de Ricardo Ávila

Ricardo Ávila es un pintor autodidacta de estilo naïve. Nació en San José, Costa Rica, en 1966. Sus pinturas siempre representan un mundo idílico, donde el ser humano vive en armonía con su entorno.

3–46. Mirándolo con lupa. En parejas, completen los siguientes pasos para analizar la obra de este artista.

1. ¿Qué colores abundan en el cuadro?
2. ¿Qué imágenes son recurrentes?
3. ¿Qué te gusta más sobre este cuadro?
4. ¿En qué tipo de espacio colocarías este cuadro? Explica.
5. Si pudieran entrevistar al artista, ¿qué le preguntarían?

Panamá: Su nueva identidad

Mar Caribe

● **Panamá**

PANAMÁ

RAMA CULTURAL

Capital:	Panamá
Población:	casi 3 millones
Grupos étnicos:	mestizo 60%, negro y mulato 20%, blanco 10%, amerindio 10%
Idiomas:	español (lengua oficial), inglés
Moneda:	balboa y dólar estadounidense
Área:	un poco más pequeño que Carolina del Sur

Entrando en materia

3–47. ¿Qué sabes de Panamá? Indica si estas oraciones son ciertas o falsas. Si puedes, corrige las falsas. Si no estás seguro/a, repasa tus respuestas después de leer la sección para ver si eran correctas.

1. Panamá está al sur de Costa Rica y al norte de Colombia.
2. El Canal de Panamá está bajo el control de EE.UU.
3. El inglés se habla tan frecuentemente en Panamá como en otros países centroamericanos.
4. Panamá tiene un ejército.

3–48. Lectura rápida. Lee rápidamente la sección y selecciona el título que describe mejor cada párrafo de *¿Qué pasó?* y *¿Qué pasa?*

1. El Camino Real, el ferrocarril y el Canal
2. Política exterior e interior
3. Panamá precolombina
4. La independencia
5. El control del Canal es ahora de los panameños.
6. Panamá sin ejército

PERFIL

¿Qué pasó?

ÉPOCA PRECOLOMBINA Y COLONIAL

Antes de la llegada de los conquistadores en 1501, el territorio estaba habitado por los indios kuna, los guayamí y los chocó. Estos tres grupos indígenas todavía existen hoy junto con otros grupos menos numerosos.

La declaración de independencia en 1821 ocurrió de forma pacífica y sin confrontación directa con España, ya que poco después Panamá se unió a la Gran Colombia (Ecuador, Colombia y Venezuela), liberada por Simón Bolívar ese mismo año.

La importancia geográfica y económica de Panamá atrajo muy pronto la atención de españoles, franceses y estadounidenses. El interés de los españoles se manifestó en la construcción del Camino Real, una **carretera**[1] pavimentada con piedras y de cincuenta millas de longitud. Esta carretera conectaba la capital, Panamá, en el Pacífico, con Portobelo, en el Atlántico. En 1855 los estadounidenses construyeron un **ferrocarril**[2] para conectar la costa atlántica y pacífica de Panamá. Los franceses comenzaron la construcción de un canal y fracasaron. Finalmente EE.UU. **llevó a cabo**[3] la construcción del Canal, que fue inaugurado en 1914.

---

1. *road* 2. *railroad* 3. *carried out*

La construcción del Canal de Panamá **ha ligado**[4] el destino político y económico de Panamá a EE.UU., ya que el Canal motivó la firma de un tratado que confería a EE.UU. el derecho de intervenir en la política del país. EE.UU. ejerció este derecho de manera contundente en 1989, cuando el ejército estadounidense capturó al General Manuel Noriega, entonces presidente de Panamá.

Por si acaso

Un acontecimiento histórico importante relacionado con el Canal es el tratado firmado en 1977 por el presidente panameño Omar Torrijos y el presidente estadounidense Jimmy Carter. Este tratado devolvió a Panamá la soberanía (*sovereignty*) del área del Canal al final de 1999 y anuló un tratado anterior, que daba a EE.UU. el control permanente del Canal.

El Canal tiene 80 kilómetros de largo desde el océano Atlántico hasta el océano Pacífico. Fue construido en la parte más estrecha del continente americano y en el punto más bajo del istmo de Panamá. Las compuertas de las esclusas (*floodgates*) pesan 750 toneladas cada una.

4. *has linked*

¿Qué pasa?

LA ÉPOCA MÁS RECIENTE

Uno de los acontecimientos más importantes de la historia reciente de Panamá es el traspaso del control del Canal, que tuvo lugar en 1999. Mireya Moscoso, presidenta desde 1999 y primera mujer en llegar a la presidencia, presidió este momento histórico.

El riesgo de nuevos gobiernos militares no existe hoy, ya que en 1994 Panamá abolió su ejército. Su defensa militar todavía hoy depende de EE.UU. En el área internacional, Panamá está intentando diversificar sus coaliciones internacionales estrechando **vínculos**[5] con otros países de Latinoamérica y con Europa. En el área de la política interna, el país tiene como objetivo muy importante el proteger su riqueza natural y utilizarla para atraer más turismo.

5. *links*

3–49. En detalle. En parejas, tracen una línea cronológica para ordenar los siguientes acontecimientos y fechas de la historia de Panamá.

1. 1994
2. 1855
3. 1821
4. 1914
5. 1999
6. 1501

a. Declaración de independencia
b. Inauguración del Canal
c. Llegada de los conquistadores
d. Traspaso del control del Canal a Panamá
e. Abolición del ejército panameño
f. Construcción del ferrocarril para conectar las dos costas

¿Quién soy?

MIREYA MOSCOSO

Nació en la ciudad de Panamá, el 1 de julio de 1946. Pertenece a la familia Moscoso, una de las familias fundadoras de Pedasí, un pueblo en la región de Los Santos. Su padre, Plinio A. Moscoso, fue maestro y director de la escuela del pueblo. Mireya Moscoso comenzó su carrera política en 1964, año en que participó en la campaña electoral a favor de la candidatura de Arnulfo Arias, la cual fue desfavorecida por un fraude con participación militar.

En una empresa cafetera, ocupó el cargo de gerente de ventas de 1966 a 1968. En 1969 contrajo matrimonio con Arnulfo Arias, que fue presidente de Panamá y fue derrocado y exiliado con la intervención del ejército. La Sra. Moscoso y su esposo vivieron en EE.UU. durante casi diez años de exilio.

En 1999 ganó las elecciones a la presidencia, la cual será su responsabilidad hasta el año 2004.

3–50. Identificar temas. Identifica los temas de la lista que aparecen en *¿Quién soy?*

1. Datos familiares
2. Información de la madre de Mireya
3. Los estudios de Mireya
4. Relación con Arnulfo Arias
5. Su vida cuando vivía en EE.UU.
6. Triunfo en la carrera política de Mireya

3–51. Su opinión. En parejas, comenten sus respuestas a estas preguntas.

1. Se dice que los panameños tienen un problema de identidad, ¿qué hechos históricos han contribuido a este problema de identidad?
2. ¿En qué aspectos consideran que Panamá es un país afortunado?
3. ¿En qué aspectos consideran que Panamá es un país desafortunado?
4. ¿Qué creen que representa Mireya Moscoso para los panameños?
5. Como estadounidenses, ¿cuál es su reacción frente al traspaso del control del Canal?

Panamá: Lugares de interés histórico y recreativo

3–52. Anticipación. Lee rápidamente la sección siguiente y clasifica los seis lugares en una (o varias) de estas categorías.

1. Interés histórico
2. Interés técnico
3. Cultura indígena
4. Actividades acuáticas
5. La naturaleza

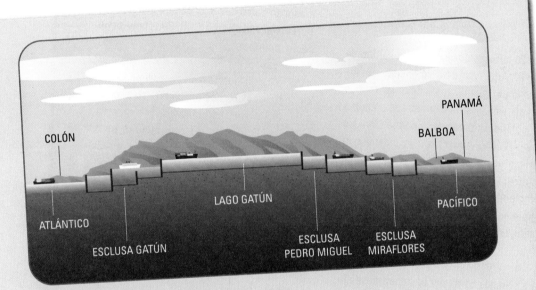

Panamá:
Lugares de interés histórico y recreativo

EL CANAL DE PANAMÁ

El Canal de Panamá es un lugar de interés no sólo por su importancia en la economía, en la política del país y en el comercio internacional sino también porque es una de las obras de ingeniería más impresionantes que existen.

Es posible observar cómo funciona el Canal desde las esclusas de Gatún o Miraflores, por las que circulan anualmente 13.056 barcos.

COLÓN

Con la atmósfera característica de una ciudad portuaria, Colón está ubicada a la entrada de la costa caribeña y es famosa por su Zona Libre, bazares orientales, hermosas playas y fortalezas coloniales españolas.

ISLA GRANDE

Está a sólo 29 millas de la ciudad de Colón. Isla Grande es una belleza natural del Caribe con blancas y arenosas playas; cerca de allí encontrarás Isla Mamey, un lugar extraordinario para los amantes del buceo.

ISLA DE SAN BLAS

Está a 20 minutos por avión de la ciudad de Panamá. Aquí visitarás las islas de los indios kunas, quienes mantienen su antiguo estilo de vida y tradiciones. Las mujeres usan coloridas blusas adornadas con las famosas "Molas", un complejo diseño que es la expresión del arte indígena. Puedes encontrar pequeñas, pero cómodas habitaciones en algunas de las 365 islas del archipiélago. El buceo y la natación constituyen los deportes más populares.

EL VALLE DE ANTÓN

Está a sólo dos horas por carretera desde la ciudad de Panamá. Aquí es donde los campesinos llegan a vender sus frutas, vegetales y artesanías. En este mercado, también puedes comprar esculturas de "piedra de jabón", tallas en madera, sombreros de paja, mesas talladas, bandejas y flores. El valle, como generalmente se le llama, tiene una fresca temperatura, atracciones tanto arqueológicas como naturales y cómodos hoteles. Este valle es el hogar de las famosas ranas doradas y los asombrosos árboles cuadrados.

PORTOBELO

Está a corta distancia de Colón y a hora y media en carro desde la ciudad de Panamá. Durante el siglo XVII y XVIII, Portobelo sirvió como puerto español para los productos que llegaban del Perú y de otras colonias españolas. El puerto estaba protegido por cinco fuertes que hoy en día aún se pueden admirar. Arrecifes, corales y esponjas hacen de Portobelo un sitio favorito para fotógrafos marinos y buceadores en el Caribe.

EXPEDICIÓN Y TRABAJO VOLUNTARIO

Además de visitar los lugares de interés histórico o recreativo, hay otras dos maneras de conocer el país y su gente. Si estás en buena forma física y te gusta caminar, hay compañías que ofrecen itinerarios de quince días para viajar a pie y a caballo. La otra manera no tradicional es viajar a un área del país para hacer trabajo voluntario. Hay organizaciones que necesitan voluntarios para preservar áreas históricas o forestales, para construir casas o educar a niños.

3–53. En detalle. Contesta las siguientes preguntas sobre Panamá para verificar tu comprensión de la lectura.

1. ¿Qué lugares son interesantes para ir de compras?
2. ¿Qué lugares son interesantes para visitar monumentos históricos?
3. ¿Qué lugares son interesantes para hacer buceo (*snorkeling*)?
4. ¿Qué hay de interés en Valle de Antón?
5. ¿Qué lugar fue importante en el comercio entre España y las colonias españolas?
6. ¿Cuál de las dos maneras alternativas de visitar Panamá prefieres y por qué?

3–54. Personalidad y preferencias. En parejas, van a relacionar características de lugares y personalidades. Sigan los siguientes pasos.

a. Primero, hagan una lista de todos los lugares descritos en *Ven a conocer*.
b. Anoten las principales características de cada lugar.
c. Anoten qué tipos de actividades pueden hacerse en cada lugar.
d. Hablen sobre la personalidad y los gustos del tipo de persona que se sentiría atraída por los diferentes lugares.
e. Escriban una oración para cada lugar, explicando los resultados de su discusión.
f. Lean su informe a la clase para poder compararlo con el de otros estudiantes.

Una carta hipotética

3–55. Una carta hipotética. En el *Tema 9* sobre Guatemala hiciste una lista comparando las diferencias y similitudes entre la moda maya y la contemporánea. Imagínate que tienes que enviar una carta hacia el pasado (usando, por ejemplo, una máquina del tiempo) para informar a los mayas sobre las diferencias entre sus modas y costumbres y las modas y costumbres de la sociedad contemporánea. Además de la descripción comparativa entre costumbres, tu carta debe incluir una sección en la que les comunicas a los mayas cómo crees que reaccionarían ellos frente a nuestras modas y costumbres, si vivieran en el mundo moderno.

Preparación

1. Repasa la lectura del *Tema 9*.
2. En una lista, compara las modas mayas de la lectura con las modas contemporáneas.
3. En otra lista, describe brevemente qué reacciones tendría el destinatario (*recipient*) maya de tu carta ante tres o cuatro modas de tu elección.
4. ¿Cómo crees que debe ser el tono de esta carta, formal o informal?

A escribir

1. Comienza la carta. Por ejemplo, puedes decir "Estimada comunidad maya:…"
2. Preséntate y escribe una breve introducción hablando acerca de ti mismo/a.
3. Menciona el objetivo de tu carta.
4. Compara las diferencias entre las modas mayas de la lectura del *Tema 9* y las presentes.
5. Explícales a los destinatarios (*recipients*) de tu carta cómo crees que reaccionarían ante las tres o cuatro modas contemporáneas de tu elección.

MODELO
> **Si las personas mayores se tiñeran (*dyed*) las canas ustedes pensarían que esas personas están locas.**

6. Termina tu carta apropiadamente.

Revisión

1. Escribe el número de borradores que te indique tu instructor/a y revisa tu texto usando la guía de revisión del Apéndice C.
2. Escribe la versión final y entrégasela a tu instructor/a.

EL ESCRITOR TIENE LA PALABRA

Claribel Alegría

Nació en Nicaragua en 1924; sin embargo, ella se considera salvadoreña porque vivió en este país desde la niñez. A los 18 años se trasladó a Estados Unidos, donde se doctoró en Filosofía y Letras. Allí conoció a su mentor poético Juan Ramón Jiménez. Bajo su estímulo y dirección Claribel publicó su primer libro de poemas. Hasta el presente ha publicado un total de 14 libros de poemas, varias novelas cortas y seis libros de testimonio en colaboración con su esposo. El cuento *La abuelita y el Puente de Oro* proviene del libro *Lucía en el país de las realidades*. (Pág. 31y 32.)

3–56. Entrando en materia. Responde a las siguientes preguntas antes de leer.

1. ¿Qué tipo de historia te sugiere el título *La abuelita y el Puente de Oro*?
2. Lee las dos primeras líneas de la historia. ¿Quién crees que será el personaje principal?
3. ¿Qué parte de las dos primeras líneas sugiere que la abuela de Manuel no es convencional?

La abuelita y el Puente de Oro, de Claribel Alegría

Manuel tenía una cantidad infinita de anécdotas acerca de su abuela loca que tenía una **choza**[1] y un terrenito a medio kilómetro del Puente de Oro*.

—Era loca, pero muy **emprendedora**[2] —sonrió—, estaba orgullosa de su gran **puente colgado sobre el Lempa***[3]. "Mi puentecito", le decía.

Manuel era **dirigente**[4] de una organización de campesinos que había venido de Europa a dar una serie de charlas.

—¿Qué tenía de loca? —preguntó Luisa.

—Bueno, desde que **prendió**[5] la guerra, el ejército puso **retenes**[6] a cada extremo del puente para protegerlo. A mi abuela se le ocurrió que iba a hacer fortuna sirviéndole de cocinera a la tropa. Cada mañana se levantaba a las cuatro, para cocinar frijoles, echar tortillas y hacer una olla de arroz. Ponía todo en su **carretilla**[7] y se iba a servirles el desayuno a los soldados del lado más cercano. Después cruzaba el puente, casi dos kilómetros, ¿se imagina?, para darles el desayuno a los del otro lado. De allí se iba a su casa a prepararles el almuerzo y otra vez a empujar la carretilla.

—Muy enérgica, pero de loca nada —observó Luisa.

—La locura era que les **cobraba**[8] tan barato por una comida tan rica y tan abundante, que no ganaba nada. Por si eso fuera poco, después de que los **compas**[9] volaron "su puente" se le ocurrió **teñirse**[10] el pelo de colorado.

—¿Cómo? —lo miró Luisa incrédula.

—Hubo un enfrentamiento **bien**[11] tremendo antes de que los compas lo volaran. Tuvieron que **aniquilar**[12] a los retenes de los dos lados para que el equipo de **zapadores**[13] pudiera colocar los explosivos. En la **refriega**[14] cayó un compa y le encontraron el plano de las trincheras defensivas, los **nidos de ametralladoras**[15] y el número exacto de **efectivos**[16] instalados a cada lado. Días después una señora del mercado le advirtió a mi abuela que la guardia buscaba a la cocinera de la tropa. Lo único que se le ocurrió a la bendita señora fue conseguir **achiote**[17] y un lápiz de labios

*Este puente, sobre el río Lempa, fue destruido en la guerra civil de la década de 1980. *El río *Lempa* está en *El Salvador*.

1. *hut*
2. *entrepreneurial*
3. *hanging bridge over the Lempa river*
4. *leader*
5. *started*
6. *police roadblocks*
7. *little cart*
8. *charged*
9. *comrades, friends*
10. *dye*
11. *quite, very*
12. *kill*
13. *sapper*
14. *scuffle*
15. *machine-gun nests*
16. *military personnel*
17. *a substance used for coloring or dying*

y regresar a su **finquita**[18]. Una pareja de guardias se apareció al día siguiente preguntando por ella. Mi abuela sin inmutarse les dijo:

—Debe ser la vieja a la que le alquilé la finca hace una semana. La **voladura**[19] del puente le destrozó los nervios y me dijo que se iba a San Vicente, donde estaba su hija.

—¿Y usted quién es? —le preguntaron los guardias.

—Soy la respetable dueña de una casa de placer en Suchitoto —les respondió—, pero con **los subversivos hostigando el cuartel**[20] constantemente, se me acabó la clientela y tuve que jubilarme. Así es la guerra —suspiró.

Luisa y Manuel se echaron a reír y Manuel prosiguió:

—La historia no termina allí. Unas semanas después me encontraba en un campamento, a la **orilla**[21] del río Lempa, cuando veo venir a mi abuelita pelirroja remando fuerte contra la corriente en una **lanchita llena de canastas**[22].

—Vendo **jocotes**[23], papaya, limones, naranja dulce, ¿quién me compra? —**pregonaba**[24].

—Hola, Mamá Tancho —la saludó el primer responsable. **Como**[25] no sabía que era mi abuela me dijo: Esa es la vieja que nos facilitó los planos para el ataque al Puente de Oro.

Le ayudamos a amarrar la lanchita debajo de un árbol y me abrazó quejándose.

—Ay, Memito —me dijo—, cada día esos babosos me hacen la vida más difícil. Desde que volaron el puente, todos los días tengo que venir **remando**[26] hasta aquí.

El jefe guerrillero le preguntó riéndose:

—¿Y que más nos **traés**[27], Mamá Tancho?

Ella quitó una **capa**[28] de mangos de una de las canastas y siguió cantando con su voz de pregonera:

—**Granadas de fragmentación, cartuchos para G-3, obuses de mortero 81**[29]. ¿Quién me compra?

---

18. *little property, ranch*

19. *blow-up*

20. *rebels harassing the barracks*

21. *river bank*
22. *little launch full with baskets*
23. *type of fruit*
24. *hawked*
25. *Since*

26. *rowing*

27. **vos** *form of the verb* **traer**
28. *layer*
29. *fragmentation grenade, cartridges for G-3, mortar shells*

3–57. El orden de los acontecimientos. Pon estos acontecimientos del cuento en el orden correcto.

_____ La abuela se pintó el pelo de colorado.

_____ La abuela decidió servir de cocinera para las tropas.

_____ La abuela habló con el jefe de guerrilleros, quien la llamaba _Mamá Tancho_.

_____ El ejército puso retenes para proteger el puente cuando comenzó la guerra.

_____ La abuela les dijo a los guardias que era la dueña de una casa de placer.

3–58. Nuestra interpretación de la obra. Responde a las siguientes preguntas para verificar tu comprensión de la lectura.

1. Haz una lista de los personajes del cuento. ¿Qué relación hay entre ellos?
2. ¿Qué expresión cariñosa usaba la abuela para referirse al puente?
3. ¿En qué aspectos no representa la abuela el estereotipo de una abuela convencional?
4. ¿Cómo le afecta a la abuela la destrucción del puente?
5. ¿Qué opinas sobre las actividades de la abuela?

3–59. Ustedes tienen la palabra. En parejas, imaginen cómo continúa el cuento y escríbanlo en forma de un diálogo entre Manuel y su abuela. Después, pónganse de acuerdo para representar dicho diálogo. Uno/a de ustedes debe hacer el papel de Manuel y la otra persona el papel de la abuela. Ensayen durante unos minutos y representen su diálogo ante la clase. Si quieren, pueden traer ropa y materiales apropiados para que la representación resulte más convincente.

al nacer	*as a newborn*
apuntarse	*to enroll, to register, sign up*
atuendo *m*	*outfit*
bizco/a	*cross-eyed*
cerebro *m*	*brain*
cráneo *m*	*skull*
creciente *m/f*	*growing*
dañino/a	*harmful*
desconocido/a	*unknown, unfamiliar*
disfrutar	*to enjoy*
dispuesto/a	*to be ready*
echar una mano	*to give a hand, to help*
en voz alta	*out loud*
fauna *f*	*fauna*
flora *f*	*flora*
fracaso *m*	*failure*
grado de *m*	*level of*
inalterado/a	*undisturbed*
maíz *m*	*corn*
medio ambiente *m*	*environment*
paisaje *m*	*landscape*
perdedor/a	*loser*
puente nasal *m*	*nasal bridge*
sinfín *m*	*endless*
sonrisa *f*	*smile*
tatuaje *m*	*tattoo*
uña postiza *f*	*fake finger nail*
valer la pena	*to be worthwhile*
vencido/a	*defeated*

4 Países andinos: Sudor del Sol y lágrimas de la Luna

Sudor del Sol y lágrimas de la Luna, título de esta unidad, son metáforas incas para referirse al oro y a la plata, metales que se encuentran en los cuatro países de esta unidad. ¿Qué otros aspectos crees que tienen en común Colombia, Ecuador, Perú y Bolivia? Piensa en aspectos históricos, económicos o sociales.

La cordillera de los Andes atraviesa Colombia, Ecuador, Perú y Bolivia. ¿Cómo crees que este aspecto geográfico ha influido en estos países? Piensa en la ecología, las comunicaciones y la sociedad.

Colombia: Origen de la leyenda de El Dorado

OCÉANO PACÍFICO

Bogotá

COLOMBIA

Capital:	Bogotá
Población:	40.349.388 habitantes
Grupos étnicos:	mestizo 58%, blanco 20%, mulato 14%, negro 4%, mezcla de negro y amerindio 3%, amerindio 1%
Idiomas:	español y más de sesenta lenguas amerindias
Moneda:	peso colombiano
Área:	aproximadamente del tamaño de Texas, California y Arkansas juntos

Entrando en materia

4-1. ¿Qué sabes de Colombia? Decide si las oraciones de abajo son ciertas o falsas. Si puedes, corrige las oraciones falsas. Si no estás seguro/a, repasa las respuestas después de leer la sección para ver si eran correctas.

1. Colombia sólo tiene costa en el mar Caribe.
2. Colombia tiene población amerindia y negra.
3. El nombre del país tiene su origen en el nombre de Cristóbal Colón.
4. Nunca nieva en Colombia.
5. Colombia no tiene buenas relaciones diplomáticas con EE.UU.

PERFIL

¿Qué pasó?

ÉPOCA PRECOLOMBINA

Mucho antes de la llegada de los conquistadores, una gran diversidad de pueblos amerindios habitaba Colombia. Entre estos pueblos, los chibchas eran los más avanzados. La sofisticación de este pueblo se observa en su organización política y su economía. Políticamente, los chibchas se organizaban en una federación de varios estados gobernados por **caciques**[1], y su economía se basaba en el cultivo de la tierra y el comercio. Cultivaban maíz, papa, tabaco y yuca. Comerciaban con los pueblos de la costa atlántica y mediante el intercambio de sus productos agrícolas, obtenían **algodón**[2] y **oro**[3].

La clase guerrera dominaba la sociedad chibcha. Cuando un jefe heredaba el poder, su gobierno se iniciaba con un ritual que es el origen de la leyenda de El Dorado. En el ritual, el nuevo jefe cubría su cuerpo con polvo de oro y luego se bañaba en el lago Guatavita.

EXPLORACIÓN, CONQUISTA E INDEPENDENCIA

La conquista española del territorio empezó durante el reinado del jefe chibcha Tisquesusa (1513–1537). El último jefe chibcha fue Saquezazipa, ejecutado por Jiménez de Quesada en 1538.

La lucha por la independencia empezó en 1810 y terminó en 1819. En 1819, Colombia, que entonces se llamaba Nueva Granada, se unió a Venezuela y Ecuador. Estos tres territorios formaron la república de la Gran Colombia, que duró hasta 1830. El venezolano Simón Bolívar fue el arquitecto de la formación de esta república.

Simón Bolívar

---

1. *chiefs* 2. *cotton* 3. *gold*

¿Qué pasa?

EL PLAN COLOMBIA

Este plan es una iniciativa de la administración del presidente Andrés Pastrana, que asumió la presidencia del país en 1998. El plan fue diseñado en 1999 y presenta como objetivo muy importante la reducción de la producción y distribución de drogas en un cincuenta por ciento para el año 2004. Este objetivo es de vital importancia, **ya que**[4] el control de la droga disminuirá el poder de las guerrillas, que en estos momentos están financiadas por los narcotraficantes. El Plan Colombia aspira a terminar cuarenta años de conflicto con las guerrillas. Este proyecto aspira también a generar empleo, modernizar las fuerzas armadas y la policía, controlar la corrupción en las instituciones del gobierno, garantizar el respeto a los **derechos humanos**[5], desarrollar el cultivo de productos alternativos en las plantaciones de coca, e implementar servicios sociales para las personas **desplazadas**[6] por los conflictos con la guerrilla y para otros grupos vulnerables. La realización del plan implica un costo de siete mil millones de dólares. EE.UU. y Europa están dispuestos a ayudar a Colombia económicamente, ya que el **éxito**[7] del Plan Colombia contribuirá a controlar la demanda mundial de narcóticos.

4. *since* 5. *human rights* 6. *displaced* 7. *success*

4–2. Personajes históricos. Asocia el nombre de cada uno de estos personajes históricos con su período correspondiente.

Personajes	Períodos
1. Simón Bolívar	a. Época precolombina
2. Tisquesusa	b. Época de la conquista española
3. Saquezazipa	
4. Jiménez de Quesada	c. Época de la independencia
5. Andrés Pastrana	d. Época actual

4–3. En tu opinión. En parejas, hablen un poco sobre las últimas noticias que han leído o escuchado acerca de Colombia, la guerrilla y el problema de la droga. Después, basándose en su conversación y en la información de la sección *¿Qué pasa?* contesten estas preguntas.

1. ¿Cuál es la conexión entre las guerrillas y las drogas en Colombia?
2. ¿Qué es el Plan Colombia y cuáles son los objetivos sociales que incluye?
3. ¿Cómo creen ustedes que afecta la guerrilla a la población colombiana?
4. ¿Por qué creen que EE.UU. quiere ayudar a Colombia en la ejecución del Plan Colombia?

¿Quién soy?

SHAKIRA

Nació en Barranquilla el 2 de febrero de 1977. Desde niña sintió vocación artística, una vocación que sus padres apoyaron desde que la popular cantante tenía ocho años.

A los 24 años, Shakira se ha convertido en uno de los personajes más importantes de Colombia y en la mayor artista de exportación de todos los tiempos. Esta ex **niña prodigio**[8], ha sabido conquistar un lugar importante en la música latina e internacional. Su último álbum, *Laundry Service*, con canciones en inglés y español, le ha dado especial relieve en el mundo del

pop internacional. Todo indica que esta cantante de voz y belleza extraordinarias va a seguir teniendo éxitos en los próximos años.

8. *gifted child*

¿Dónde está?

CARTAGENA

A sólo dos horas de vuelo de Miami, Cartagena es una de las ciudades más antiguas de Latinoamérica. Fue fundada en 1533 y es una ciudad rica en historia, arquitectura colonial y paisajes marítimos.

Poco después de su fundación, se construyó una **muralla**[9] para defenderla de los piratas ingleses, holandeses y franceses, que intentaban invadirla para llevarse el oro que los españoles **almacenaban**[10] allí antes de enviarlo a España.

Por su larga historia **bélica**[11] durante la colonia y la independencia, Simón Bolívar la llamó "La Ciudad Heroica".

La historia de la ciudad incluye a personajes legendarios como la india Catalina y el pirata Francis Drake.

Cuenta la leyenda que la india Catalina fue una mujer amerindia que sirvió de intérprete a los conquistadores. Su figura ha sido inmortalizada en una estatua que se encuentra en una de las calles de Cartagena. Cartagena es hoy uno de los principales puertos de exportación del país.

9. *defensive wall* 10. *stored* 11. *related to war*

2 4-4. Síntesis e imaginación. En parejas, hagan el papel de entrevistador/a y entrevistado/a. La persona que hace la entrevista trabaja como reportero/a para una revista internacional. La persona entrevistada puede representar a Shakira o a la india Catalina. Sigan los siguientes pasos:

1. Decidan quién va a hacer el papel de cada personaje.
2. **Entrevistador/a:** Haz un mínimo de 4 preguntas, dos sobre la vida personal del personaje y dos sobre su vida profesional.
   Entrevistado/a: Contesta las preguntas de tu compañero/a, usando la información de *¿Quién soy?, ¿Dónde está?* y tu imaginación.

ATENCIÓN A LA ESTRUCTURA

Adverbial Clauses with the Present Tense

Adverbial clauses are dependent clauses introduced by an adverbial expression. The adverbial clause functions in ways similar to those of an adverb. An adverb usually adds information about the place (**aquí, fuera**), time (**mañana, hoy**), or mode (**así, alegremente**) of the action expressed by a verb.

You will use the subjunctive in some adverbial clauses; in others, you will use the indicative.

Expressions that Always Take the Indicative

These adverbial expressions call for the use of the indicative because they introduce information that is factual or known.

puesto que	*since*	**ya que**	*since*	**porque**	*because*

No compro los boletos para Colombia **porque/ ya que/ puesto que** los precios están muy altos.

*I don't buy tickets for Colombia **because** the prices are very high.*

Expressions that Always Take the Subjunctive

These adverbial expressions call for the use of subjunctive because they introduce an action that will happen in the future or is speculative or non-factual.

a fin de que	*in order to, so that*	**antes de que**	*before*
para que	*so that*	**con tal (de) que**	*provided that, as long as*
a menos que	*unless*	**en caso de que**	*in case that*

El gobierno colombiano tiene que negociar la paz **para que (a fin de que)** el turismo aumente.

*The Colombian government has to negotiate peace **so that** tourism increases.*

El turismo no aumentará **a menos que** el gobierno negocie la paz.

*Tourism will not increase **unless** the government negotiates the peace.*

Las guerrillas deben parar sus ataques **antes de que** el gobierno empiece la negociación de paz.

*The guerrillas have to stop their attacks **before** the government begins peace negotiations.*

Expressions that May or May Not Require the Use of the Subjunctive

These adverbial expressions call for the use of subjunctive only when they introduce an action that will happen in the future or is speculative or non-factual.

Time Expressions

cuando	*when*	en cuanto	*as soon as*	hasta que	*until*
después de que	*after*	tan pronto como	*as soon as*		

Siempre llueve **cuando** viajo a Colombia. (*fact*)

*It always rains **when** I travel to Colombia.*

Me llevaré un paraguas **cuando** viaje a Colombia en abril. (*event to come*)

*I will carry my umbrella **when** I travel to Colombia in April.*

Siempre me quedo en Colombia **hasta que** el dinero se me acaba. (*fact*)

*I always stay in Colombia **until** I run out of money.*

Me quedaré en Colombia **hasta que** el dinero se me acabe. (*event to come*)

*I'll stay in Colombia **until** I run out of money.*

Other Expressions

aunque	*although, even if*	donde	*where, wherever*

Aunque tengo dinero, este año no iré a Colombia. (*fact*)

***Although** I have money, I won't go to Colombia this year.*

Aunque ahorre suficiente dinero, este año no iré a Colombia. (*speculation/event to come*)

***Even if** I save enough money, this year I won't go to Colombia.*

Siempre viajo **a donde** puedo hacer ecoturismo. (*fact*)

*I always travel **where** I can do ecotourism.*

Este año viajaré **a donde** pueda hacer ecoturismo. (*event to come*)

*This year I will travel **where** I can do ecotourism.*

See *Apéndice gramatical 4* for more details on adverbial clauses.

4–5. Identificación. Primero, identifica las cláusulas adverbiales en estos titulares noticias de Bogotá. Después, conjuga los verbos entre paréntesis en el modo verbal adecuado (recuerda que el subjuntivo muchas veces requiere el uso de **que** antes del verbo).

Noticias de Bogotá

1. El gobierno ha diseñado un sistema de transporte público llamado Transmilenio para que los bogotanos no (depender) tanto de sus carros.

2. Los bogotanos tienen muchas esperanzas en la mejora del transporte público, ya que el gobierno (pensar) terminar el sistema Transmilenio en un plazo relativamente corto.

3. El sistema Transmilenio estará completamente finalizado antes de (terminar) 2010.

4. Los bogotanos no sabrán qué pensar cuando Antanas Mockus, el alcalde de Bogotá, (anunciar) una nueva regulación excéntrica.

5. Los bogotanos ahorrarán después de (pasar) las Navidades.

4–6. Publicidad turística. A continuación tienes algunas frases extraídas de un folleto turístico sobre Colombia. Completa estas frases publicitarias con las expresiones apropiadas.

> cuando
> porque/ ya que/ puesto que
> para que/ a fin de que
> después de que
> en cuanto
> antes de que

1. Te esperamos en la bella Bogotá, ven a Colombia ___cuando___ quieras.

2. Para venir a Colombia no necesitas amigos ___ya que___ todos los colombianos te esperan con los brazos abiertos.

3. Compra la tarjeta Transmilenio ___para que___ viajes más barato en Bogotá.

4. ___Cuando___ termine el semestre, regálate un viaje a Colombia.

5. Compra tu billete a Cartagena ___antes de que___ los billetes se acaben.

4–7. Viaje y condiciones. Un amigo va a ir a Colombia este verano y te ha invitado a acompañarlo. Tú puedes ir a Colombia solamente bajo ciertas condiciones. Elige cinco de estas condiciones y escribe una oración completa usando una cláusula adverbial con cada condición, para explicarle tu situación a tu amigo.

> **MODELO**
>
> mis padres / darme permiso
> Iré a Colombia con tal que mis padres me den permiso.

Iré a Colombia con tal que...

1. yo / no tener que trabajar en el verano
2. mi hermano / ir conmigo
3. yo / ahorrar suficiente dinero
4. vuelo / ser barato
5. mis mejores amigos / viajar conmigo
6. yo / aprobar todas las asignaturas
7. nuestro equipo de fútbol / no tener partidos en esa fecha
8. mis hermanos pequeños / ir a un campamento de verano

4–8. Datos objetivos. A continuación tienes un pequeño párrafo en el que se presenta información objetiva sobre Colombia. Complétalo, usando las expresiones adecuadas.

> antes de que
> porque/ ya que/ puesto que
> aunque
> a menos que
> hasta que

Colombia es un país con un gran potencial económico (1) _ya que_ tiene importantes reservas de petróleo, carbón (*coal*) y minerales. Muchos saben que el café colombiano es un producto popular, (2) _aunque_ hay quienes no saben que Colombia exporta una gran cantidad de esmeraldas y flores. Si el gobierno colombiano implementa los planes correctos, la economía de Colombia será más fuerte (3) _antes de que_ termine el año. Pero para lograr sus objetivos económicos, Colombia necesita la ayuda de otros países. La comunidad internacional no apoyará a Colombia (4) _a menos que / hasta que_ el gobierno colombiano consiga (*achieves*) sus objetivos de paz. El país también necesita ayuda internacional en otros campos, porque Colombia no puede proteger el área amazónica (5) _a menos que_ la comunidad internacional ayude.

4-9. ¿Y tú? En la vida diaria hacemos cosas por muchas razones. Por ejemplo, nos alimentamos bien para mejorar la salud o hablamos de un problema con un amigo para sentirnos mejor. En parejas, piensen en cosas importantes que hacen por alguna razón específica. Hagan una lista de 4 ó 5 de estas cosas y después, entrevístense para averiguar las razones por las que la otra persona hace cada cosa en su lista.

> **MODELO**
>
> Hacer una carrera universitaria
> Estudiante A: ¿Para qué haces una carrera universitaria?
> Estudiante B: Hago una carrera para que mi futuro sea mejor.

Entrando en materia

4-10. Sentimientos humanos. En parejas, hablen de las acciones o reacciones que los siguientes sentimientos provocan en ustedes. Escriban al menos una oración específica para cada sentimiento. Después, compartan sus oraciones con la clase.

> **MODELO**
>
> compasión
> Cuando una persona me inspira compasión, la ayudo.

1. envidia
2. avaricia
3. odio

4. frustración
5. obsesión

4-11. Vocabulario en contexto. Antes de leer, busca estas expresiones en la lectura e intenta deducir su significado. Si no puedes explicar el significado, usa las expresiones sinónimas que se presentan más abajo. El vocabulario del texto aparece en negrita.

Expresiones sinónimas

1. acaparar b
2. según f
3. cronistas a
4. bruto e
5. rango d
6. desmesurado c

a. historiadores
b. acumular con deseo insaciable
c. sin control, sin medida
d. clase, estatus
e. sin refinamiento
f. de acuerdo con

Oro, El Dorado y el Museo del Oro de Bogotá

El interés obsesivo de los conquistadores por **acaparar** oro era incomprensible para los amerindios. Para ellos el oro no tenía ningún valor comercial, es decir, el oro no servía para comprar cosas. **Según** el testimonio de algunos **cronistas**, los amerindios, al no poder explicarse la obsesión de los conquistadores por el oro, les preguntaron en una ocasión si comían oro.

En las sociedades amerindias de la época de la conquista, el oro no tenía valor material, sólo valor simbólico. El oro **bruto** no tenía valor, pero adquiría un valor simbólico cuando se transformaba en un objeto específico. Los objetos de oro servían para expresar algo, como para simbolizar el **rango** social o para expresar devoción religiosa. Ⓜ

El deseo **desmesurado** de obtener oro en combinación con la mitología amerindia dio origen al mito de El Dorado, que se propagó rápidamente entre los conquistadores y por toda Europa. Según este mito, en alguna parte de América había una ciudad de riquezas inimaginables. Se cree que el mito de El Dorado tiene su raíz en un ritual que tenía lugar en el lago colombiano Guatavita, próximo a Bogotá, y que seguramente ya no se practicaba en la época de la conquista. Una de las versiones de este ritual dice que el jefe (el hombre dorado) de una tribu se cubría con polvo de oro todos los días y que al final del día se bañaba en el lago Guatavita. El mito de El Dorado incluso inspiró la idea de vaciar el lago Guatavita. Ⓜ

Hoy día se pueden apreciar magníficas muestras de los artefactos de oro indígenas en el Museo del Oro de Bogotá. Este museo trabaja para recuperar su propio El Dorado, la colección más valiosa de artefactos indígenas de oro, el Tesoro Quimbaya. Un presidente de Colombia le regaló este tesoro a España en 1892 y el Museo del Oro de Bogotá ahora está negociando su recuperación.

Ⓜ**omento de reflexión**

Marca con una X la idea correcta.
- ❏ 1. Los amerindios usaban oro para comprar cosas.
- ❏ 2. Los amerindios no comprendían por qué los conquistadores tenían tanto interés en el oro.

Ⓜ**omento de reflexión**

Marca con una X la idea correcta.
- ❏ 1. El Dorado es un dios amerindio.
- ❏ 2. Los conquistadores crearon y popularizaron el mito de El Dorado.

4–12. ¿Comprendieron? En parejas, respondan a las siguientes preguntas.

1. ¿Con qué finalidad usaban el oro los amerindios?
2. Expliquen el mito de El Dorado.
3. ¿Por qué hay en este momento negociaciones entre el Museo del Oro y España?
4. ¿Qué piensan ustedes sobre el problema del Tesoro Quimbaya?
5. ¿Cuáles creen que fueron las consecuencias de las diferencias entre el valor que le daban al oro las culturas amerindias y las europeas? Escriban dos o tres frases dando su opinión.

4-13. Palabras en acción. Completa estas oraciones usando una de las palabras de la lista.

cronistas	según	desmesurado	acaparar	rango	bruto

1. Los conquistadores estaban interesados en _____ oro.
2. _____ la opinión de los historiadores, el mito de El Dorado se basó en una historia amerindia.
3. Los _____ son personas que documentan la historia.
4. El oro _____ no tenía valor para los amerindios.
5. Los amerindios expresaban el _____ social con adornos de oro.
6. El deseo de tener oro de los conquistadores era _____.

4-14. Hablemos del tema. Ustedes cuatro forman parte de las comisiones encargadas de negociar la devolución del Tesoro Quimbaya. La pareja A representará a la comisión del Museo del Oro en Bogotá y la B, a la comisión del Museo de las Américas en Madrid.

Antes de comenzar las negociaciones, cada pareja debe preparar sus argumentos y anticipar posibles desacuerdos. Usen la información de *Por si acaso* y los *Datos importantes* que se incluyen abajo para preparar su presentación. Tienen diez minutos para llegar a un acuerdo. ¡Adelante!

Datos importantes

- El Tesoro Quimbaya se compone de 122 piezas de oro.
- Colombia regaló el tesoro a España en 1892 por su función como mediadora en una disputa de fronteras entre Colombia y Venezuela.
- En 1892, las autoridades colombianas no conocían la importancia arqueológica del tesoro.

Por si acaso

Ofrezcan algo para persuadir a sus oponentes

Les proponemos este plan...	We propose this plan...
Nosotros les damos... y a cambio ustedes nos dan...	We give you... and in exchange you give us...

Prometan algo de valor para sus oponentes

Les prometemos que...	We promise you that...

Razonen lógicamente

Su/ Nuestro plan tendrá consecuencias graves/negativas/ positivas para...	Your/Our plan will have grave/ negative/positive consequences for...
Esto nos beneficiará a todos porque...	This will work well/be advantageous to all of us because...
Piensen en lo que pasará si...	Think about what will happen if...

Díganle a los miembros de la otra comisión algunas de las cosas que ellos quieren oír

Admiro su inteligencia/ dinamismo/ cualidades.	I admire your intelligence/ energy/ character.
¡Qué buen trabajo han hecho en su museo!	What a nice job you've done in your museum!

Chistes colombianos de presidentes

Parecidos

—¿En qué se parecen Tarzán y el Presidente?
—En que los dos están rodeados de animales.
—¿Y en qué se diferencian?
—En que a Tarzán los animales le prestan atención.

Meter la pata (*to put one's foot in one's mouth*)

—¿Por qué le llaman "clutch" al Presidente?
—Porque primero mete la pata y luego hace los cambios.

Misión imposible

—¿Cómo llaman al Presidente?
—Misión imposible, porque cada vez que habla se autodestruye.

4-15. ¿Dónde está el chiste? En parejas, respondan a estas preguntas. Pídanle ayuda a su instructor/a si la necesitan.

1. ¿Qué tienen en común estos chistes en cuanto al tono?
2. ¿Por qué creen que los chistes sobre figuras políticas tienden a enfatizar aspectos negativos de la persona?
3. ¿Cuál de los chistes les parece más gracioso? ¿Pueden explicar por qué?
4. Para demostrar que han comprendido los chistes, piensen en tres personajes de la política o del mundo del entretenimiento de Estados Unidos a los que se pueda aplicar cada uno de estos chistes. Expliquen sus razones para hacer cada elección.

Ecuador: Una nueva voz para los amerindios

Quito

ECUADOR

Capital:	Quito
Población:	13.183.978 habitantes
Grupos étnicos:	mestizo 65%, amerindio 25%, blanco 7%, negro 3%
Idiomas:	español, quechua y otras diez lenguas amerindias
Moneda:	dólar estadounidense
Área:	aproximadamente del tamaño de Nevada

PANORAMA CULTURAL

Entrando en materia

4–16. ¿Qué sabes de Ecuador? Decide si estas oraciones son ciertas o falsas. Si puedes corrige las falsas. Si no estás seguro/a, repasa tus respuestas después de leer la sección para ver si eran correctas.

1. Ecuador tiene costa en el océano Atlántico.
2. La línea equinoccial no pasa por territorio ecuatoriano.
3. Los sombreros llamados sombreros de Panamá se fabrican en Ecuador.
4. El territorio ecuatoriano es más grande que el colombiano.
5. Las Islas Galápagos son territorio ecuatoriano.

PERFIL

¿Qué pasó?

ÉPOCA PRECOLOMBINA

Quito fue uno de los centros políticos y culturales de la civilización inca. Los incas invadieron Quito en la mitad del s. XV y la dominaron completamente para finales del mismo siglo. Los incas construyeron una carretera que unía Cuzco (en Perú), capital del Imperio Inca, y Quito. Cuzco fue la **sede**[1] política del imperio hasta que el emperador Huayna Cápac murió. Después de su muerte, gobernaron sus hijos; Atahualpa gobernaba parte del imperio desde Quito y Huáscar, la otra parte desde Cuzco.

EXPLORACIÓN Y CONQUISTA ESPAÑOLA

Atahualpa y su hermano Huáscar tenían diferencias entre sí que provocaron una guerra civil entre los **seguidores**[2] de uno y de otro. Atahualpa ganó la guerra, pero Huáscar lo traicionó y **se alió**[3] con las fuerzas de Francisco Pizarro. Atahualpa, el último emperador inca, fue ejecutado por el conquistador Francisco Pizarro en 1533.

LA INDEPENDENCIA

En 1822 Ecuador consiguió su independencia de España y se unió a la República de la Gran Colombia, que comprendía Venezuela y la actual Colombia. Finalmente, en 1830, los territorios incluidos en la Gran Colombia se constituyeron en repúblicas independientes **unas de otras**[4] y se formó la República de Ecuador.

> **Por si acaso**
> El país recibió su nombre por la línea del Ecuador, que divide la Tierra en Hemisferio Norte y Hemisferio Sur, y atraviesa (*runs through*) el área norte del país.

---

1. *headquarters* 2. *followers* 3. *allied himself* 4. *from each other*

4–17. Fechas históricas. Tomando como referencia la información de la sección *¿Qué pasó?* indica con qué hechos históricos asocias las fechas siguientes.

Hechos históricos

1. 1822
2. 1533
3. s. XV
4. 1830

a. Los incas invaden y conquistan el territorio ecuatoriano.
b. El último emperador inca es asesinado.
c. Ecuador se declara independiente de España.
d. La República de la Gran Colombia se disuelve.

¿Qué pasa?

LOS AÑOS RECIENTES

La vida política de Ecuador ha sido tumultuosa en los últimos años. Gustavo Noboa asumió la presidencia en 2000, después de que el presidente Jamil Mahuad Witt tuviera que **dimitir**[5]. La dimisión de Mahuad **se debió a**[6] que la población no aprobaba el proyecto de sustituir el sucre, la moneda nacional, por el dólar. Irónicamente, Noboa **llevó a efecto**[7] el proyecto de dolarización y el 9 de septiembre de 2000 tuvo lugar el acontecimiento histórico de la desaparición del sucre después de 116 años de existencia y la adopción del dólar estadounidense. La presidencia de Noboa acabará en 2003.

Es **cada vez mayor**[8] la participación de los grupos de herencia indígena en la vida política del país. Entre las varias organizaciones que hacen visible la opinión de estos grupos está la Confederación de Nacionalidades Indígenas del Ecuador (CONAIE).

---

5. *resign* 6. *was due to* 7. *carried out* 8. *greater and greater*

4–18. Síntesis y opinión. En parejas, comenten lo que han aprendido acerca de la historia de Ecuador. Analicen los hechos y personajes y expresen sus puntos de vista libremente respondiendo a estas preguntas.

1. ¿Qué períodos de la historia de Ecuador les parecen más trágicos y qué períodos les parecen más afortunados? Justifiquen sus razones.

2. ¿Qué personajes de la historia de Ecuador les parecen más positivos y cuáles más negativos? ¿Por qué?

3. Expliquen si están de acuerdo o no con estas afirmaciones. Justifiquen sus respuestas.

    a. "En cierta manera, los incas y los conquistadores españoles tenían algunas cosas en común".

    b. "La población indígena de Ecuador no tiene problemas con el gobierno".

¿Quién soy?

DOLORES CACUANGO

Es una de las pioneras del movimiento indígena ecuatoriano, el cual empezó aproximadamente a mediados del s. XX. En 1944 fundó la Federación Ecuatoriana de Indios (FEI), que es una de las primeras organizaciones indígenas de Ecuador. **Consciente**[9] de las terribles condiciones que sufrían los niños indígenas no hispanohablantes en las escuelas, Cacuango fundó cuatro escuelas bilingües (quechua-español) en la zona de Cayambe en 1945. El propósito de estas escuelas era alfabetizar a los alumnos en los dos idiomas. Estas escuelas funcionaron durante dieciocho años, **a pesar de que**[10] el gobierno presionaba para prohibirlas. En 1963, el gobierno cerró las escuelas y prohibió el uso del quechua en la **enseñanza**[11]. Dolores Cacuango, llamada **cariñosamente**[12] Mama Dulu, murió en 1971. En 1988, el Ministerio de Educación reconoció la necesidad de mejorar la educación entre la población indígena y creó la Dirección Nacional de Educación Intercultural Bilingüe.

9. *Aware* 10. *in spite of* 11. *teaching* 12. *affectionately*

¿Dónde está?

QUITO

La capital de Ecuador, Quito, está situada en la **cordillera**[13] de los Andes a 2.850 m (9.350 pies) sobre el nivel del mar. Los volcanes Pichincha, Cotopaxi, Antizana y Cayambe rodean la ciudad. Por la belleza de su arquitectura y del paisaje que la rodea, la UNESCO declaró a Quito "Patrimonio de la Humanidad" en 1978.

A 23 km (14 millas) de Quito se encuentra Ciudad Mitad del Mundo, construida artificialmente y cuyo foco de atención es un obelisco que conmemora la visita de los geógrafos franceses que llegaron a ese lugar para medir la línea del ecuador y el meridiano que pasa por allí. El obelisco está construido exactamente sobre la línea del ecuador. Si comes en el restaurante Equinoccio, te darán **gratis**[14] un certificado de visita a la línea del ecuador.

13. *mountain range* 14. *free of charge*

2 **4–19. Datos geográficos.** Ustedes son estudiantes de geografía y quieren participar en un viaje pagado a Ecuador que la universidad ofrece a algunos estudiantes de último año. Para participar, tienen que presentar un breve informe escrito explicando:

- por qué el viaje es importante para ustedes.
- cómo les beneficiaría este viaje profesionalmente.
- qué lugares del país les gustaría visitar y por qué.
- todos los detalles que hagan de ustedes los mejores candidatos para el viaje.

Después, cada pareja debe presentar su informe a la clase, para que sus compañeros voten por los mejores candidatos para el viaje.

4 **4–20. Proyecto sobre educación bilingüe.** En grupos de cuatro van a preparar un proyecto sobre la educación bilingüe para presentarlo en forma de mural al resto de la clase. Aquí tienen las instrucciones para cada miembro del grupo:

Estudiante A: Busca más información acerca de los proyectos de educación bilingüe de Dolores Cacuango y sobre sus razones e ideas para apoyar este proyecto.

Estudiante B: Busca información sobre las reacciones del gobierno ecuatoriano a los proyectos de la Sra. Cacuango y sus argumentos para cerrar las escuelas bilingües.

Estudiante C: Busca información actual de grupos e instituciones que defiendan la educación bilingüe en Estados Unidos.

Estudiante D: Busca información actual de grupos e instituciones que se opongan a la educación bilingüe en Estados Unidos.

Después de recopilar toda la información, deben decidir cómo preparar el mural para reflejar la situación ecuatoriana y la situación estadounidense de forma paralela. Pueden utilizar todo tipo de materiales gráficos, colores, fotos, etc. Finalmente, deben llegar a un acuerdo sobre el mensaje que quieren transmitir: a favor o en contra de la educación bilingüe. Los mejores proyectos se exhibirán en la clase el resto del semestre.

Adverbial Clauses with Past Tenses

In *Tema 13* you studied the concept of adverbial clauses and how adverbial expressions introducing these clauses may or may not call for the use of present indicative or present subjunctive.

When you are referring to the past, use the same rules to decide whether to use the preterit or imperfect indicative versus past subjunctive in adverbial clauses.

Always Indicative	Always Subjunctive	Could Use Indicative or Subjunctive
puesto que *since* **ya que** *since* **porque** *because*	**a fin de que** *in order to, so that* **para que** *so that* **a menos que** *unless* **antes de que** *before* **con tal (de) que** *provided that, as long as* **en caso de que** *in case that*	**1.** Time expressions **cuando** *when* **después (de) que** *after* **en cuanto** *as soon as* **tan pronto como** *as soon as* **hasta que** *until* **2.** Other **aunque** *although* **donde** *where, wherever*

Indicative

Atahualpa murió **porque** su hermano Huáscar lo traicionó.

*Atahualpa died **because** his brother Huáscar betrayed him.*

Subjunctive

El gobierno ecuatoriano adoptó el dólar **para que** la economía se estabilizara.

*The Ecuadorian government adopted the dollar **so that** the economy would stabilize.*

El gobierno adoptó el dólar **antes de que** la economía empeorara.

*The government adopted the dollar **before** the economy worsened.*

Indicative or Subjunctive Depending on the Context

1. Time expressions

> De joven, viajaba a Ecuador **después de que** pasaba la estación de lluvia. (*fact*)
>
> *In my youth, I used to travel to Ecuador **after** the rainy season was over.*
>
> El año pasado yo quería viajar a Ecuador **después de que** pasara la estación de lluvia. (*event to come*)
>
> *Last year I wanted to travel to Ecuador **after** the rainy season was over.*

2. Other

> **Aunque** tuviera dinero, no visitaría el área del Amazonas otra vez. (*speculation/event to come*)
>
> ***Even if*** *I had money, I would not visit the Amazon area again.*
>
> **Aunque** ahorré suficiente dinero, este año no viajé. (*fact*)
>
> ***Although*** *I saved enough money, this year I didn't travel.*

4–21. Identificación. Identifica qué tipo de cláusulas adverbiales introducen las expresiones en negrita según el sentido de la oración principal y escribe una cláusula para completar cada ejemplo, usando las pistas entre paréntesis.

Noticias de Ecuador

1. El Banco Mundial prestó a Ecuador cincuenta millones de dólares **para que** (mejorar / situación de las comunidades indígenas y negras).

2. El gobierno de Ecuador realizó muchos proyectos en las comunidades indígenas, **ya que** (recibir / préstamo grande del Banco Mundial).

3. El presidente anunció que visitaría algunas comunidades étnicas **en cuanto** (volver de / viaje a EE.UU.).

4. El presidente visitó algunas comunidades étnicas **cuando** (volver de / viaje a EE.UU.).

5. El presidente dijo que aprobaría más ayuda para las comunidades étnicas **aunque** (conservadores / no estar de acuerdo).

4–22. Economía. Selecciona la conjunción apropiada para enunciar algunos hechos sobre la economía ecuatoriana.

> a menos que
> antes de que
> porque/ ya que/ puesto que
> aunque
> hasta que

antes de que

1. Ecuador experimentó el boom del cacao y la banana / el petróleo se descubriera en el noreste.
2. Muchos dijeron que el petróleo no solucionaría los problemas económicos / el precio del petróleo fuera suficientemente alto. *a menos que*
3. El petróleo mejoró la economía / los precios internacionales bajaron. *aunque*
4. Los liberales dijeron que tenían que diversificar la economía / el petróleo ecuatoriano fuera abundante. *aunque*
5. El año pasado el gobierno tuvo que restringir las áreas de prospección petrolífera / muchos grupos étnicos estaban perdiendo sus tierras. *porque*

4–23. Comunidades indígenas. En el párrafo siguiente se habla sobre la relación del gobierno de Ecuador con los grupos indígenas, pero faltan algunos verbos. Completa el texto con las formas verbales adecuadas.

Aunque durante mucho tiempo los conservadores se (1. oponer) a proteger a las comunidades étnicas, finalmente el gobierno empezó a dialogar con esas comunidades. Antes de que las comunidades indígenas se (2. organizar), el gobierno no prestaba atención a su situación. Cuando se (3. formar) la Confederación de Nacionalidades Indígenas del Ecuador (CONAIE), los grupos étnicos se hicieron más visibles. El año pasado el Banco Mundial prestó dinero a Ecuador para que el gobierno (4. ayudar) a esas comunidades. El presidente dijo que en cuanto se (5. invertir) ese préstamo, la situación de las comunidades indígenas mejoraría notablemente.

4–24. ¿Qué te dijo tu amigo/a? ¿Recuerdan las condiciones que debían cumplirse para que ustedes pudieran viajar a Colombia en el *Tema 13*? En parejas, intercambien oralmente las frases que escribieron en la actividad 4–7. Después, escriban una lista explicando las condiciones necesarias para que su compañero/a pueda ir de viaje.

> **MODELO**
> Iré a Colombia en cuanto mis padres me den permiso.
> Mi compañero me dijo que iría de viaje en cuanto sus padres le dieran permiso.

Entrando en materia

4–25. Instrumentos musicales. Asocia los siguientes instrumentos musicales con los tipos de música correspondientes.

Instrumentos musicales	Tipo de música
1. flauta	**a.** blue grass
2. guitarra	**b.** rock
3. guitarra eléctrica	**c.** jazz
4. violín	**d.** clásica
5. trompeta	**e.** flamenco

4–26. Vocabulario en contexto. Usa el contexto de cada oración para deducir el significado de la palabra en negrita. Después, responde a la pregunta.

1. **complejidad**

   La **complejidad** de la música ecuatoriana está relacionada con la diversidad étnica.

   explica: ¿Puedes dar ejemplos que ilustren la complejidad de la música estadounidense?

2. **costumbres**

   Dieciséis grupos étnicos mantienen sus **costumbres** e identidad.

   explica: ¿Qué costumbres mantiene tu familia o comunidad?

3. **pura**
   Hay pocos ejemplos de música indígena **pura**.

   explica: ¿En qué áreas del mundo se pueden encontrar
   las tradiciones más puras?

4. **de cuerda**
   La música precolombiana no usaba instrumentos
   musicales **de cuerda**. La guitarra es un instrumento de cuerda.

   explica: ¿Qué instrumentos de cuerda conoces?

5. **caja**
   La **caja** de la guitarra clásica es de madera.

   explica: ¿Qué instrumentos musicales tienen caja de madera?

6. **difusión**
   La televisión hace posible la **difusión** rápida de noticias.

   explica: ¿Qué otros medios de comunicación contribuyen a
   la difusión rápida de noticias?

7. **injusticia**
   La **injusticia** social es un problema en los países ricos y
   en los pobres.

   explica: Da un ejemplo de un caso de injusticia social en tu
   ciudad o país.

8. **grabar**
   Actualmente los cantantes prefieren **grabar** discos compactos
   y no casetes.

   explica: Explica las ventajas de grabar en discos compactos.

Antes de escuchar

La miniconferencia de esta unidad trata sobre la diversidad de la música popular de Ecuador y sobre las influencias que recibe de otras músicas. Piensa en tu música favorita, ¿sabes cuál es su origen? ¿qué influencias tiene? Los instrumentos que se usan para producir esa música, ¿sabes cuáles son? ¿cuál es su origen? Presta atención a la miniconferencia para identificar los instrumentos musicales y tipos de música que dan lugar a la música popular ecuatoriana. ¿Tiene esta música algo en común con tu música favorita?

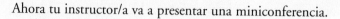

La música popular de Ecuador

Ahora tu instructor/a va a presentar una miniconferencia.

4–27. Palabras en acción. Responde a las preguntas usando el vocabulario en negrita.

1. ¿Cómo se explica la **complejidad** de la tradición musical en Ecuador?
2. ¿Cuándo se toca la música indígena en su forma más **pura**?
3. ¿En qué se diferencia el charango de muchos instrumentos **de cuerda**?
4. ¿En qué años ocurre la **difusión** de la música andina ecléctica?
5. ¿Quiénes **grabaron** la canción "El cóndor pasa"?

4–28. ¿Qué opinan? En parejas, hablen sobre sus opiniones acerca de las preguntas siguientes y pónganse de acuerdo para dar la mejor respuesta a cada una.

1. ¿Qué aspectos negativos y positivos tiene el mantener las costumbres y resistirse a la innovación?
2. ¿En qué condiciones pueden convivir (*live together*) la tradición y la innovación?
3. ¿Conocen alguna tradición que les gustaría recuperar?
4. ¿Cuál creen que ha sido la contribución de la música andina ecléctica a la cultura de los países andinos? ¿y al resto del mundo?
5. ¿Qué creen que opinan las personas de otros países sobre el rock americano?

4–29. Hablemos del tema. En un pueblo de los Andes se están haciendo planes para celebrar el Inti Raymi o Fiesta del Sol. El dilema es que los jóvenes quieren que la celebración sea menos tradicional este año, pero los mayores no están de acuerdo. En grupos de tres, representen este pequeño debate, según esta información:

Estudiante A: Representas los intereses tradicionales. Aquí tienes información sobre los jóvenes de la comunidad:

1. No quieren hablar quechua.
2. No quieren aprender las canciones tradicionales.
3. Sólo les gusta el rock.
4. No quieren participar en rituales de la comunidad.
5. No quieren llevar el traje tradicional en ninguna ocasión.

Estudiante B: Representas los intereses innovadores de los jóvenes. Aquí tienes información sobre las personas mayores de la comunidad.

1. Siempre critican la música que escuchan los jóvenes.
2. Critican la manera de vestir de los jóvenes.

3. Quieren que los jóvenes les ayuden en las tareas del campo.

4. No entienden el propósito de tener estudios universitarios.

5. Quieren que sus hijos sean más religiosos.

Estudiante C: Eres el moderador de la discusión. Tienes que intervenir durante la conversación para mantener un tono civilizado y mediar para llegar a un acuerdo.

Por si acaso

Presenta tus quejas (*complaints*)		**Ataca el argumento de tu oponente**		**Modera la discusión**	
Tenemos algunas quejas.	*We have some complaints.*	Su argumento no es convincente.	*Your argument is not convincing.*	Es su turno./ Le toca a usted.	*It's your turn.*
Queremos cambiar... porque...	*We want to change ...because...*	Eso no es verdad.	*That's not true.*	¿Puede usted dar más detalles?	*Can you elaborate?*
		Eso es verdad pero...	*That's true but...*	¡Cálmese, por favor!	*Calm down, please!*

CURIOSIDADES

La influencia del quechua en el español

El español es la lengua oficial de Ecuador pero en el país se hablan otras nueve lenguas. Entre estas lenguas, el quechua, llamado quichua en Ecuador, es la lengua más hablada después del español. La constitución reconoce el derecho a usar el quechua y las otras lenguas y a recibir instrucción escolar en ellas. El quechua es la lengua original del imperio inca. El quechua nunca tuvo forma escrita, ni antes del imperio inca ni durante el mismo. Después de la conquista, el quechua se empezó a escribir usando el alfabeto romano. El contacto entre el español y el quechua ha originado préstamos (*borrowings*) lingüísticos.

4-30. Préstamo lingüístico. En la tabla de abajo, clasifica las siguientes palabras de origen quechua en una de las tres categorías semánticas. Después, escribe una oración breve con cada palabra.

1. coca
2. cóndor
3. inca
4. llama
5. papa
6. puma

PLANTA	ANIMAL	PERSONA

Perú: Mirando al sol

PANORAMA CULTURAL

PERÚ

Lima

OCÉANO
PACÍFICO

Capital:	Lima
Población:	26 millones de habitantes
Grupos étnicos:	indígena (45%), mestizo (37%), blanco (14%), africano / asiático (4%)
Idiomas:	español, quechua, aimara
Moneda:	sol
Área:	tres veces el tamaño del estado de California

Entrando en materia

4-31. ¿Qué sabes de Perú? Basándote en tus conocimientos previos, decide si las siguientes oraciones sobre Perú son ciertas o falsas. Si puedes, corrige las falsas. Si no estás seguro/a, repasa tus respuestas después de leer la sección para ver si eran correctas.

1. Perú está atravesado por la cordillera de los Andes.
2. Muchos habitantes de este país son de origen indígena.
3. El español es la única lengua que se habla en Perú.
4. La civilización inca floreció exclusivamente en este país.
5. Perú limita (*is bound*) con Colombia y Ecuador al norte y con Bolivia y Chile al sur.

PERFIL

¿Qué pasó?

LOS INCAS: HIJOS DEL SOL

La civilización inca tuvo sus orígenes hacia el año 1200 d.C. en el área del lago Titicaca, un escenario de majestuosa belleza a 12.000 pies sobre el nivel del mar.

Cuando los conquistadores españoles llegaron a Perú en 1532, los incas controlaban una enorme porción del oeste de Sudamérica, que se extendía desde la **frontera**[1] sur de la actual Colombia, a Ecuador, Perú, Bolivia, el oeste de Argentina y la mitad norte de Chile. Es decir, aproximadamente 2.400 millas de norte a sur, con una población de entre cinco y doce millones de personas, según los diferentes cálculos.

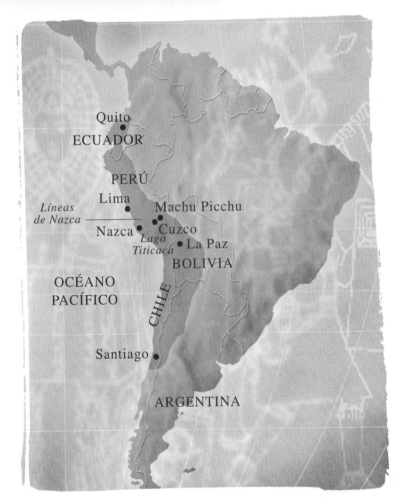

---

1. *border*

DESARROLLO DEL IMPERIO INCA

Los incas nunca conocieron la escritura y su civilización jamás alcanzó el esplendor y sofisticación arquitectónico de los aztecas o los mayas. Cuzco, su capital, situada a 11.000 pies sobre el nivel del mar, fue una ciudad importante donde residían el emperador inca y su corte en espléndidos palacios de piedra. También se hallaba en Cuzco el gran templo del Sol, cuyas piedras, cubiertas con placas de oro, brillaban intensamente durante el día. Las construcciones de esta cultura que han **sobrevivido**[2] hoy en día muestran la perfección y precisión con la que los incas colocaban enormes piedras en sus edificios.

El verdadero mérito de los incas fue militar y administrativo. Los **dirigentes**[3] de este pueblo comprendieron que para crear un imperio poderoso era necesario no sólo conquistar territorios, sino integrar a su gente dentro de una cultura común. Por lo tanto, a cada nuevo pueblo que conquistaban le imponían su lengua, el quechua, y su religión oficial, el culto al dios Sol. El único representante del dios Sol en la tierra era el emperador. Como parte de su proyecto de expansión territorial, los incas construyeron una magnífica red de comunicaciones que les permitió controlar eficazmente sus vastos territorios.

2. *survived* 3. *rulers*

¿Qué pasa?

LA HERENCIA INDÍGENA EN EL PRESENTE

Las civilizaciones precolombinas han dejado tras de sí manifestaciones sociales y culturales que afectan la manera de ser, pensar y actuar de sus **descendientes**[4]. Aunque ciertos elementos de las sociedades precolombinas fueron modificados o destruidos por los europeos, muchos de sus rasgos distintivos permanecen en la cultura amerindia contemporánea. Obviamente, la herencia cultural prehispánica es mayor en las áreas donde hay más población indígena. Una de las características que puede tener origen precolombino es el **apego**[5] a la tierra que sienten muchos amerindios.

Esta importancia de la tierra está unida a cierto fervor religioso que probablemente tiene su origen en el amor precolombino a la *Pacha Mama* (la Madre Tierra).

Gran parte de la dieta de los descendientes de los incas se basa en los alimentos que formaban la dieta de sus antepasados prehispánicos: papa, yuca, cacao, chiles, frijoles, tomates, calabaza y pescado. Igualmente, la música indígena, aunque transformada hoy con técnicas de instrumentación europeas, sirve para recordar a la civilización de los antepasados amerindios.

4. *descendants* 5. *attachment*

4-32. Síntesis. Responde a las siguientes preguntas sobre *¿Qué pasó?* y *¿Qué pasa?*

1. ¿Qué diferencias se mencionan entre las culturas azteca y maya, y la cultura inca?
2. Según la información del texto, ¿se puede afirmar que los incas eran excelentes arquitectos? Explica tu respuesta.
3. ¿Qué hacían los incas cuando conquistaban a otro pueblo? Da un ejemplo de otra situación similar en la historia pasada o reciente.
4. ¿Qué es la *Pacha Mama*? ¿Por qué es importante para las culturas indígenas?
5. Menciona dos manifestaciones de la cultura precolombina en la vida contemporánea.

¿Quién soy?

FABIOLA DE LA CUBA

Fabiola de la Cuba estudió arquitectura, pero su pasión siempre fue la música. Ella es una cantante limeña que empezó su carrera musical cantando con el grupo *Los vecinos de Juan*. La música de este grupo estaba dirigida fundamentalmente al público universitario. Pero en los últimos años Fabiola ha ampliado su público y se ha dedicado a cantar música criolla.

El espectáculo *Fabiola... de suspiro y barro* es un sueño hecho realidad que mantuvo a Fabiola ocupada por un año. Este espectáculo musical incluye a más de cincuenta artistas, música, danza, teatro y videoarte. La música de este disco recopila canciones compuestas por famosas compositoras peruanas como son Rosa Mercedes Ayarza, Chabuca Granda, Serafina Quinteras y Victoria Santa Cruz, entre otras. Así pues, este espectáculo recupera un tipo de música que ya muchos han olvidado, especialmente los jóvenes, y lo presenta con una nueva imagen. El espectáculo es también un homenaje a las mujeres, ya que todas las canciones que Fabiola cantará han sido compuestas por mujeres.

¿Dónde está?

MACHU PICCHU

Entre los picos de Machu Picchu y Huayna Picchu se erige el más impresionante y enigmático de todos los templos incas. En 1911, en una de sus muchas expediciones, el arqueólogo estadounidense Hiram Bingham fue a explorar la selva en busca de la última capital de los incas. Bingham habló con un campesino que conocía un lugar en el que había unas ruinas. Después de varias conversaciones con sus compañeros, éstos **se negaron a seguirle**[6] y Bingham partió con un soldado y el campesino. Al final encontró las ruinas de Machu Picchu. Machu Picchu fue el secreto mejor guardado de los incas, ya que ni estos antiguos peruanos dejaron **rastros**[7] de la ciudad, ni ésta se menciona en textos españoles de la época.

---

6. *they refused to follow him* 7. *traces*

Machu Picchu probablemente fue una "llacta". Las llactas, según los arqueólogos e historiadores, son la mejor prueba del espíritu imperial de los incas y su deseo de dominar permanentemente las regiones que conquistaban. Prácticamente, las llactas fueron ciudades burocráticas en las que residían los administradores incas y todos los funcionarios necesarios, junto con sirvientes y artesanos. Picchu (el nombre original de Machu Picchu) fue una de estas llactas, pero tuvo un papel especial. Fue la más bella del imperio porque se construyó como residencia de los miembros más selectos de la aristocracia en caso de un ataque por sorpresa. El acceso a los caminos que conducían a Picchu estaba prohibido para los campesinos y **lugareños**[8], pues su ubicación era un secreto militar.

8. *locals*

4–33. Nota de prensa. Imagina que Fabiola de la Cuba va a presentar su espectáculo en tu ciudad. El director del periódico universitario quiere incluir una reseña sobre Fabiola en su próximo número, y te ha pedido que redactes una breve nota de prensa, anunciando el espectáculo y explicando quién es Fabiola de la Cuba.

1. Comienza la reseña anunciando el lugar, el día, la hora y el nombre del espectáculo.
2. Proporciona alguna información sobre Fabiola.
3. Explica brevemente en qué consiste el espectáculo.
4. Resume en una oración por qué este espectáculo puede ser interesante para el público universitario.

6 **4–34. Más allá de la historia.** Hay lugares que además de tener valor histórico, tienen una "energía" especial, ya sea por el lugar donde se encuentran, por el uso al que estuvieron destinados o por los acontecimientos que ocurrieron allí. Vuelvan a leer *¿Dónde está?* buscando razones por las que Machu Picchu es uno de estos lugares.

En grupo, decidan qué palabras identifican mejor la "energía" de Machu Picchu (poder, magia, espiritualidad, dominio, religiosidad, etc.). Después, preparen un cartel que muestre su visión de Machu Picchu:

a. Decidan qué tipo de cartel van a preparar para representar la energía.

b. Repartan el trabajo: una persona busca fotos, otra busca referencias históricas o culturales, otra persona prepara pies de foto para el cartel, otra hace un dibujo, etc.

c. Muestren su cartel en clase. Basándose en las imágenes, texto y diseño, sus compañeros deben adivinar las palabras que ustedes asociaron con Machu Picchu.

ATENCIÓN A LA ESTRUCTURA

Passive Voice

Every verb tense you have studied up to this point in *Más allá de las palabras* has been in the active voice. In the active voice, the agent, or doer of the action, is the subject of the sentence, and the receiver of the action is the direct object.

subject	active verb	object
Los incas	adoraban	al Sol.
The Incas	*adored*	*the Sun.*

In the passive voice, the above structure is reversed: the receiver of the action is the subject, and the agent/doer of the action is preceded by the preposition **por** (*by*).

subject	passive verb	agent/doer
El Sol	era adorado	por los incas.
The Sun	*was adored*	*by the Incas.*

There are two ways in Spanish to express the passive voice: with **ser** and with **se**.

Passive Voice with ser

The passive voice is formed with the verb **ser** in any tense and the past participle of the main verb. The past participle (habl**ado**, com**ido**, roto) agrees in gender and number with the subject of the sentence.

Active: Pizarro capturó a Atahualpa.   *Pizarro captured Atahualpa.*

Passive: Atahualpa fue captur**ado** por Pizarro.   *Atahualpa was captured by Pizarro.*

Active: Los incas dominaron muchas regiones.   *The Incas controlled many regions.*

Passive: Muchas regiones fueron domin**adas** por los incas.   *Many regions were controlled by the Incas.*

Passive Voice with se

The passive voice with **ser** is not as frequently used in Spanish as in English. In every day use the passive with **se** is more common. This construction is also known as impersonal/passive **se**. When a passive **se** construction is used, we no longer need to mention the agent or doer of the action since this element becomes irrelevant. The verb in **se** constructions is always in the third person singular or plural.

Note how the sample sentences presented on p.185 change when expressed with the passive **se**.

Passive with *ser*: Atahualpa fue capturado por Pizarro.   *Atahualpa was captured by Pizarro.*

Passive with *se*: Se capturó a Atahualpa.   *Atahualpa was captured.*

Passive with *ser*: Muchas regiones fueron dominadas por los incas.   *Many regions were controlled by the Incas.*

Passive with *se*: Se dominaron muchas regiones.   *Many regions were controlled.*

4–35. Identificación. Identifica el uso de la voz pasiva con **ser** y la voz pasiva con **se** en las siguientes oraciones. Después transforma las oraciones pasivas con **ser** a pasivas con **se** y viceversa. Recuerda que en las oraciones pasivas con **se** no es necesario mencionar al agente.

1. El término "inca" se usaba en la época precolombina para designar a la clase aristocrática.
2. En la civilización inca no se conocía la escritura.
3. El dios Sol era adorado fervientemente por toda la población inca.
4. Atahualpa fue capturado por Pizarro en el año 1532.
5. Se construyeron impresionantes estructuras arquitectónicas en la época de los incas.

4–36. Datos históricos. Usando la voz pasiva con **ser**, escribe oraciones para informar sobre los siguientes hechos históricos presentados en *¿Dónde está?*

> **MODELO**
> La ciudadela de Machu Picchu / descubrir / Hiram Bingham en 1911
> La ciudadela de Machu Picchu fue descubierta por Hiram Bingham en 1911.

1. Perú / conquistar / españoles en 1532
2. Ecuador, Perú, Bolivia y parte de Colombia y Argentina / dominar / el imperio inca

3. Una extraordinaria red de comunicaciones / construir / el pueblo inca
4. Varios elementos de la sociedad precolombina / tranformar / los europeos
5. Las tropas de Pizarro / recibir / el desprevenido Atahualpa

4–37. Una prueba de conocimientos. En parejas, van a poner a prueba sus conocimientos sobre las culturas andinas intercambiando preguntas y respuestas y usando la pasiva con **se**. Una persona va a usar los datos de las líneas 1 a 3, y la otra los de las líneas 4 a 6 para escribir tres preguntas usando **por qué**. Después, entrevístense según el modelo.

MODELO

Respetar tanto la figura del emperador en la civilización inca
Estudiante A: ¿Por qué se respetaba tanto la figura del emperador en la civilización inca?
Estudiante B: Se respetaba al emperador porque era el representante del dios Sol en la Tierra.

1. Considerar, hoy en día, las papas y los tomates como alimentos precolombinos
2. Escuchar música indígena y de origen precolombino en muchos países andinos
3. Construir Machu Picchu
4. Considerar el español como lengua oficial de todos los países andinos
5. Saber que los incas eran expertos arquitectos
6. Imponer la lengua quechua a los pueblos conquistados

4–38. ¿Y tú? El departamento de español quiere organizar un acto cultural aprovechando la presencia de Fabiola de la Cuba en la ciudad, y les ha pedido sugerencias para preparar el acto. En grupos de cuatro, piensen en 3 ó 4 cosas que podrían contribuir al éxito del acto y preparen un documento escrito para presentárselo al departamento. Usen oraciones con **se** para hacer sus sugerencias. ¡Ojo! Como se trata de sugerencias, los verbos de la cláusula dependiente deben estar en subjuntivo.

MODELO

Invitar a Fabiola de la Cuba a presidir el acto.
Nuestro grupo sugiere que se invite a Fabiola de la Cuba a presidir el acto.

Entrando en materia

4–39. Anticipación. Lee el título de la lectura. ¿Puedes identificar el tema general del texto? ¿Qué hipótesis puedes hacer antes de leer? Responde a las preguntas con **creo que sí** o **creo que no**. Podrás confirmar tus hipótesis después de terminar la lectura.

	Creo que sí	Creo que no
1. Los incas se casaban sólo una vez en su vida.	❑	❑
2. La clase alta y la baja tenían las mismas costumbres con respecto al matrimonio.	❑	❑
3. El hombre y la mujer inca sólo podían vivir juntos después de casarse legalmente.	❑	❑
4. El matrimonio entre personas de la clase alta y la clase baja era imposible en la sociedad inca.	❑	❑
5. Cuando un hombre quería casarse con una mujer se la compraba a sus padres.	❑	❑
6. Si la pareja se separaba, los hijos se quedaban con la madre.	❑	❑

4–40. ¿Qué significa? Busca las siguientes expresiones en la lectura. Usando el contexto, infiere su significado y selecciona la mejor definición.

1. **compromiso**

   a. El compromiso matrimonial ocurre cuando el hombre y la mujer deciden casarse oficialmente.

   b. "Compromiso" es una palabra asociada con "comprar".

2. **jerarquía**

   a. el nombre que se usaba para referirse al matrimonio en la sociedad inca

   b. sinónimo de rango o clase social

3. **ganado**

   a. Se refiere a vacas, ovejas, caballos y otros animales.

   b. Se refiere a ganar dinero o un premio.

4. **emparejamiento/ apareamiento**

   a. la ceremonia oficial del matrimonio

   b. la formación de la pareja entre un hombre y una mujer

5. **matrimonio de ensayo**

   a. una unión provisional para ver si la pareja es compatible

   b. un texto escrito que habla del matrimonio

6. **se llevaban bien**

    a. "Llevarse bien" significa ser compatible con otra persona.

    b. "Llevarse bien" es sinónimo de vivir muy bien, con mucho dinero.

LECTURA

El matrimonio inca

La sociedad inca daba una gran importancia al matrimonio, tanto así, que el paso determinante, o sea el **compromiso**, asumía el rango de una función estatal al legalizarlo un representante del emperador inca.

    El matrimonio tenía características diferentes según la **jerarquía** social. Por ejemplo, el matrimonio del hombre y la mujer del pueblo era estrictamente monógamo, en cambio el de las clases privilegiadas y el del emperador era polígamo.

    A las familias campesinas no les estaba permitido cambiar de residencia, ni la forma ni los colores de su atuendo porque eran maneras de identificar su origen. Siempre se casaban con gente perteneciente al mismo estatus social, y mezclar la sangre estaba prohibido bajo sanciones muy rigurosas.

Por si acaso

El tupu

El tupu era una extensión de tierra para el cultivo que servía para alimentar a un matrimonio sin hijos. En la sociedad inca la distribución de la tierra de cada comunidad se dividía en tres partes: una parte se asignaba al dios Sol, otra parte al emperador inca y la tercera parte a la comunidad.

El indio recibía un tupu al casarse y posteriormente un tupu por cada hijo varón y sólo medio tupu por cada hija. El **ganado** se dividía de forma similar a la de las tierras pero el número de cabezas que recibía el indio era pequeño. Cada jefe de familia recibía dos llamas, que no podía matar hasta que los animales fueran muy viejos.

Respecto al **emparejamiento** del hombre y la mujer del pueblo llano inca, existen diversas versiones o interpretaciones. Por un lado, M. Hernández Sánchez-Barba afirma que el hombre adquiría una mujer mediante compra, en presencia de un representante de la administración inca. Otra versión habla de lo siguiente:

"Todos los años el inspector del Estado o visitador del Inca llegaba a las aldeas, donde se reunían por separado hombres y mujeres, formando dos líneas paralelas. El visitador, respetando primero las jerarquías caciques, repartía hombres y mujeres, es decir, daba carácter oficial al **apareamiento**". (Luis Bonilla García, "La mujer a través de los siglos"). Ⓜ

Entre las diversas hipótesis existentes respecto a la forma de escoger pareja, quizá la más acertada es la del pueblo común. Si un hombre quería a una mujer, visitaba con frecuencia la casa paterna de ésta y ayudaba en las tareas. Esta relación se consolidaba cuando la pareja se sometía a lo que se ha llamado **matrimonio de ensayo**, que tenía como principal función confirmar que el hombre y la mujer **se llevaban bien**. Era, como el nombre indica, una prueba, ya que una vez realizado el matrimonio definitivo, la separación era muy difícil, excepto en casos de adulterio femenino o esterilidad.

"Este ensayo permite al joven darse cuenta de las actitudes de su eventual futura esposa, que debe hacerle la comida, confeccionarle los trajes y ayudarle en los trabajos agrícolas. Además, y a título secundario, permitía a la joven apreciar el carácter de su pretendiente y evitar así atar su existencia a la de un borracho o un bruto" (*Louis Baudin: La vida cotidiana en el tiempo de los últimos incas*).

Si el hombre y la mujer no se llevaban bien, la mujer volvía con sus padres, lo cual no tenía efectos negativos a nivel social o moral. Si de esta unión transitoria nacía un hijo, éste se quedaba con la madre. Por esta costumbre se puede interpretar que la virginidad a nivel del pueblo no tenía ninguna importancia. Después del tiempo de prueba, si todo había funcionado bien, se celebraba el matrimonio definitivo.

Finalmente queda explicar dónde vivía el nuevo matrimonio. En las clases populares los parientes construían la casa del nuevo matrimonio. En las casas no había muebles, se comía en el suelo y la cama era un lecho de piel de llama. La mujer inca, una vez casada continuaba su vida, haciendo las mismas labores en su nuevo hogar que de niña había aprendido de su madre.

Ⓜ**omento de reflexión**

Marca con una X la idea correcta.
- ❏ 1. Los incas campesinos podían casarse con los incas aristócratas.
- ❏ 2. El tupu es una porción de tierra para cultivar.
- ❏ 3. Hoy tenemos una idea exacta sobre el proceso de unión matrimonial entre los incas.

4–41. ¿Qué comprendiste? Responde a estas preguntas sobre la lectura.

1. ¿Qué papel desempeñaba el compromiso matrimonial en la sociedad inca?
2. ¿Se podían casar los incas con miembros de otra clase social? ¿Por qué?
3. Menciona una diferencia entre el matrimonio de la clase alta y la clase baja.
4. ¿Cómo se identificaba en la época a los miembros de distintas clases sociales?
5. Menciona dos explicaciones sobre el proceso de emparejamiento en la sociedad inca. ¿Cuál de las versiones crees que es correcta?
6. ¿Qué es un "tupu"? ¿Qué aspectos culturales/ sociales sugiere la distribución de los tupus?
7. ¿Qué ocurría si el matrimonio de ensayo (o período de prueba) no funcionaba bien?
8. ¿Cómo reaccionaba la sociedad ante la separación de la pareja si el matrimonio de ensayo no iba bien?

4–42. Diferencias y semejanzas. En parejas, busquen diferencias y semejanzas entre la sociedad inca y la moderna en relación con varios temas.

A. Una persona va a analizar el caso de la sociedad inca; la otra, la sociedad actual. Usen oraciones pasivas con **se** cuando sea posible.

> **MODELO**
> **Importancia del compromiso y del matrimonio**
> **Estudiante A: En la sociedad inca se daba mucha importancia al compromiso de la pareja.**
> **Estudiante B: En la sociedad moderna se le da más importancia al matrimonio.**

1. Características diferentes para el matrimonio de la clase aristocrática
2. Identificación de la clase social por medio del atuendo
3. Libertad en el emparejamiento
4. Libertad para casarse con una persona de otra clase
5. Implicaciones sociales y morales del divorcio o la separación de la pareja
6. La custodia de los hijos
7. Forma de obtener un hogar (*home*) para una pareja de recién casados
8. La función social de la mujer después del matrimonio

B. Ahora, preparen una tabla con la información de modo que se puedan ver rápidamente las diferencias y semejanzas entre las dos sociedades.

4–43. Hablemos del tema. En la actualidad, muchas parejas también pasan por un período de prueba. Imaginen que su compañero/a es su pareja. Tras unos meses de vivir juntos, ustedes tienen una conversación sobre si deben permanecer juntos o no. Preparen esta situación y represéntenla ante la clase. ¡Sean creativos!

Estudiante A: La mujer piensa que su pareja tiene las siguientes virtudes y defectos.

Virtudes	Defectos
Es guapo y fuerte.	Es muy vago; no le gusta trabajar.
Tiene mucha energía y buen sentido del humor.	Da demasiada importancia a la opinión de sus amigos.
Le compra regalos de vez en cuando.	No le gusta salir, se pasa los días tirado en el sofá mirando el fútbol.

Estudiante B: El hombre piensa que su pareja tiene las siguientes virtudes y defectos.

Virtudes	Defectos
Es muy bonita y cariñosa.	No le gusta limpiar la casa.
Tiene una buena formación, es una profesional.	Se pasa la semana hablando con sus amigas o en casa de sus padres.
Cocina muy bien.	Le gusta demasiado salir por la noche a bailar.

Por si acaso

Tenemos que hablar.	*We need to talk.*
Déjame en paz.	*Leave me alone.*
(No) tengo ganas de hablar de eso.	*I (don't) feel like talking about it.*
No sé de lo que me estás hablando.	*I don't know what you are talking about.*
Te comprendo.	*I understand.*
Tienes razón.	*You are right.*
No tienes razón.	*You are wrong.*
Eso es absurdo/ ridículo.	*That is absurd/ridiculous.*
La culpa es tuya/ mía.	*It is all your/my fault.*
Esto tiene/ no tiene solución.	*This can/cannot be solved.*

Las misteriosas líneas de Nazca

El pueblo nazca, perteneciente a una cultura anterior a la civilización inca, nos ha dejado este impresionante regalo artístico en la costa sur del país, al sur de Lima, la capital. Las líneas son una serie de enormes dibujos trazados en la arena del desierto. Se han logrado identificar 167 dibujos de diversos tamaños, repartidos en un área de 350 kilómetros cuadrados.

Lo misterioso de estos dibujos es que sólo se pueden observar y apreciar bien desde el aire, desde un avión. En otras palabras, los indígenas que las hicieron, crearon obras de arte que no podían ver en toda su gloriosa perspectiva.

Existen varias teorías sobre el propósito de estas líneas. Algunos expertos dicen que fueron calendarios astronómicos gigantes; otros dicen que representan diferentes constelaciones y estrellas; otros opinan que las líneas indicaban las épocas de siembra (*sowing*) y de cosecha (*harvest*). También se ha llegado a sugerir que fueron pistas de aterrizaje (*runways*) de naves extraterrestres.

4–44. Mirándolo con lupa. El mapa de arriba representa un conjunto de imágenes numeradas de las líneas en una extensión de muchos kilómetros.

A. Identifica las imágenes del mapa que corresponden a cada uno de los números.

1. _____	8. _____	13. _____
4. _____	9. _____	14. _____
7. _____	11. _____	15. _____

B. Ahora contesta las siguientes preguntas.

1. ¿Qué tipo de imágenes abunda más? ¿Qué crees que significa esta abundancia?
2. ¿Con qué teoría sobre el propósito de las líneas estás de acuerdo?
3. Si pudieras viajar al pasado, ¿qué le preguntarías al pueblo nazca?
4. Elabora una teoría personal sobre el propósito de las líneas. ¡Sé creativo/a!

Bolivia: Desde las alturas de América

PANORAMA CULTURAL

La Paz

BOLIVIA

OCÉANO
PACÍFICO

Capital:	La Paz
Población:	8.300.463 habitantes
Grupos étnicos:	amerindio 55%, mestizo 30%, blanco 15%
Idiomas:	español, quechua y aimara
Moneda:	boliviano
Área:	aproximadamente del tamaño de Texas y California juntos

Entrando en materia

4-45. ¿Qué sabes de Bolivia? Decide si las siguientes oraciones son ciertas o falsas. Si puedes, corrige las falsas. Si no estás seguro/a, repasa tus respuestas después de leer la sección para ver si eran correctas.

1. El nombre del país se deriva del nombre de Simón Bolívar.
2. Aunque se habla quechua y aimara, solamente el español es lengua oficial.
3. El lago Titicaca es parte peruano y parte boliviano.
4. Bolivia no formó parte del imperio inca.
5. El área geográfica de Bolivia es comparable a la de Colombia.

PERFIL

¿Qué pasó?

ÉPOCA PRECOLOMBINA

La civilización de Tiahuanaco, cerca del área sudeste del lago Titicaca, floreció antes de la llegada de los incas. El imperio tiahuanaco se expandió rápidamente en los años 1000 y todavía hoy no se comprende su rápida decadencia hacia 1200. La caída del imperio tiahuanaco resultó en la formación de ocho reinos aimaras. Los aimaras eran un pueblo **belicoso**[1]. Las comunidades aimaras vivían en ciudades fortificadas en la parte más alta de las montañas. En la segunda mitad del s. XV, los incas invadieron y conquistaron el territorio dominado por los aimaras.

CONQUISTA Y COLONIZACIÓN

Durante la época colonial, la actividad minera tuvo una gran importancia, ya que las minas de plata del área de la ciudad de Potosí convirtieron al país en el mayor exportador de plata del mundo en la primera década de 1600. La ciudad era tan rica en esta época que la frase "vale un Potosí" se generalizó como sinónimo de "vale mucho". La decadencia de Potosí comenzó cuando la plata empezó a **agotarse**[2] hacia finales del s. XVIII.

INDEPENDENCIA

Bolivia se declaró independiente en 1825 y nombró como primer presidente a Simón Bolívar. Un año más tarde, Bolívar dejó la presidencia y el General Antonio José de Sucre ocupó el cargo. El país, que antes de la independencia se llamaba Alto Perú, tomó su nombre del apellido de Simón Bolívar.

---

1. *prone to warfare* 2. *to run out*

4–46. Asociación. Asocia la época con el acontecimiento, fecha, lugar o personaje correspondiente.

Épocas	Acontecimientos, fechas, lugares y personajes
1. época precolombina	**a.** Antonio José de Sucre
2. exploración y colonización	**b.** reinos aimaras
3. independencia	**c.** minas de plata
	d. civilización tiahuanaca
	e. Simón Bolívar
	f. los incas
	g. Alto Perú

¿Qué pasa?

LOS AÑOS RECIENTES

Bolivia, junto con Venezuela, Colombia, Ecuador y Perú, es miembro de la Comunidad Andina (CAN). Esta organización tiene como objetivo coordinar políticas de economía y desarrollo humano entre los países miembros.

Uno de los objetivos del presidente Jorge Quiroga, que inició su presidencia en 2001, es recuperar el acceso al océano Pacífico. Bolivia perdió su salida al Pacífico en el s. XIX después de una guerra en la que Bolivia, aliada con Perú, luchó contra Chile y éste ganó la guerra. Entonces, Bolivia perdió el puerto de Antofagasta y toda la costa del desierto de Atacama. Actualmente el país tiene ciertos privilegios para usar el puerto chileno de Arica. Bolivia quiere usar sus reservas de gas natural como producto de intercambio para negociar su salida al Pacífico. Esta salida es importante para Bolivia puesto que facilitaría sus actividades de exportación e importación.

Las relaciones con Estados Unidos han mejorado desde que Bolivia demostró resultados positivos en sus programas para reducir el cultivo de coca. Desde 1999, el cultivo de coca se ha reducido en un 33%.

¿Quién soy?

VÍCTOR PAZ ESTENSSORO

Nació el 2 de octubre de 1907 en la ciudad de Tarija. Murió el 7 de junio de 2001 en su ciudad natal, después de una intervención quirúrgica que se complicó en pocas horas.

Abogado de profesión, Paz Estenssoro fue uno de los hombres más influyentes del país en el siglo XX. Protagonista central de la Revolución de abril de 1952, fue presidente en cuatro ocasiones, siendo sus medidas más importantes la nacionalización de las minas, la reforma agraria y el sufragio universal, durante su primera administración (1952–1956).

En su último gobierno (1985–89) tomó medidas extremas para combatir la crisis económica y logró controlar la inflación; sin embargo, sus iniciativas económicas provocaron una crisis social. Como consecuencia de sus reformas económicas, el sector minero **se declaró en huelga**[3] repetidamente porque el gobierno liberalizó el sector y muchos mineros perdieron su trabajo.

---

3. *went on strike*

4-47. Tu opinión. En parejas, usen la información de esta sección y sus propias opiniones para responder a estas preguntas.

1. Piensen en otros países del mundo que no tienen salida al mar. ¿Creen que esto es un problema para esos países?
2. ¿Cómo puede Bolivia negociar su salida al mar? ¿Qué le aconsejarían (*advise*) al presidente de Bolivia?
3. ¿Cuáles fueron los mayores logros (*achievements*) y fracasos (*failures*) de Paz Estenssoro?
4. Paz Estenssoro fue presidente cuatro veces. ¿Cómo creen que afectó este factor a la vida política, social y económica del país?
5. ¿Por qué creen que los presidentes estadounidenses pueden optar a la presidencia solamente dos veces?

VEN A CONOCER

4-48. Anticipación. Lee los títulos de la lectura en la página siguiente y decide cuáles de los siguientes temas aparecen posiblemente en el texto.

1. Excursión planeada día por día
2. Dimensiones del lago
3. Turismo urbano
4. Cómo se formó el lago
5. Lugares para visitar en el lago

El lago Titicaca

ORIGEN DEL LAGO

Todavía no existe una explicación científica definitiva sobre cómo se formó este lago. Una de las hipótesis es que el lago es el cráter de un volcán inactivo. Sin embargo, hay muchas leyendas acerca del lago Titicaca y su origen. Una de ellas dice que el lago nació de las lágrimas del dios Sol, que lloró cuando unos pumas devoraron a los hombres que habitaban la región. Otra leyenda dice que en el fondo del lago hay tesoros que los incas lanzaron allí para que los españoles no pudieran robarlos.

Este lago está situado a 65 km (35 millas) de La Paz y es el lago más alto del mundo (3.808 m—12.500 pies—sobre el nivel del mar). Tiene 196 km (106 millas) de largo, 56 km (30 millas) de ancho y el área más profunda tiene 350 m (1.148 pies). La mitad oeste del lago pertenece a Perú y la mitad este a Bolivia. La palabra aimara "Titicaca" significa "puma de piedra".

4–49. ¿Qué opinas? Escribe un párrafo breve sobre tu impresión de la lectura acerca del lago. Ten en cuenta los puntos que se indican abajo. Después intercambia tu párrafo con un/a compañero/a para ver si han coincidido en algún punto.

1. El aspecto geográfico del lago que te parece más impresionante.

COPACABANA Y LAS ISLAS

En el lago hay unas cuarenta islas que se pueden explorar a pie o en bicicleta. Entre ellas está Isla del Sol. Aquí el visitante encontrará varios lugares de interés arqueológico y una roca sagrada en forma de puma. Para llegar a la isla, muchos viajeros toman un barco desde Copacabana, un pueblo situado a orillas del Titicaca. Una de las mejores fechas para estar en Copacabana es el 5 de agosto, cuando se celebra la fiesta de la Virgen de la Candelaria, también llamada Virgen de Copacabana, que es la patrona de Bolivia.

Cerca de la Isla del Sol, está la Isla de la Luna, donde se pueden ver las ruinas del templo tiahuanaco de las Vírgenes del Sol.

Otra de las atracciones del lago Titicaca es la Isla Suriqui, donde el visitante puede observar cómo se hace una balsa de totora. La totora es una planta que crece en el lago y también se usa para hacer pequeñas islas flotantes donde pueden vivir pequeños grupos de personas. Los uros viven en estas islas.

LUGAR SAGRADO

El lago Titicaca era un lugar sagrado para las civilizaciones que vivieron a su alrededor y todavía lo es para mucha gente. La presencia de los chamanes (*healers*) kallahuayas enfatiza el aura sagrada que muchas personas perciben cuando visitan el lago. Los chamanes kallahuayas piensan que las enfermedades son el resultado de un desequilibrio de energías en el cuerpo y usan hierbas, piedras, amuletos y rituales para restablecer el equilibrio.

2. Los aspectos del lago que te parecen más intrigantes.
3. Las razones que pueden tener muchas personas para querer visitar el lago.
4. Cómo crees que el lago puede ofrecer una experiencia espiritual a los visitantes.
5. El tipo de actividades que se podrían recomendar a una persona que quiera tener una experiencia espiritual en el lago Titicaca.

Un ensayo informativo

4–50. Un ensayo informativo. En esta sección vas a profundizar sobre uno de los temas presentados en esta unidad. Vas a escribir un ensayo en el que analizarás con más detalle el tema de tu elección. Tu objetivo es informar a los lectores sobre el tema. Para escribir este ensayo, debes consultar como mínimo dos fuentes. Busca la información relevante en Internet o en la biblioteca. Al final, incluye una sección de "Referencias".

Preparación

1. Selecciona el tema general que más te interese de la lista a continuación. Puedes seleccionar otros temas relacionados con la unidad con la aprobación de tu instructor/a.

> El mito de El Dorado
> La música andina
> La cultura andina indígena en la sociedad moderna
> La civilización inca
> Las líneas de Nazca
> ¿Otro?

2. Limita el aspecto del tema general que vas a explorar. Por ejemplo, si el tema de tu elección es "Las líneas de Nazca", ¿cuál será la idea central (tesis) de tu ensayo?

3. Cuando hayas limitado el tema, escribe las preguntas de enfoque sobre ese tema. Las respuestas a estas preguntas te servirán para desarrollar el contenido de tu ensayo.

Consulta con tus compañeros o instructor/a para confirmar si tu tema está correctamente limitado.

Mira el modelo de tema y preguntas de enfoque a continuación. Usa este modelo para preparar el tema general de tu elección.

Tema general:	Tema limitado:
Las líneas de Nazca	Diferentes interpretaciones sobre el objetivo de las líneas

Preguntas de enfoque sobre el tema:

1. ¿Qué son las líneas de Nazca? ¿Dónde se encuentran? ¿Quiénes las dibujaron?
2. ¿Por qué han sido estas líneas objeto del interés y estudio de muchos?
3. ¿Cuáles son las distintas teorías que se han dado para explicar su propósito?
4. Según las fuentes consultadas, ¿qué teoría parece objetivamente más plausible?

A escribir

1. Usa tus preguntas de enfoque para organizar el ensayo en varios párrafos. Por ejemplo, las preguntas de enfoque sobre "Las líneas de Nazca" pueden dar lugar a la siguiente organización:

> Pregunta 1   →   Párrafo 1
> Introducción del ensayo
> Pregunta 2   →   Párrafo 2
> Propósito del ensayo y declaración de la tesis
> Preguntas 3 y 4 →   Párrafo 3
> Informar sobre las varias teorías
> Conclusión   →   Párrafo 4
> Resumir brevemente la información presentada

2. Recuerda la gramática estudiada en esta unidad: las oraciones pasivas con **ser** y con **se** y los conectores adverbiales. Las construcciones pasivas de ambos tipos son muy frecuentes en los ensayos informativos. Presta mucha atención a las partes donde debas usar esta construcción.

Conectores adverbiales útiles

porque	*because*
para que	*in order to*
en caso de que	*in case*
antes de que	*before*
después de que	*after*
donde	*where*
cuando	*when*
tan pronto como	*as soon as*
aunque	*although; even though*

Revisión

3. Escribe el número de borradores que te indique tu instructor/a y revisa tu texto usando la guía de revisión del Apéndice C. Escribe la versión final y entrégasela a tu instructor/a.

EL ESCRITOR TIENE LA PALABRA

Comentarios reales, del Inca Garcilaso de la Vega

El Inca Garcilaso de la Vega nació en Cuzco (Perú) en 1539. Su madre era una princesa inca y su padre un conquistador español. Se supone que su lengua materna fue el quechua, ya que su madre no hablaba español. También se cree que empezó a hablar español hacia 1551. Su condición de mestizo le dio al autor una perspectiva bicultural de su época. Su obra es un testimonio valioso de la vida colonial ya que ofrece el punto de vista del indígena y del conquistador. En 1558 fue a estudiar a España, de acuerdo con los deseos de su padre. Murió en 1616 en Córdoba (España). Sus restos se encuentran en la catedral de esta ciudad.

4–51. Entrando en materia. Contesta las siguientes preguntas antes de leer el texto literario.

1. Lee el título del texto literario. ¿En qué período de la lista crees que ocurre la acción de la historia?
    a. pocos años antes de la llegada de los conquistadores
    b. después de la llegada de los conquistadores
    c. muchos años antes de la muerte de Atahualpa
2. ¿Qué temas esperas encontrar en esta historia?
    a. amor romántico entre un hombre y una mujer
    b. un dios quiere dar una vida mejor a los hombres
    c. la destrucción de la Tierra
3. ¿Qué personajes esperas encontrar en esta historia?
    a. un monstruo
    b. un hombre o mujer enviado/a por un dios
    c. un animal

4–52. Hace años. Haz una lectura rápida del texto en busca de detalles que muestren que fue escrito hace años. Indica un ejemplo de cada uno de los siguientes elementos característicos del español de la época.

1. Alguna palabra que tenga un significado distinto en el texto al significado que conoces en el español actual.
2. Uso de algún tiempo verbal diferente al uso actual.
3. Uso de alguna persona verbal diferente al uso actual.
4. Una preposición o conjunción que no se use en el español actual.

Comentarios reales

Origen de los incas, reyes del Perú

NOTA: *Éste es un fragmento del capítulo 15 que se encuentra en el libro titulado* Comentarios reales, *que publicó el Inca Garcilaso de la Vega hacia 1609. El fragmento es parte de un diálogo entre el autor y su tío. En este fragmento el tío le cuenta al autor el origen de los reyes incas.*

1. *scrubs*

2. *fierce*
3. *manners*

4. *sow*

5. *flesh*
6. *weave*

7. *uncultivated*
8. *hides*
9. *naked*
10. *deers and savages*
11. *behaved*

Sabrás que en los siglos antiguos toda esta región de tierra que ves eran unos grandes montes y **breñales**[1], y las gentes en aquellos tiempos vivían como fieras y animales **brutos**[2], sin religión ni **policía**[3], sin pueblo ni casa, sin cultivar ni **sembrar**[4] la tierra, sin vestir ni cubrir sus **carnes**[5], porque no sabían **labrar**[6] algodón ni lana para hacer de vestir; vivían de dos en dos y de tres en tres, como acertaban a juntarse en las cuevas y resquicios de peñas y cavernas de la tierra. Comían, como bestias, yerbas del campo y raíces de árboles y la fruta **inculta**[7] que ellos daban de suyo y carne humana. Cubrían sus carnes con hojas y cortezas de árboles y **pieles**[8] de animales; otros andaban **en cueros**[9]. En suma, vivían como **venados y salvajinas**[10], y aun en las mujeres **se habían**[11] como los brutos, porque no supieron tenerlas propias ni conocidas.

[...]

Dijo el Inca: —Nuestro Padre el Sol, viendo los hombres tales como te he dicho, se apiadó y **hubo lástima**[12] de ellos y envió del cielo a la tierra un hijo y una hija de los suyos para que los adoctrinasen en el conocimiento de Nuestro Padre el Sol, para que lo adorasen y lo tuviesen por su Dios, y para que les diesen preceptos y leyes en que viviesen como hombres en razón y urbanidad, para que habitasen en casas y pueblos poblados, supiesen labrar las tierras, cultivar las plantas y mieses, **criar los ganados**[13] y **gozar**[14] de ellos y de los frutos de la tierra como hombres racionales y no como bestias. Con esta orden y mandato puso Nuestro Padre el Sol estos dos hijos suyos en la laguna Titicaca, que está a ochenta

leguas[15] de aquí, y les dijo que fuesen **por do quisiesen**[16] y, **doquiera**[17] que parasen a comer o a dormir, **procurasen hincar**[18] en el suelo una **barrilla**[19] de oro de media **vara**[20] en largo y dos dedos en grueso que les dio para señal y muestras que, donde aquella barra se les **hundiese**[21] con solo un golpe que con ella diesen en tierra, allí quería el Sol Nuestro Padre que parasen e hiciesen su asiento y corte. A lo último les dijo: "Cuando hayáis reducido esas gentes a nuestro servicio, los mantendréis en razón y justicia, con piedad,

clemencia y **mansedumbre**[22], haciendo, en todo, oficio de padre piadoso para con sus hijos tiernos y amados, a imitación y semejanza mía, que a todo el mundo hago bien, que les doy mi luz y claridad para que vean y hagan sus haciendas, y les caliento cuando **han**[23] frío y crío sus **pastos y sementeras**[24], hago fructificar sus árboles y multiplico sus ganados, lluevo y sereno a sus tiempos y tengo cuidado de **dar una vuelta**[25] cada día al mundo por ver las necesidades que en la tierra se ofrecen, para las proveer y **socorrer**[26] como sustentador y bienhechor de las gentes. Quiero que vosotros imitéis este ejemplo como hijos míos, enviados a la tierra sólo para la doctrina y beneficio de esos hombres, que viven como bestias. Y desde luego os constituyo y nombro por Reyes y señores de todas las gentes que así doctrináredes con vuestras buenas razones, **obras**[27] y gobierno".

12. *had pity*

13. *to breed livestock*
14. *to enjoy*

15. *leagues*
16. *anywhere*
17. *wherever*

18. *try to stick into*
19. *little bar*
20. *yard*

21. *go deep into*
22. *gentleness*

23. *are*
24. *pasture*
    and sown land
25. *go around*
26. *assist*

27. *deeds*

4-53. ¿Cómo lo dirías hoy? Vuelve a escribir las siguientes oraciones con tus propias palabras, para que tengan un lenguaje y estilo contemporáneo.

1. Las gentes vivían como fieras y animales brutos, sin religión ni policía. Comían como bestias yerbas del campo y la fruta inculta.
2. Nuestro Padre el Sol, se apiadó y hubo lástima de ellos y envió a la tierra un hijo y una hija de los suyos.
3. Cuando hayáis reducido a esas gentes a nuestro servicio, los mantendréis en razón y justicia, haciendo, en todo, el oficio de padre piadoso para con sus hijos tiernos y amados.
4. Yo les doy mi luz y claridad, les caliento cuando han frío y tengo cuidado de dar una vuelta cada día al mundo por ver las necesidades que en la tierra se ofrecen, para las proveer y socorrer.
5. Os nombro por Reyes y señores de todas las gentes que así adoctrináredes con vuestras buenas razones, obras y gobierno.

3 **4-54. Ustedes tienen la palabra.** En grupos de tres, imaginen la situación del pueblo inca antes de que el dios Sol aconsejara a los primeros reyes. Basándose en la lectura, se podría desarrollar una historia en varias etapas:

1. El Padre Sol está disgustado por la situación en la que viven los humanos y decide enviar a la Tierra a un hijo y una hija suyos.
2. El Padre Sol llama a sus hijos y les explica los planes que tiene para ellos.
3. Los hijos están asustados porque son jóvenes y tienen poca experiencia. No saben por dónde empezar su misión en la Tierra.
4. Poco a poco, el Padre Sol les explica lo que deben hacer.
5. Los hijos interrumpen varias veces sus explicaciones para pedir más aclaraciones, para protestar o para mostrar su entusiasmo con la misión que el padre les encomienda.
6. Los hijos preguntan qué recompensa tendrán por llevar a cabo una labor tan difícil.
7. Por último, todo está claro y los hijos se despiden del Padre Sol antes de partir.

Imaginen cuál sería la conversación entre el Padre Sol y sus hijos desde el momento en que decide que los va a enviar a la Tierra, hasta el momento de la despedida. Escriban un diálogo entre el Padre y sus dos hijos.

Tengan en cuenta que los hijos son jóvenes y que los jóvenes no siempre aceptan inmediatamente lo que los padres les dicen. Pueden mostrarse en desacuerdo con el padre. Él es bueno y condescendiente con sus hijos, pero no olviden que deben respetarlo siempre, no sólo como padre, sino también como dios.

Cuando terminen el diálogo, ensáyenlo y luego represéntenlo ante la clase.

acaparar	*to hoard*
bruto/a	*raw, unrefined*
caja *f*	*soundbox*
complejidad *f*	*complexity*
compromiso *m*	*engagement*
costumbre *f*	*custom*
cronista *m/f*	*chronicler*
cuerda, de *f*	*string (of)*
desmesurado/a	*uncontrolled, boundless*
difusión *f*	*dissemination*
emparejamiento *m*	*matching*
ganado *m*	*cattle*
grabar	*to record*
injusticia *f*	*injustice*
jerarquía *f*	*hierarchy*
llevarse bien	*to get along*
matrimonio de ensayo *m*	*trial marriage*
puro/a	*pure*
rango *m*	*rank, status*
según	*according to*

5

Países del Cono Sur: Superación de indecibles obstáculos

Varios de los países incluidos en esta unidad han sufrido dictaduras que han dejado una profunda marca en su memoria colectiva. Sin embargo, estos mismos países han encontrado maneras de superar las adversidades. ¿Cómo crees que un gobierno dictatorial puede alienar a los habitantes de un país?

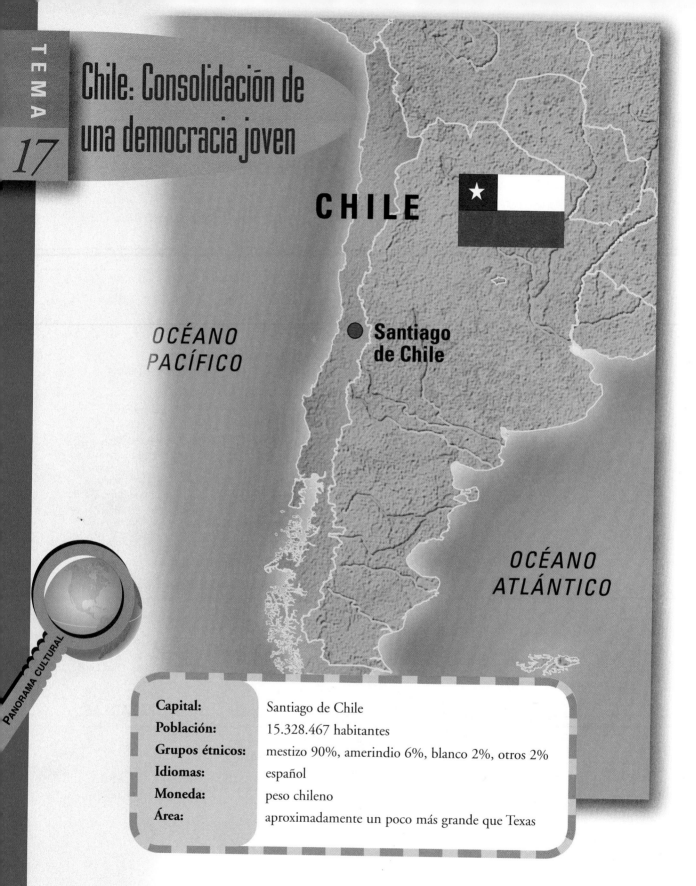

Chile: Consolidación de una democracia joven

CHILE

OCÉANO PACÍFICO

● **Santiago de Chile**

OCÉANO ATLÁNTICO

PANORAMA CULTURAL

Capital:	Santiago de Chile
Población:	15.328.467 habitantes
Grupos étnicos:	mestizo 90%, amerindio 6%, blanco 2%, otros 2%
Idiomas:	español
Moneda:	peso chileno
Área:	aproximadamente un poco más grande que Texas

Entrando en materia

5–1. ¿Qué sabes de Chile? Decide si las oraciones de abajo son ciertas o falsas. Si puedes, corrige las falsas. Si no estás seguro/a, repasa tus respuestas después de leer la sección para ver si eran correctas.

1. La cordillera de los Andes atraviesa Chile de norte a sur.
2. El país se llama Chile porque produce muchos pimientos chile.
3. El gobierno de Chile es una dictadura.
4. Es el país de Sudamérica con menos kilómetros de este a oeste.
5. Su industria pesquera no es importante.
6. EE.UU. importa vinos de Chile.

PERFIL

¿Qué pasó?

INDEPENDENCIA

Chile se independizó de España en 1818. Los líderes que hicieron posible la independencia fueron Bernardo O'Higgins y el general argentino José de San Martín. Estos dos líderes reclutaron y entrenaron al ejército que liberó Chile. Este ejército es conocido como el Ejército Libertador de los Andes.

EL PERÍODO DE 1818–1973

La dinámica de la política después de la independencia estableció unas bases que prometían la creación de una democracia moderna. Sin embargo, la evolución hacia una democracia moderna fue interrumpida en 1973. Ese año, un **golpe militar**[1] apoyado por EE. UU. y dirigido por Augusto Pinochet derrocó el gobierno del presidente Salvador Allende, quien murió en el palacio presidencial La Moneda.

El clima social y económico favoreció el éxito del golpe militar. Salvador Allende había nacionalizado varios sectores de la industria, las minas de cobre y algunas haciendas, lo cual causó descontento entre la clase media. Durante los dos últimos años de la presidencia de Allende, la economía se deterioró, en parte por falta de inversión extranjera, y empezaron a escasear productos y la inflación se descontroló.

Durante la dictadura de Pinochet (1973–1989), un millón de chilenos se exiliaron del país y miles desaparecieron o fueron ejecutados sumariamente. La libertad de expresión quedó abolida completamente. En el aspecto económico, su gobierno adoptó una política económica que mantuvo bajo control la inflación y que sentó las bases del progreso económico del Chile de hoy.

Por si acaso

Los españoles llamaron Arauco o Araucania a la región que habitaban los mapuches, por eso a los mapuches también se les llamó araucanos. El poeta español Alonso de Ercilla (1533–1594) escribió el poema épico *La Araucana*, donde narra cómo los mapuches lucharon admirablemente por defender su territorio contra los españoles. El conquistador Pedro de Valdivia fue decapitado por los mapuches en 1553. Caupolicán y Lautaro son dos héroes mapuches de este período.

---

1. *military coup*

¿Qué pasa?

Por si acaso

La descripción química de salitre es nitrato de sodio. El nitrato de sodio es un componente básico en fertilizantes y materiales explosivos.

▶ **LOS AÑOS RECIENTES**

Después de diecisiete años de dictadura bajo el mando de Augusto Pinochet, la democracia se restableció en Chile con las elecciones de 1989. En la actualidad, el ambiente político y económico del país es uno de los más estables en América del Sur. La minería continúa siendo una actividad muy importante en la economía del país, de hecho, Chile es uno de los mayores exportadores de cobre y nitrato, llamado comúnmente salitre.

El gobierno de Ricardo Lagos Escobar está investigando la forma de identificar y juzgar a los militares responsables de las violaciones de derechos humanos que ocurrieron durante la dictadura de Pinochet.

5–2. Períodos y personajes. Relaciona las siguientes fechas con los acontecimientos y los personajes correspondientes según la información que acabas de leer.

Fechas	Acontecimientos y personajes
1. 1818	**a.** Bernardo O'Higgins y José de San Martín
2. 1973	**b.** dictadura militar de Augusto Pinochet
3. 1973–1989	**c.** independencia
4. 1990	**d.** restablecimiento de la democracia
	e. Salvador Allende

¿Quién soy?

PATRICIO AYLWIN

Nació en Viña del Mar en 1918. Estudió derecho y ciencias políticas. Participó en la fundación del Partido Demócrata Cristiano. Antes de llegar a ser presidente de la nación, ocupó puestos políticos de gran responsabilidad. Fue senador en 1965 y fue presidente del Senado entre 1971 y 1972. En esos años Salvador Allende era presidente de la nación. En la década de 1980, Aylwin fue una de las personas que defendió el restablecimiento de la democracia.

Después de diecisiete años de dictadura, Patricio Aylwin fue elegido presidente de Chile en las elecciones celebradas en diciembre de 1989 y dirigió el país de 1990 a 1994. Una de las tareas más difíciles que tuvo que enfrentar durante su presidencia fue iniciar el proceso de reconciliación entre los **partidarios**[2] y los detractores de Pinochet.

Actualmente es presidente de la Corporación para la Democracia y la Justicia, una organización que él fundó para desarrollar estrategias y soluciones para eliminar la pobreza y **fomentar**[3] valores éticos en la vida política.

En 1997 el Consejo de Europa lo **galardonó**[4] por su contribución a la defensa de los derechos humanos, la democracia y la cooperación entre Europa y Latinoamérica.

---

2. *followers* 3. *foster* 4. *awarded a prize to*

5-3. Opinión. En parejas, respondan a las siguientes preguntas sobre *¿Quién soy?*

1. ¿Qué méritos cualificaban a Patricio Aylwin para ser presidente?
2. ¿Creen que Aylwin era un buen candidato para la transición a la democracia? ¿Por qué?
3. ¿Cómo creen que era el ambiente político de Chile en 1990? Piensen en la opinión pública.
4. ¿Qué adjetivos usarían para describir el carácter de Aylwin? Justifiquen su respuesta.
5. ¿Creen que es necesario reconciliar a los defensores y detractores de Pinochet para mantener la paz en Chile? ¿Por qué?

¿Dónde está?

ISLA DE PASCUA

El nombre aborigen de la isla es Rapa Nui. Se encuentra a 3.700 km (2.300 millas) de la costa de Chile. La isla presenta varios aspectos interesantes y misteriosos. Se sabe que sus habitantes son de origen polinesio, pero no se sabe cómo llegaron a la isla. Otro misterio es el origen del sistema de escritura de los **isleños**[5] y su lectura. Tampoco se sabe el significado de las estatuas moai. Hay seiscientas estatuas en total en diferentes partes de la isla. Es interesante visitar el lugar donde se **esculpían**[6] los moais. Al visitar este lugar, los viajeros se preguntan cómo se transportaron las estatuas moais a lo largo de miles de kilómetros hasta los lugares donde se encuentran hoy.

Esta isla es el escenario perfecto para leer libros como *Kon Tiki,* de Thor Heyrdahl o *The Space Gods Revealed* de Erik Von Daniken. El primero relata un famoso viaje en canoa desde Perú para **probar**[7] el origen peruano de sus habitantes y el segundo presenta una teoría extraterrestre sobre el origen de las estatuas moai.

Desde 1888, la isla es oficialmente territorio chileno. La isla tuvo poco contacto con el exterior hasta 1967, fecha en la que el gobierno chileno construyó un aeropuerto. Hoy viven tres mil personas en esta isla.

---

5. *islanders* 6. *used to sculpt* 7. *prove*

2 **5-4. Síntesis e imaginación.** En parejas, completen los pasos a continuación.

1. Basándose en la información que tienen, hagan una descripción breve del tipo de viajero que estaría interesado en visitar esta isla.

2. Ahora, imaginen que ustedes dos tienen la oportunidad de pasar el tiempo que quieran en la isla, con todos los gastos pagados y todo el tiempo libre que deseen. Preparen un plan de actividades para su estancia en la isla. Recuerden que pueden quedarse allí todo el tiempo que quieran, y que el único límite es su imaginación.

3. Reúnanse con otra pareja de estudiantes, explíquenles su plan y escuchen los planes que hizo la otra pareja.

ATENCIÓN A LA ESTRUCTURA

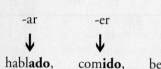

Present Perfect

In *Unidad 1, Tema 2,* you studied the present perfect. Remember that this tense is used when the speaker perceives a past action as having some bearing on the present time. Certain temporal references such as **hoy, esta mañana, hace una hora, este mes, este año,** or **este siglo** usually accompany the present perfect. The present perfect consists of two parts: **haber** in the present tense + past participle of another verb.

> Este año, el presidente Ricardo Lagos **ha viajado** mucho a Europa.
>
> *This year, president Ricardo Lagos **has traveled** a lot to Europe.*

Past Perfect

The formation of the past perfect requires the use of the auxiliary verb (**haber**) in the imperfect tense plus the past participle of a verb.

Imperfect tense (**haber**)   +   past participle

		-ar	-er	-ir
yo hab**ía**		↓	↓	↓
tú hab**ías**				
usted hab**ía**				
él/ella hab**ía**		habl**ado**,	com**ido**,	beb**ido**
nosotros/as hab**íamos**				
vosotros/as hab**íais**				
ustedes hab**ían**				
ellos/as hab**ían**				

As is in the present perfect, no word can come between the auxiliary verb and the past participle, therefore in negative sentences **no** is always placed before the auxiliary verb.

> Mi compañera me dijo que **no** había estudiado mucho para el examen de español.
>
> *My classmate told me that she had not studied much for the Spanish exam.*

The past perfect is used in Spanish as much as it is used in English. Also, in both languages, the preterit may be used sometimes instead of the past perfect. The past perfect conveys a past action that occurred before another past action.

Ya **habíamos estudiado** para el examen de español cuando empezó nuestro programa de televisión favorito.

We **had already studied** for the Spanish test when our favorite TV show began.

A very common use of the past perfect is in indirect speech, that is, when the sentence reports on what someone else said or thought. The following sentence, "No estoy contento porque ustedes no **han estudiado** mucho para el examen" (*I'm not happy because you have not studied much for the test*), when reported by someone becomes:

El profesor dijo que no estaba contento porque no **habíamos estudiado** mucho para el examen. (*The professor said that he was not happy because we **had not studied** much for the test.*)

Notice how the verb in the second part of this sentence uses the past perfect.

See *Apéndice gramatical 5* for information on **ya/ todavía**, present perfect subjunctive and past perfect subjunctive.

5–5. Identificación.

A. Primero, identifica los verbos en presente perfecto y en pasado perfecto.

Noticias de Chile

1.

LAS FLORES CONTRIBUYEN A LA DIVERSIFICACIÓN ECONÓMICA DE CHILE. ANTES DE 2001 CHILE NO HABÍA EXPORTADO TANTAS FLORES COMO RECIENTEMENTE.

2.

Se ha creado un programa intercultural de salud en el que se combinará la medicina convencional con conceptos mapuches sobre la salud.

3.

El Presidente anunció que los acuerdos económicos con Chile habían estimulado la economía.

4.

Antes del restablecimiento de la democracia, los derechos humanos no habían recibido mucha atención del gobierno. Hoy día Chile trabaja diligentemente en la protección de los derechos humanos.

5.

EL OBJETIVO DE INTENSIFICAR LAS RELACIONES INTERNACIONALES ES UNA REALIDAD. ESTAMOS EN ENERO Y EL PRESIDENTE YA HA VIAJADO A MUCHOS PAÍSES, ENTRE ELLOS, EE.UU., CHINA, PORTUGAL E INGLATERRA.

B. Ahora, en parejas, determinen cómo cambiaría el mensaje de cada oración si usaran un tiempo pasado diferente. Por ejemplo, si el verbo está en presente perfecto y lo cambian al pasado perfecto o si el verbo está en el pasado perfecto y lo cambian al presente perfecto. Comenten sus opiniones con el resto de la clase.

5–6. ¿Qué dijo el Presidente? Tú eres periodista y estás preparando un informe sobre las cosas que dijo el Presidente durante la rueda de prensa. Usa tus notas para preparar el informe en el tiempo verbal adecuado.

> **MODELO**
>
> Hoy los chilenos han confirmado su apoyo (*support*) a la democracia. El presidente dijo que los chilenos habían confirmado su apoyo a la democracia.

1. Juntos hemos construido un Chile mejor.
2. El gobierno ha formado un comité para integrar más efectivamente las diversas culturas del país.
3. Se han construido más escuelas en las áreas rurales.
4. Se ha mejorado el acceso de las escuelas a la tecnología.
5. El sector del turismo ha crecido.

5–7. Chile, 1973. Un exiliado chileno está recordando el momento en que, siendo él niño, ocurrieron los hechos que obligaron a su familia a abandonar el país. En parejas, completen cada oración con el verbo en el pasado perfecto según se indica.

> **MODELO**
>
> yo no / cumplir aún ocho años
> Yo no había cumplido aún ocho años.
> Cuando los golpistas asaltaron la Casa de la Moneda, yo no había cumplido aún ocho años. Recuerdo que...

1. mi hermano Luis / casarse el mes anterior
2. unos días antes del golpe, papá / recibido la confirmación de su nuevo cargo
3. mis tíos / venir a felicitar a papá y hubo una gran fiesta en la casa

4. cuando supimos que Allende había muerto, todos nos dimos cuenta de que / comenzar momentos difíciles para nuestra familia

5. cuando papá llamó a Luis para darle la noticia, él ya / salir para Santiago

6. nuestra casa se llenó de gente y papá dijo que / llegar el momento de tomar decisiones muy serias

7. todos los mayores se reunieron para hablar; a nosotros nos / mandar ir a jugar

8. más tarde, cuando los mayores entraron en la habitación, ya / hacerse de noche

9. nos dijeron que ya / prepararlo todo para irnos

10. de noche, salimos callados de la casa en la que siempre / vivir, en la que yo / pasar los mejores años de mi niñez, sin saber bien a dónde íbamos, sin tener conciencia todavía de lo que era el exilio

5-8. ¿Y ustedes? Aquí tienen varias fechas claves en la historia de Estados Unidos. ¿Qué habían hecho ustedes ya para esas fechas? ¿Qué no habían hecho? ¿Qué estaban haciendo? En parejas, relacionen cada fecha con momentos de su vida o de la de su familia. ¿Son parecidas o diferentes sus respuestas?

Momentos históricos:

1. 1981: Lanzamiento de la nave espacial Columbia (primera nave reutilizable)

2. 1982: Andy Warhol presenta la serie de oxidaciones y los cuadros de arquitectura nazi.

3. 1983: Invasión de Granada

4. 1984: Geraldine Ferraro es la primera mujer nominada como candidata a la vicepresidencia de EE.UU.

5. 1984: Olimpiadas de Los Ángeles. Boicoteo de los países socialistas.

6. 1986: Encuentro de Reagan y Gorbachoev en Reykiavik.

7. 1989: El petrolero Exxon Valdez encalla en el golfo de Alaska, arrojando al mar 260.000 barriles de crudo.

8. 1990: Estreno de *Dances with Wolves*

9. 1991: Guerra del Golfo

10. 1996: La NASA anuncia el hallazgo de indicios de vida en Marte.

MODELO

1982: *Thriller* de Michael Jackson
Cuando salió a la venta *Thriller* de Michael Jackson, yo no había escuchado ninguno de sus discos anteriores.

Entrando en materia

5–9. Alternativas. En parejas, hablen sobre qué circunstancias pueden obligar a una persona a dejar a su familia, su trabajo, su universidad, su ciudad o su país. Anoten sus ideas en la tabla siguiente:

> **MODELO**
> Estudiante A: Un joven puede dejar a su familia porque ésta es muy estricta.
> Estudiante B: Una persona puede dejar a su familia para irse a trabajar lejos.

1. Razones por las que una persona puede dejar...

	Su familia	Su trabajo	Sus estudios	Su ciudad	Su país
Estudiante A					
Estudiante B					

2. Comparen sus anotaciones; ¿qué tienen en común? ¿pueden sacar algunas conclusiones generales (motivo más frecuente, menos frecuente, etc.)?

5–10. Vocabulario en contexto. Busca estas expresiones en la lectura e intenta deducir su significado. Las expresiones aparecen en negrita.

A. Selecciona la palabra sinónima.

1. regresé	**a.** caminar	**b.** repasar	**c.** volver
2. cariño	**a.** cara	**b.** amor	**c.** indiferencia
3. dueño	**a.** vendedor	**b.** propietario	**c.** cliente
4. me equivoqué	**a.** equiparse	**b.** cometer un error	**c.** tener razón

B. Selecciona la explicación correcta.

1. **más bien**
   a. sinónimo de *mejor*
   b. expresión que introduce una idea más exacta que la idea anterior
2. **recuerdos**
   a. personas, lugares y momentos del pasado que están en la memoria
   b. grabaciones musicales
3. **en este sentido**
   a. expresión sinónima de *en este aspecto*
   b. hace referencia a los sentimientos de una persona
4. **incluso**
   a. da énfasis a la idea siguiente
   b. primera persona del singular del verbo *incluir*

Testimonio de Francisco Ruiz, un exiliado

Regresé a Chile con una situación económica bastante buena. Sin embargo, en general, muchos chilenos no han tenido la misma suerte. Pero, independientemente de la situación económica, la mayoría de los que hemos regresado sentimos que el país no nos ha recibido con **cariño, más bien** con indiferencia. Nadie nos pregunta "¿cómo te fue?", "¿qué necesitas?", no tienen interés en saber nada de los exiliados. Todavía tengo amigos chilenos en Canadá, donde viví mi exilio, y cuando me hablan de regresar a Chile yo siempre les recuerdo que el Chile de hace veinte años ya no existe, que el Chile de nuestras conversaciones no es el Chile actual.

Antes de regresar, yo pensaba que tenía muchos amigos en Chile. Yo siempre decía que tenía un millón de amigos en Chile, pero cuando regresas te das cuenta de que son muchísimos menos. Afortunadamente, he podido hacer nuevos amigos por medio del café del que soy **dueño**. Muchos de los que regresan vienen al café y siempre tenemos algo de que hablar.

A veces me siento extrañamente adaptado y casi parece que nunca estuve en el exilio, y que nunca hubo dictadura. Pero el otro día fui a ver la película *La casa de los espíritus*, y todo vino a la memoria otra vez, lloré durante la mitad de la película, pensando en amigos que habían sido víctimas de la dictadura. Ⓜ

He tenido la suerte de que mi hijo de trece años y mi hija de catorce se han adaptado al regreso admirablemente, al segundo día de llegar ya tenían amigos. Otras familias no han tenido tanta suerte. Los hijos de una familia amiga nuestra les decían a sus padres "en Canadá esto era mejor o aquello era mejor" y pusieron tanta presión en los padres que finalmente tuvieron que regresar a Canadá. El problema de algunas familias es que los padres siempre hablaban de un Chile maravilloso. Los exiliados teníamos un Chile perfecto en la memoria, siempre recordábamos las cosas buenas de Chile y posiblemente con los años, la fantasía adornó muchos de esos **recuerdos**.

Otra cuestión que no estaba clara era la adaptación de mi esposa, que es canadiense. **En este sentido** también tuve suerte. Ella encontró una manera artística de adaptarse a la nueva situación. En colaboración con un comediante muy conocido en Chile, escribió y representó un monólogo cómico sobre cómo era vivir con un exiliado chileno que había vivido en Canadá y regresado a Chile. Mi esposa recorrió todo Chile con el espectáculo e **incluso** lo llevó a Canadá, Nueva York y Washington.

Ahora, la gran pregunta, ¿por qué volví a Chile? No fue porque no me gustaba la vida en Canadá. Por una razón que no puedo explicar lógicamente, yo tenía la necesidad de traer a mis hijos para que vivieran en Chile y experimentaran la vida aquí. Creo que no **me equivoqué**, creo que tomé una buena decisión.

Ⓜomento de reflexión

Marca con una X la idea correcta.
- ❏ 1. Francisco está en una situación económica difícil.
- ❏ 2. Francisco se siente frustrado con los chilenos.
- ❏ 3. Francisco no puede olvidar el exilio y los eventos políticos que causaron el exilio.

Adaptado de Thomas C. Wright y Rody Oñate, *Flight from Chile. Voices of Exile.* (University of New Mexico Press: 1998), pp. 204–206.

5–11. Palabras en acción. Completa estas oraciones con una de las expresiones de la lista.

> regresar   cariño   dueño   recuerdos   incluso   equivocarse

1. Los hijos de Francisco se adaptaron bien e _____ su esposa canadiense supo adaptarse.
2. Francisco es el _____ de un café.
3. Francisco _____ con una buena situación económica.
4. Francisco piensa que los exiliados no fueron recibidos con _____ en Chile.
5. Algunas situaciones traen a la memoria _____ del pasado.
6. Francisco piensa que no _____ cuando decidió regresar a Chile.

5–12. ¿Comprendiste? Responde a las siguientes preguntas.

1. ¿Qué critica Francisco del Chile actual?
2. Francisco tuvo una experiencia recientemente que le recordó el exilio; ¿cuál fue esa experiencia?
3. ¿Cómo ha reaccionado su familia a su regreso a Chile?
4. ¿Cómo han reaccionado otras familias?
5. ¿Por qué regresó Francisco a Chile?
6. ¿Cómo se siente Francisco acerca de su decisión de volver?

5–13. En su opinión. En parejas, expresen sus opiniones oralmente sobre los siguientes puntos.

1. Muchos exiliados idealizan el país que dejaron. ¿Han idealizado ustedes a alguna persona o lugar en alguna ocasión? Explíquenle la situación a su compañero/a.
2. ¿Qué opinan de la decisión de Francisco de regresar a Chile? ¿Qué creen que habrían hecho ustedes de encontrarse en su situación? ¿Por qué?
3. ¿Creen que es una buena idea regresar después de más de diez años de exilio?
4. ¿Han sentido alguna vez que "no pertenecían" a un lugar, a un grupo o a un país? Expliquen sus respuestas.

5–14. Hablemos del tema. Ustedes son dos exiliados chilenos que viven en EE.UU. Un amigo suyo, Sebastián, está planeando regresar a Chile. Discutan los pros y los contras de la decisión de Sebastián. Ustedes tienen esta información sobre la situación de Sebastián:

Es profesor de español.

Su esposa es estadounidense y no habla español.

Su esposa trabaja en un banco y gana más que Sebastián.

Ninguno de sus tres hijos habla español. Los hijos tienen seis, quince y diecisiete años.

La familia tiene 150.000 dólares ahorrados.

Estudiante A: Tú estás a favor del regreso. Tú inicias la conversación.

Estudiante B: Tú estás en contra del regreso.

Por si acaso

Iniciar y mantener una discusión

Usa estas expresiones para iniciar y mantener una discusión sobre cualquier tema.

¿(No) Crees que...?	Do (Don't) you believe that . . . ?
¿Cuál es tu reacción ante...?	What is your reaction to . . . ?
Mira/e	Look
¿Bueno?	OK?
¿Verdad?	Is it? Isn't it? Does it? Doesn't it?

Expresar acuerdo y desacuerdo enfáticamente

Acuerdo enfático

Eso es absolutamente / totalmente cierto.	That is totally true.
Tiene(s) / Le / Te doy toda la razón.	You are absolutely right.
Creo / Me parece que es una idea buenísima.	I think that it is a great idea.
Por supuesto que sí.	Absolutely.

Desacuerdo enfático

No tiene(s) ninguna razón.	You are absolutely wrong.
Creo / Me parece que es una malísima idea.	I think it is a terrible idea.
Lo que dice(s) no tiene ningún sentido.	You are not making any sense.

C U R I O S I D A D E S

Trabalenguas

Los trabalenguas son juegos lingüísticos en los que un sonido aparece repetidamente en la frase. Otra característica de los trabalenguas es que las frases no siempre tienen significado. La palabra **trabalenguas** está compuesta de **trabar** "obstaculizar" y **lengua** "órgano que está en el interior de la boca".

5–15. Trabalenguas. Practiquen estos trabalenguas en parejas. ¡A ver quién consigue decirlos más rápidamente y sin equivocarse!

1. Compré pocas copas, pocas copas compré y como compré pocas copas pocas copas pagué.
2. Pedro Pérez Pita, pintor perpetuo, pinta paisajes por poco precio, para poder partir pronto para París.
3. Tres tristes tigres trigaban en un trigal.
4. Me han dicho
   que has dicho un dicho,
   un dicho que he dicho yo,
   ese dicho que te han dicho
   que yo he dicho, no lo he dicho;
   y si yo lo hubiera dicho,
   estaría muy bien dicho
   por haberlo dicho yo.

5–16. Reconstruir un trabalenguas. Con las palabras que tienes a continuación, forma un trabalenguas que tenga significado. El trabalenguas debe tener dos líneas y debe incluir las mismas palabras en un orden un poco diferente.

clavito   Pablito   un   clavó

Argentina: La inmigración y las riquezas naturales forjan un país

PANORAMA CULTURAL

Buenos Aires

ARGENTINA

OCÉANO ATLÁNTICO

Capital:	Buenos Aires
Población:	37.384.816 habitantes
Grupos étnicos:	blanco 97%, mestizo, amerindio y otros 3%
Idiomas:	español
Moneda:	peso
Área:	aproximadamente un tercio del tamaño de EE.UU.

Entrando en materia

5-17. ¿Qué sabes de Argentina? Indica si estas oraciones son ciertas o falsas. Si puedes, corrige las falsas. Si no estás seguro/a, repasa tus respuestas después de leer la sección para ver si eran correctas.

1. La carne argentina no es famosa mundialmente.
2. El territorio argentino contiene el área habitada más cercana al Polo Sur del mundo.
3. El *gaucho* es el vaquero (*cowboy*) argentino.
4. Eva Perón fue una líder en la vida política argentina.
5. El origen del tango no es argentino.

PERFIL

¿Qué pasó?

LA INDEPENDENCIA Y LAS DICTADURAS

Bajo el liderazgo de José de San Martín, Argentina proclama su independencia en 1816. Después de la independencia, hubo una larga secuencia de gobiernos poco estables y dictaduras militares. En la vida política del siglo XX **destaca**[1] la figura de Juan Domingo Perón, que fue elegido como presidente en 1946, 1952 y 1974, siendo su primera época presidencial la más exitosa. Perón tenía el apoyo de los trabajadores de la industria y del campo y su carismática esposa, Evita, le proporcionó un importante punto de apoyo en su carrera política. La figura de Perón y su programa político de justicia social o justicialismo dieron origen al peronismo, un movimiento político que pretendía encontrar un punto intermedio entre el capitalismo y el comunismo.

Entre 1976 y 1983 tuvo lugar la llamada Guerra Sucia, uno de los períodos más sangrientos de la historia de Argentina caracterizado por **secuestros**[2], torturas y asesinatos. Miles de personas desaparecieron en esta época. Estas desapariciones inspiraron la formación del grupo Madres de la Plaza de Mayo, que forzó al gobierno a investigar las violaciones de los derechos humanos durante la Guerra Sucia.

1. *stands out* 2. *kidnappings*

5-18. Eventos y personajes. Indica con qué eventos y personajes asocias las siguientes fechas.

Eventos y personajes	Fechas
1. Guerra Sucia	a. 1816
2. José de San Martín	b. 1946
3. Juan Domingo Perón	c. 1976–1983
4. Madres de la Plaza de Mayo	
5. independencia	

¿Qué pasa?

LA RECIENTE SITUACIÓN ECONÓMICA

En la economía argentina, la ganadería es un sector muy importante. Argentina es uno de los mayores exportadores de carne del mundo. Sin embargo, el país tiene un gran potencial para potenciar su economía por medio del sector de la energía, ya que cuenta con importantes reservas de petróleo y gas natural.

La situación económica se ha deteriorado tanto en los últimos años que los argentinos forzaron la dimisión del presidente Fernando de la Rúa en diciembre de 2001. La reducción de la deuda externa, el desempleo y la inflación son temas prioritarios en la vida argentina. Se predice que la economía estará estabilizada en 2003. Por el momento, la crisis económica puede tener un efecto negativo en Mercosur, la unión económica a la que pertenecen Brasil, Uruguay, Paraguay y Argentina.

¿Quién soy?

GABRIELA SABATINI

Gabriela Beatriz Sabatini nació en Buenos Aires, Argentina, el 16 de mayo de 1970. Empezó a jugar al tenis cuando tenía ocho años. En 1984, se consagró como Campeona Mundial Juvenil con apenas 13 años. En 1985 debutó como profesional en el **Abierto de Francia**[3] (Roland Garros) a los 15 años. En pocos años fue ganando torneos internacionales que le permitieron ubicarse, en una época extremadamente competitiva a nivel internacional, en el tercer lugar del ranking mundial.

Fue la mejor deportista del tenis femenino argentino, y ella y Guillermo Vilas son los únicos argentinos que han logrado ganar torneos de Gran Slam.

Entre los torneos que ganó se encuentran el **Abierto de Estados Unidos**[4] del 8 de septiembre de 1990, en el que derrotó a la número uno de ese momento, la alemana Steffi Graff. Se jubiló como tenista en 1996.

Desde su jubilación, ha lanzado varios perfumes, la muñeca "Gaby" y ha escrito una autobiografía. Hoy día alterna su residencia entre Buenos Aires y Miami.

---

3. *French Open* 4. *U.S. Open*

Source: *www.analitica.com/va/deportes/hazanas/1546360.asp.*

5-19. Comprender y pensar.

En parejas, preparen una tabla como la de abajo e incluyan la información apropiada en cada casilla. Incluyan dos o tres puntos importantes que hayan aprendido sobre Argentina en las secciones *¿Qué pasó?*, *¿Qué pasa?* y *¿Quién soy?*

Argentina	Política	Economía	Perón / Evita	Historia	Plaza de Mayo
País de América Latina		Productor de carne de res			

¿Dónde está?

USHUAIA

Ushuaia es una ciudad de la isla Tierra del Fuego, que es parte de la región llamada Patagonia. En Ushuaia viven unas cincuenta mil personas. Oficialmente está considerada como la ciudad más al sur en el globo terrestre. Muchos la llaman "ciudad del fin del mundo".

El paisaje de Ushuaia es uno de sus atractivos. Una de las actividades favoritas de los visitantes es pasear en barco por el área de Cabo de Hornos (*Cape Horn*) y por el Canal Beagle. En el área está también el Parque Nacional Tierra del Fuego.

La ciudad tiene una historia interesante. Los primeros europeos que poblaron la ciudad fueron unos misioneros ingleses que llegaron en la década de 1870. En 1884, el gobierno argentino ocupó el territorio y más tarde hizo construir una prisión que se terminó en 1920 y se cerró veinte años más tarde.

5-20. Síntesis. En parejas, representen una entrevista entre Gabriela Sabatini y un/a periodista estadounidense. Aquí tienen sus instrucciones:

Entrevistador/a: Te encanta el tenis y tienes mucho interés en conocer a Gabriela. Sabes que Gabriela pasa mucho tiempo libre en Ushuaia y quieres obtener información sobre el lugar. Finalmente, también te gustaría saber qué piensa la famosa tenista de la situación actual de Argentina. Dedica unos minutos a preparar 4 ó 5 preguntas para Gabriela.

Gabriela: Tú siempre hablas de tenis en tus entrevistas pero ahora estás muy preocupada por la situación de Argentina y quieres decir lo que piensas públicamente. Ésta es tu oportunidad. El/La periodista también quiere saber por qué pasas tanto tiempo en Ushuaia. Explícale tus razones y descríbele el lugar lo mejor que puedas.

Prepositional Pronouns

In **Unidad 1**, *Tema 3* you studied the prepositions and the uses of **por, para, de, a,** and **en**. When these or any other preposition (**ante, bajo, con, contra, sin, sobre,** and others) are followed by a pronoun, you need to use the following set of pronouns: **mí, ti, él, ella, usted, nosotros/as, vosotros/as, ustedes, ellos, ellas.** These are called prepositional pronouns because they follow a preposition.

Note that only the first-person singular and the informal second-person singular have special forms. The rest are the same as subject pronouns.

> Si quieres ver algo diferente, Ushuaia es para **ti**.
>
> *If you want to see something different, Ushuaia is for **you**.*

The rest of the prepositional pronouns are the same as the subject pronouns you are already familiar with (**usted, él/ella, nosotros/as, vosotros/as, ustedes, ellos/as**).

> Si quieren ver algo diferente, Ushuaia es para **ustedes**.
>
> *If you want to see something different, Ushuaia is for **you**.*

The preposition **con** (*with*) followed by **mí** or **ti** becomes **conmigo** and **contigo** respectively.

> ¿Quieres viajar **conmigo** a Ushuaia?
>
> *Do you want to travel to Ushuaia **with me**?*
>
> Quiero viajar **contigo** a Ushuaia.
>
> *I want to travel to Ushuaia **with you**.*

The preposition **entre** (*between*) does not cause the first-person singular pronoun and the second-person singular pronoun to become **mí** and **ti** respectively.

> No quiero problemas **entre tú** y **yo**.
>
> *I don't want any problems **between you** and **me**.*

Prepositional Verbs

1. Verbs followed by a different preposition in Spanish and in English

There are about forty fairly common verbs that require a preposition in Spanish that differs from its English counterpart. The following is a selected list.

consistir en	*to consist of*	enamorarse de	*to fall in love with*
pensar en	*to think of*	**felicitar por**	*to congratulate on*
depender de	*to depend on*	**llegar a**	*to arrive in/at*
despedirse de	*to say goodbye to*		

2. Verbs followed by a preposition in Spanish but not in English

There are about twenty fairly common verbs that are followed by a specific preposition in Spanish whereas their English counterparts require none.

These verbs should be learned with the preposition. The following is a selected list.

acordarse de	*to remember*	**empezar a**	*to begin (to do something)*
aprender a	*to learn how (to do something)*	**casarse con**	*to marry*
asistir a	*to attend (a place)*	**salir de**	*to leave (a place)*

3. Verbs followed by a preposition in English but not in Spanish

buscar	*to look for*	**esperar**	*to wait for*	**pedir**	*to ask for*

See *Apéndice gramatical 5* for information on personal **a**.

5–21. Identificación. Lee esta nota de prensa sobre Argentina e identifica: a) los pronombres preposicionales, b) los verbos preposicionales y c) los verbos que necesitan una preposición en inglés.

Noticias de Argentina

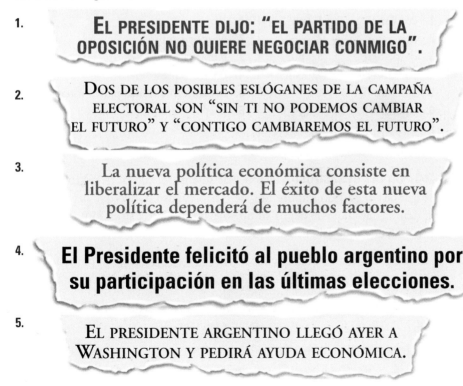

1. **EL PRESIDENTE DIJO: "EL PARTIDO DE LA OPOSICIÓN NO QUIERE NEGOCIAR CONMIGO".**

2. **DOS DE LOS POSIBLES ESLÓGANES DE LA CAMPAÑA ELECTORAL SON "SIN TI NO PODEMOS CAMBIAR EL FUTURO" Y "CONTIGO CAMBIAREMOS EL FUTURO".**

3. **La nueva política económica consiste en liberalizar el mercado. El éxito de esta nueva política dependerá de muchos factores.**

4. **El Presidente felicitó al pueblo argentino por su participación en las últimas elecciones.**

5. **EL PRESIDENTE ARGENTINO LLEGÓ AYER A WASHINGTON Y PEDIRÁ AYUDA ECONÓMICA.**

5–22. Compañeros de viaje. A este diálogo le faltan algunos pronombres. ¿Sabes cuáles son?

PEDRO: ¿Tienes planes para las vacaciones de verano?

MARTA: Sí, voy a ir a Ushuaia, pero no me gusta viajar sola, quiero que alguien viaje (1) _____.

PEDRO: Pues a (2) _____ me gustaría viajar (3) _____, si quieres viajamos juntos.

...

PEDRO: Tengo noticias para (4) _____. Juan y Cecilia saben que tú y yo vamos a viajar a Ushuaia y ellos quieren venir con (5) _____, ¿qué piensas?

MARTA: Prefiero viajar sin (6) _____ porque creo que combinar las preferencias de cuatro personas será difícil.

5–23. Ideas lógicas. Con la información que has aprendido en este tema, escribe cinco oraciones lógicas seleccionando elementos de cada columna.

> **MODELO** El éxito de la asociación Mercosur depende de la economía mundial.

A	B	C	D
1. Perón	1. consistir	1. en	1. Eva
2. Gabriela Sabatini	2. depender	2. de	2. el apoyo militar
3. La asociación Mercosur	3. despedirse	3. por	3. ganar el Abierto de EE.UU.
4. El éxito de la asociación Mercosur	4. enamorarse	4. con	4. cuatro países
5. Mercosur	5. felicitar		5. la economía de los países integrantes
	6. casarse		6. la economía mundial
	7. buscar		7. el apoyo de EE.UU.

5–24. Un día desastroso. Después de su entrevista, Gabriela Sabatini tenía que jugar en un partido importante, pero había tanto tráfico que llegó tarde. Aquí tienes la nota que le dejó a su novio explicándole la situación. Completa las preposiciones que falten.

Hoy especialmente tenía que asistir (1) _____ al partido puntualmente para poder prepararme antes de jugar, pero llegué (2) ___a___ la cancha tarde. Salí (3) ___de___ mi casa a tiempo pero tuve que esperar (4) _____ el tráfico por casi una hora. Pensé (5) ___en___ tomar un taxi pero no llevaba suficiente dinero. Finalmente llegué y empecé (6) ___a___ hacer ejercicios de calentamiento, pero no me acordaba (7) ___de___ la hora exacta del partido. Le pedí (8) _____ mi entrenador que cancelara el partido completo pero él se negó y me dijo que tenía que aprender (9) ___a___ ser puntual.

2 **5-25. ¿Y tú?** En parejas, elijan uno de los siguientes temas para entrevistar a su compañero/a. Después, la otra persona debe elegir un tema diferente. Preparen algunas preguntas interesantes y después, compartan sus respuestas con otras parejas.

1. Las características de su pareja ideal
2. La persona más única o inolvidable que han conocido
3. Las cosas que les gustaría aprender si tuvieran todo el tiempo necesario
4. En qué consiste el secreto de la felicidad
5. De qué depende el éxito de un estudiante

Entrando en materia

5-26. Baile y música. Escribe una descripción breve de los movimientos corporales que se hacen con los siguientes tipos de baile/ música. ¿Con qué grupo de personas asocias cada tipo de baile/ música? ¿Cuál prefieres bailar? ¿Cuál prefieres ver? ¿Cuál quieres aprender? ¿Cuál te parece más difícil?

> **MODELO**
>
> **flamenco: movimientos con las manos y los dedos; los brazos se alzan; se hace ruido con los zapatos; se dan palmas, etc.**

1. rock
2. tango
3. vals (*waltz*)
4. salsa
5. hip-hop

5-27. Vocabulario en contexto. Por el contexto de las oraciones, deduce el significado de las palabras en negrita. Luego, en la tabla de abajo, indica qué idea de la columna de la derecha le corresponde a cada palabra de la izquierda.

1. En 1810, Argentina estaba **escasamente** habitada.
2. El bajo número de personas era un obstáculo para el progreso de Argentina, **es decir** que el progreso de Argentina dependía de aumentar la población.
3. En algunos territorios no vivía nadie; estos territorios estaban **deshabitados**.
4. Argentina necesitaba **poblar** los territorios donde no vivía nadie.
5. Los inmigrantes preferían vivir en la ciudad **en lugar de** vivir en el campo.
6. La palabra **híbrida** es antónima de "pura".
7. En español es incorrecto decir "eres no bajo"; el verbo y la negación deben estar en orden **inverso**, "no eres bajo".

1. escasamente	a. implica la idea de "sustituir"
2. es decir	b. sin gente
3. deshabitados	c. opuesto de abundantemente
4. poblar	d. combinación de elementos
5. en lugar de	e. opuesto
6. híbrida	f. en otras palabras
7. inverso	g. habitar

MINICONFERENCIA

Lunfardo y tango, dos creaciones de los inmigrantes

Ahora tu instructor/a va a presentar una miniconferencia.

5–28. Palabras en acción. Completa las siguientes oraciones con una de las siguientes expresiones.

es decir   deshabitados   poblar   en lugar (de)   híbrida

1. Había muchas nacionalidades entre los inmigrantes; la población de Buenos Aires era una población _____.
2. Los territorios _____ no eran atractivos para muchos inmigrantes.
3. Los argentinos del s. XIX preferían bailar el vals _____ del tango.
4. El gobierno necesitaba _____ las áreas rurales.
5. El lunfardo y el tango no tenían prestigio en siglo XIX, _____ que la clase social alta los consideraba de mal gusto.

5–29. ¿Comprendiste? Contesta las siguientes preguntas según la información que escuchaste.

1. ¿Qué problema quería resolver el gobierno con la inmigración? ¿Crees que resolvió ese problema?
2. ¿De qué nacionalidad era la mayoría de los inmigrantes?
3. La expresión "cultura porteña", ¿a qué área geográfica se refiere? ¿Recuerdas por qué?
4. ¿Qué es el lunfardo? ¿Puedes pensar en un ejemplo parecido en tu país? ¿Cuál?
5. ¿Qué conexión ves entre la inmigración, el lunfardo y el tango?
6. El tango fue rechazado en el país de origen y popularizado en el extranjero. En tu cultura, ¿existe o ha existido una situación semejante? Explica.

2 **5–30. Hablemos del tema.** Ustedes dos están en la Embajada Argentina en París en 1917. Están preparando un acto cultural y no saben si incluir un espectáculo de tango o no. Sólo tienen cinco minutos para llegar a una conclusión. Sigan estos pasos:

Estudiante A: Tú eres el ministro francés de cultura, eres un entusiasta del tango y sabes bailarlo. Presenta tu opinión dando razones para incluir el tango en el acto cultural.

Estudiante B: Tú eres el embajador de Argentina. Sientes una absoluta repulsión por el tango-música, el tango-baile y el tango-canción. Debes ser educado con el ministro francés pero no debes permitir que él te diga qué debes hacer en tu embajada.

Por si acaso

Iniciar y mantener una conversación

¿Qué piensa/s de…?	What is your opinion of…?
¿(No) Cree/s que…?	Do (Don't) you believe that…?
¿No te/le parece que…?	Doesn't it seem that…?
Es un tema muy controvertido pero…	It is a very controversial topic, but…
Es verdad.	It's true.
Eso mismo pienso yo.	I think the same.
Exactamente lo que pienso yo.	Exactly what I think.
Mira/e.	Look.
¿Bueno?	OK?
¿Verdad? ¿No?	Is it? Isn't it? Does it? Doesn't it?
Perdona/e, pero…	Pardon me, but…

Persuadir y convencer

Te/Le propongo este plan…	I propose this plan…
Yo te/le doy… y a cambio tú/usted me da/s…	I give you… and in exchange you give me…
Te/Le prometo que…	I promise you that…

CURIOSIDADES

5–31. ¡Uno, dos, tres, quiero saber! Vamos a jugar una vez más con toda la clase.

Instrucciones para jugar:

El/La instructor/a saca (*draws*) una pregunta del **Baúl de las preguntas** y dice:
—En treinta segundos, nombra países hispanohablantes con costa en el Atlántico. Por ejemplo, **España**. UNO, DOS, TRES, QUIERO SABER.
El/La primer/a jugador/a puede responder usando el ejemplo.

Uno, dos, tres, quiero saber marca el comienzo del juego.
El/La instructor/a o un/a estudiante dice "**tiempo**" al final de los treinta segundos.

Uruguay: La otra "Suiza" de América

URUGUAY

Montevideo

Capital:	Montevideo
Población:	3.360.105 habitantes
Grupos étnicos:	blanco 88%, mestizo 8%, africano 4%
Idiomas:	español, portuñol (mezcla de portugués y español)
Moneda:	peso
Área:	un poco más pequeño que el estado de Washington

Entrando en materia

5–32. ¿Qué sabes de Uruguay? Mira el mapa y la información sobre Uruguay y decide si estas oraciones son ciertas o falsas. Si puedes, corrige las falsas. Si no estás seguro/a, repasa tus respuestas después de leer la sección para ver si eran correctas.

1. Uruguay limita con Brasil al norte y con Chile al sur.
2. La mayoría de los habitantes de este país son de origen europeo.
3. El portuñol se habla en Uruguay porque es un país vecino de Brasil, donde se habla portugués.
4. El portuñol se habla sólo en Uruguay, dado que es el único país del Cono Sur que limita con Brasil.
5. Al igual que Costa Rica, Uruguay también se conoce como la "Suiza de América".

5–33. ¿Qué esperas leer? Mira los títulos y las fotos de la secciones de *Perfil*. Haz una lectura rápida (*scanning*) e intenta anticipar el contenido de cada sección. Elige la opción **a** o **b**.

1. Blancos y Colorados (*Reds*)

   a. se refiere a dos partidos políticos

   b. se refiere a dos equipos de fútbol

2. La rebelión de los tupamaros

   a. Los tupamaros son el grupo por el que Uruguay se ha ganado el nombre de "Suiza de América".

   b. Los tupamaros fueron miembros de una guerrilla que luchó contra el gobierno.

3. De la inestabilidad a la estabilidad democrática

   a. La historia política de Uruguay está caracterizada por períodos de inseguridad.

   b. La historia política de Uruguay está caracterizada por una constante seguridad.

4. Mario Benedetti

   a. Este señor es un cantante de música folclórica uruguaya.

   b. Este señor es un escritor o un académico.

5. Las hermosas playas de Punta del Este

   a. Esta sección describe un lugar turístico parecido al Cañón de Colorado.

   b. Esta sección describe un lugar turístico parecido a Long Beach.

PERFIL

¿Qué pasó?

BLANCOS Y COLORADOS

Desde que Uruguay se independizó de España en 1825, el país ha experimentado frecuentes períodos de inestabilidad política. El origen de esta inestabilidad ha sido esencialmente la división entre dos grupos políticos en oposición: los Blancos (conservadores) y los Colorados (liberales).

Bajo el régimen progresista del líder colorado José Batlle Ordóñez entre 1903 y 1915, Uruguay comenzó a experimentar una gran prosperidad económica. Batlle Ordóñez gobernó en dos períodos presidenciales (1903–07 y 1911–15) y bajo su gobierno **se sentaron**[1] las bases de una democracia progresista estable.

LA REBELIÓN DE LOS TUPAMAROS

El país experimentó una relativa paz hasta mediados de los años 1960, por lo que se ganó el nombre de la "Suiza de América". A partir de los años 70 comenzó una época de inestabilidad económica que dio lugar a conflictos **laborales**[2] y al surgimiento de la guerrilla de los tupamaros. Estos guerrilleros **izquierdistas**[3] querían transformar radicalmente el país. Creían que la crisis económica de Uruguay se debía a la ineptitud del gobierno para diversificar la economía y **desenfatizar**[4] la centralización del desarrollo económico en Montevideo en detrimento del resto de las provincias del país.

1. *established* 2. *labor* 3. *leftist* 4. *deemphasize*

¿Qué pasa?

DE LA INESTABILIDAD A LA ESTABILIDAD DEMOCRÁTICA

Jorge Batlle,
Presidente desde 1999

La crisis económica de los años 60 y 70 dio lugar a un clima de violencia, ley marcial, represión de las libertades constitucionales, **secuestros**[5] de políticos y ciudadanos importantes en el **mundo de los negocios**[6], **asaltos**[7] a bancos y desorden político en general. Este país, que durante décadas había servido de modelo democrático para otros países de Latinoamérica, perdió su prestigio y privilegiada posición.

En 1973, el presidente Juan María Bordaberry, **apoyado**[8] por un grupo de militares, asumió plenos poderes, disolvió el Parlamento y lo sustituyó por un Consejo de Estado. Posteriormente, los militares derrocaron a Bordaberry y lo sustituyeron por otro presidente más

fácil de manejar. Tras una serie de intentos para **"aparentar"**[9] que el gobierno era constitucional, los militares tomaron directamente el gobierno del país. Este gobierno represivo militar duró doce años y devastó la economía del país. El descontento social y la situación económica dieron lugar al exilio de más de 300.000 uruguayos.

En 1986 el gobierno acordó el retorno del régimen democrático civil. Después de doce años de dictadura militar, el pueblo uruguayo eligió como presidente a Julio Sanguinetti (del partido Colorado). Al gobierno de Sanguinetti le han seguido una serie de gobiernos democráticos cuyo común denominador ha sido y sigue siendo recuperar y revitalizar la estabilidad económica y social.

5. *kidnappings* 6. *business world* 7. *robberies* 8. *supported* 9. *feign*

2 **5–34. Síntesis I.** En parejas, una persona va a preparar una pruebita (*quiz*) de tres preguntas sobre la sección *¿Qué pasó?* y su compañero/a debe hacer lo mismo con la sección *¿Qué pasa?* Háganse las preguntas entre sí oralmente para ver si pasan la prueba de su compañero/a. Aquí tienen los temas para las preguntas:

¿Qué pasó?	**¿Qué pasa?**
El partido Blanco y el partido Colorado	La política de Uruguay en los años 60
El régimen de José Batlle Ordóñez	La política de Uruguay en los años 70
Objetivos de los tupamaros	Los efectos de la dictadura
	La situación política desde 1990 hasta el presente

¿Quién soy?

MARIO BENEDETTI

Mario Benedetti nació en Montevideo el 14 de septiembre de 1920, en Paso de los Toros. Entre 1938 y 1941 residió casi continuamente en Buenos Aires. Es uno de los autores más importantes de habla hispana y su obra está comprometida con la realidad política y social de su país.

En 1945, de vuelta en Montevideo, fue miembro del equipo de redacción del periódico *Marcha*. En 1949 publicó *Esta mañana*, su primer libro de cuentos y, un año más tarde, la colección de poemas *Sólo mientras tanto*. La novela *La tregua*, que apareció en 1960, le dio fama internacional. Esta novela tuvo más de un centenar de ediciones, fue traducida a diecinueve idiomas y llevada al teatro, la radio, la televisión y el cine. En 1973 Benedetti tuvo que abandonar su país por razones políticas. Durante sus doce años de exilio vivió en Argentina, Perú, Cuba y España.

¿Dónde está?

LAS HERMOSAS PLAYAS DE PUNTA DEL ESTE

Punta del Este es una popular ciudad en el sureste de Uruguay, en la península que cierra la bahía de Maldonado. Antigua localidad pesquera, hoy se ha convertido en el primer centro turístico del país. Tanto visitantes nacionales como argentinos, chilenos, paraguayos y estadounidenses visitan la ciudad. En general es un turismo de alto poder **adquisitivo**[10], como lo muestran las mansiones, los hoteles y las embarcaciones que se encuentran en el puerto deportivo. Las localidades de Maldonado y Punta del Este han crecido tanto que prácticamente se han unido, pero mientras la primera guarda su aire colonial, la otra es centro de mucha actividad en el verano, con una fuerte disminución de la población en el invierno.

10. *purchasing power*

2 **5-35. Síntesis II.** En parejas, completen los siguientes pasos. ¡OJO! El segundo paso requiere investigación, así que tendrán que completarlo después de clase.

A. Primero, contesten estas preguntas sobre las secciones anteriores.

1. ¿Cuál ha sido la obra más popular de Mario Benedetti?
2. ¿Qué ideología política define a Mario Benedetti?
   Pista: Estuvo exiliado del país en los años 1970.
3. ¿Qué tipo de gente hace turismo en Punta del Este? ¿Qué diferencia hay entre el turismo en Maldonado y Punta del Este? ¿Les recuerda Punta del Este a algún punto turístico en Estados Unidos?

B. Visiten la biblioteca o Internet para encontrar algún dato curioso o interesante sobre la vida o la obra de Mario Benedetti. Pueden elegir un poema, un cuento corto o simplemente una anécdota de su vida. Después, preparen un breve informe oral para presentar lo que encontraron al resto de sus compañeros durante la próxima clase.

ATENCIÓN A LA ESTRUCTURA

Progressive Tenses

Formation

The progressive tense is formed with the verb **estar** plus the gerund of a verb. In English, the gerund ends in *-ing* (*talking, walking*). In Spanish, the gerund ends in **-ando** for **-ar** verbs and **-iendo** for **-er** and **-ir** verbs.

aceptar → acept**ando**   mantener → maten**iendo**   residir → resid**iendo**

There are some irregular forms you need to remember.

1. Stem-changing verbs from **e → i** and **o → u** show the stem change in the gerund.

   sentir → s**i**ntiendo   d**o**rmir → d**u**rmiendo

2. When the stem of an **-er** or **-ir** verb ends in a vowel, the **i** of the **-iendo** ending changes to **y**.

   le-er → le**y**endo   o-ír → o**y**endo

In the progressive tenses only the verb **estar** is conjugated; the **-ando/-iendo** ending never changes.

Forms of the Indicative

Present	estoy habl**ando**	Future	estaré durm**iendo**
Preterite	estuve dic**iendo**	Conditional	estaría estud**iando**
Imperfect	estaba le**yendo**		

Forms of the Subjunctive

Present	esté escribiendo	Imperfect	estuviera pidiendo

Uses

Use the progressive tenses to describe actions that are ongoing or in progress at the moment of speaking.

Do not use the progressive in Spanish to indicate a future or anticipated action. Use the present tense instead.

Nos vamos a/ Salimos para Montevideo esta tarde.

We are leaving for Montevideo this evening.

Gerund (-*ndo* form) versus Infinitive

In English, the gerund can function as a noun. This means that it can be the subject or the object of a sentence. In Spanish, the equivalent of the gerund in this function is the infinitive. The gerund in Spanish can never function as a noun.

Viajar por Uruguay es muy interesante.

Travelling in Uruguay is very interesting.

Me gusta **pasar** el rato con mis amigos uruguayos.

I like spending time with my Uruguayan friends.

5–36. Identificación. ¿Cuánto tiempo pasas últimamente haciendo estas actividades? Marca con una X la actividad que corresponda y después habla con tu compañero/a sobre tus selecciones.

	Paso mucho tiempo	Paso poco tiempo
1. hablando por teléfono con mis padres	❑	❑
2. saliendo con un/a amigo/a especial	❑	❑
3. estudiando español	❑	❑
4. viendo la tele	❑	❑
5. haciendo ejercicio físico	❑	❑
6. participando en actividades universitarias	❑	❑
7. yendo a fiestas o a bares	❑	❑
8. discutiendo con mi compañero/a de cuarto	❑	❑

5–37. Visita imaginaria a Punta del Este. En parejas, sigan los siguientes pasos:

Estudiante A: Imagina que estás pasando unas vacaciones en una playa de Punta del Este. Visualiza tu estancia en esta playa y dile a tu compañero/a lo que "estás viendo" en tu imaginación. Puedes describir lo que estás haciendo, quiénes están allí y qué están haciendo, qué está ocurriendo en la playa, etc.

Estudiante B: Tú tienes que dibujar la escena exactamente tal y como la describe tu compañero/a, por eso, necesitas hacerle preguntas para averiguar todos los detalles de las vacaciones que está imaginando. Al final, muéstrale tu dibujo a tu compañero/a para ver si comprendiste claramente su "visión" de unas vacaciones en Punta del Este. Después, cambien sus roles. Si lo desean, pueden visualizar unas vacaciones alternativas. Guarden sus dibujos para la próxima actividad.

5–38. ¿Y ustedes? ¿Qué ocurría en la visualización de sus compañeros al mismo tiempo que ustedes estaban haciendo su dibujo? Intercambien sus dibujos con los de otra pareja y determinen qué estaban visualizando sus compañeros según las acciones que estén llevando a cabo las personas dibujadas. Compartan sus comentarios con el resto de la clase.

> **MODELO**
>
> visualizar unas vacaciones en Daytona Beach
> **Carlos estaba visualizando (visualizaba) unas vacaciones en Daytona Beach al mismo tiempo que yo intentaba dibujar las cosas que describía mi compañero/a.**

Entrando en materia

5–39. Anticipación.

1. Lee el título de la lectura y mira las fotos. ¿Puedes identificar el tema general del texto?

2. ¿En qué medio esperarías encontrar un texto como este? Marca con una 'x' los que correspondan.

   a. Una revista del corazón   **c.** La sección de negocios de un periódico
   b. Un folleto turístico   **d.** Internet

3. La lectura está dividida en seis párrafos. Haz una lectura rápida e intenta predecir el tema central de cada uno de los párrafos.

Párrafo 1:	Párrafo 4:
Párrafo 2:	Párrafo 5:
Párrafo 3:	Párrafo 6:

5–40. ¿Qué significa? Busca las siguientes expresiones en la lectura. Intenta deducir su significado basándote en el contexto y usando las opciones **a** o **b**. Si no te queda claro, revisa tus respuestas después de terminar la lectura.

1. **aterrice**
   a. Un avión aterriza cuando entra en contacto con la tierra y llega a su destino.
   b. Un avión aterriza cuando los pilotos se preparan para comenzar un vuelo.

2. **grabada**
   a. difícil de recordar
   b. fácil de recordar

3. **recorrido/trayectoria**
   a. la ruta o la distancia entre dos o más lugares
   b. una gran variedad de cosas

4. **descongestionada**
   a. sinónimo de "mucho tráfico y polución"
   b. antónimo de "mucho tráfico y polución"

5. **inesperadamente**
   a. sinónimo de "sorprendentemente"
   b. sinónimo de "esperar"

6. **época dorada**
   a. era o período especial
   b. la época de "El Dorado"

LECTURA

Acerca de Uruguay

Imagínese que está cómodamente sentado a unos miles de metros de altura. Faltan escasos minutos para que el avión que lo transporta **aterrice** en suelo uruguayo. Por la ventanilla, una primera imagen le quedará inevitablemente **grabada**: el generoso manto verde de las praderas que cubren casi totalmente el país. Lentamente, el Río de la Plata, ancho como el mar, irá ingresando en el marco de

Momento de reflexión

¿Verdadero o falso? Esta parte del texto describe Montevideo como una ciudad incómoda, congestionada por el tráfico y con mucha polución.

Momento de reflexión

¿Cuál de estas dos afirmaciones resume mejor el contenido de los dos párrafos anteriores?

❑ 1. Comer carne asada y beber yerba mate son dos tradiciones importantes en la cultura uruguaya.

❑ 2. La costumbre uruguaya de beber mate es similar a la costumbre británica de tomar té.

Por si acaso

Carlos Gardel

Carlos Gardel fue un popular cantante de tango cuya música todavía tiene popularidad en el presente. Se le considera el padre del tango y sus melodías se identifican con la época dorada del tango. Uruguayos y argentinos han mantenido cierta controversia sobre el lugar de nacimiento de esta figura mítica del tango. Datos fidedignos obtenidos de su partida de nacimiento han revelado que Gardel no nació ni en Uruguay ni en Argentina, sino en la ciudad de Toulouse, Francia, en diciembre de 1890.

su ventanilla, poniéndole límites a la llanura. Y un poco más allá, entre el verde y mar, Montevideo se comenzará a dibujar.

Una vez en tierra, son varias las sorpresas que le esperan. Sólo cinco minutos lo separan de la ciudad. Y en otros veinte minutos ya estará en pleno centro de la capital, centro de las finanzas y negocios del país. Para llegar allí, emprenderá un inesperado **recorrido** hacia el "estresante" mundo de los negocios, a través de 20 kilómetros de una hermosa y **descongestionada** avenida costera, La Rambla, bordeando playas de finas arenas. Una travesía en la cual se sentirá escoltado por numerosos montevideanos que aprovechan cada minuto de su tiempo libre para practicar deportes, caminar o pasear en bicicleta. Ⓜ

En Montevideo es posible almorzar o cenar, por negocios o placer, en muchos restaurantes especializados en cocina internacional. Pero no se puede pasar por Uruguay sin experimentar el sabor único del más auténtico plato nacional: el

"asado" (carne a las brasas, a la manera uruguaya), servido en una auténtica "parrillada" (restaurante especializado en "asado"). Porque la carne uruguaya es el resultado de la generosidad de la naturaleza, que llega a su mesa en estado puro, sin intervención de hormonas ni

procesos artificiales.

Una de las costumbres uruguayas que no pasan inadvertidas es la de beber mate. Se trata de una infusión caliente, parecida al té, que se elabora a partir de la yerba mate y se bebe de una pequeña calabaza (mate), a través de un sorbete de metal (bombilla). Los uruguayos lo toman durante la mañana o por la tarde, en la calle o la oficina, solos o en compañía de amigos. Ⓜ

El visitante observará un altísimo nivel cultural en el país. Producto de una tradición de acentuada formación humanística y apertura hacia el mundo, dos de cada diez uruguayos se expresan artísticamente, dando lugar a un movimiento plástico, literario y musical de calidad y en constante desarrollo.

Por la noche, el tango se convierte en un verdadero protagonista de la ciudad. **Inesperadamente** para muchos, Montevideo es junto a Buenos Aires la "capital del tango". Dos emisoras de radio dedicadas exclusivamente a su difusión, más de veinte "tanguerías" y siete escuelas de baile, dan cuenta de esta particularidad. Hoy, el tango mantiene la sensualidad de sus **épocas doradas**, sin espectacularidades ni acrobacias, en un país que conserva este género musical en su estado más puro.

5–41. ¿Qué comprendiste? Completa estas oraciones de forma lógica según la información del texto.

1. Para llegar a Montevideo desde el aeropuerto se necesitan _____ minutos.
2. El recorrido desde el aeropuerto hasta el centro de la ciudad es _____.
3. "La Rambla" es _____.
4. El asado es _____ que se sirve en _____.
5. La carne uruguaya es especial porque _____.
6. Consumir yerba mate es una tradición que consiste en _____.
7. _____ % de la población uruguaya se expresa artísticamente.
8. Una tanguería es un lugar donde _____.

5–42. Palabras en acción. En parejas, cada estudiante debe elegir tres de estas seis palabras del vocabulario. Después, debe usar cada palabra para formular una pregunta. Su pareja debe responder a la pregunta y formular otra pregunta con una palabra diferente. Sean creativos pero recuerden que las preguntas deben tener sentido.

> aterrice   grabado   recorrido   descongestionado   inesperadamente   época dorada

5–43. Hablemos del tema. En grupos de cuatro, un/a estudiante va a hacer el papel de una persona famosa que acaba de regresar de un viaje a Uruguay y ha venido a dar una charla a la universidad. Los otros tres miembros de cada grupo deben elaborar un cuestionario de preguntas con un doble objetivo:

1. Obtener información sobre el país.
2. Saber cómo fue la experiencia personal del/de la entrevistado/a.

Pueden incluir preguntas sobre los siguientes temas generales:
- Impresiones de la persona entrevistada sobre Montevideo
- Sus impresiones sobre la gente y su forma de ser
- Costumbres y tradiciones que le han llamado la atención
- Aspectos históricos importantes del pasado y el presente
- ¿Otros temas?

La persona famosa entrevistada debe responder a las preguntas según la información de este *Tema*, pero también debe ser creativa y actuar como lo haría la persona en cuestión.

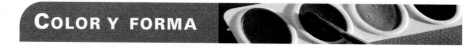
Los buenos recuerdos, de Cecilia Brugnini

Cecilia Brugnini nació en Montevideo el 8 de septiembre de 1943. Estudió arte en el *Hornsey College of Arts and Crafts* en Londres. A su regreso a Uruguay se dedicó a la tapicería, siendo autodidacta en la materia. Enseñó tapicería en la Universidad del Trabajo de Uruguay, y actualmente imparte clases en su taller de la calle D. F. Berro 808.

5–44. Mirándolo con lupa. Trabajen en parejas para analizar el cuadro.

1. Describan la imagen principal del cuadro. En su opinión, ¿qué representa esta imagen?
2. ¿Por qué creen que la obra se llama "Los buenos recuerdos"?
3. Identifiquen los objetos contenidos dentro de la imagen principal.
4. ¿Creen que este cuadro contiene información autobiográfica sobre la artista? Expliquen.
5. Usando los objetos identificados en 3, reconstruyan una historia o relato sobre los "buenos recuerdos" de la artista.

Paraguay: En el corazón de América

PARAGUAY

Asunción ●

PANORAMA CULTURAL

Capital:	Asunción
Población:	5.734.139 habitantes
Grupos étnicos:	mestizo 95%, amerindio, blanco y otros 5%
Idiomas:	español y guaraní
Moneda:	guaraní
Área:	aproximadamente del tamaño de California

Entrando en materia

5–45. ¿Qué sabes de Paraguay? Decide si estas oraciones son ciertas o falsas. Si puedes, corrige las falsas. Si no estás seguro/a, repasa tus respuestas después de leer la sección para ver si eran correctas.

1. El nombre del país se deriva de "paraguas".
2. Aunque se habla guaraní, solamente el español es lengua oficial.
3. Paraguay no tiene costa.
4. Los paraguayos beben mate, que es también una bebida popular en Argentina y Uruguay.
5. La democracia en Paraguay tiene una historia relativamente corta.

PERFIL

¿Qué pasó?

DESCUBRIMIENTO DEL TERRITORIO PARAGUAYO

Los aborígenes de Paraguay eran indígenas pertenecientes a varias tribus que compartían una cultura y una lengua común, la guaraní. Su población era muy numerosa cuando el navegante portugués Aleixo García descubrió los territorios del actual Paraguay. Aleixo García, quien formaba parte de la expedición de Juan Díaz de Solís, estaba buscando una ruta hacia los Andes. A su regreso exploró la región de la actual Asunción, lugar donde los indígenas paiaguás lo mataron, alrededor de 1525.

LA EVANGELIZACIÓN JESUITA Y LA INDEPENDENCIA

A finales del siglo XVI los jesuitas comenzaron a organizar las primeras misiones jesuíticas o reducciones, que eran concentraciones de indígenas para facilitar la evangelización. En estas reducciones se desarrollaba una vida comunitaria muy similar a la que los indígenas llevaban en sus respectivas comunidades. Teniendo una autonomía casi completa de las autoridades civiles y religiosas, los jesuitas se convirtieron en el grupo más poderoso de la época colonial.

¿Qué pasa?

UNA COMUNIDAD BILINGÜE

El guaraní es una lengua amerindia hablada hoy día por el 89% de la población, sin embargo el español, hablado por el 55%, ha sido el idioma tradicional en la escuela y en el gobierno. Se estima que el 48% de los habitantes de Paraguay son bilingües.

Uno de los **retos**[1] del gobierno es la implementación de la educación bilingüe. Hasta el establecimiento de la constitución de 1992, el guaraní no se usaba en las escuelas. La nueva constitución reconoce el derecho a la enseñanza bilingüe. Sin embargo, todavía hay mucho por hacer para que la enseñanza bilingüe esté garantizada.

Otro aspecto que requiere atención es la normalización del guaraní como lengua escrita, es decir, que es necesario establecer unas reglas sobre cómo escribir el guaraní. También es necesario ampliar el vocabulario para que la lengua sirva de vehículo de comunicación en cualquier contexto.

---

1. *challenges*

5–46. En detalle. Contesta las siguientes preguntas para verificar tu comprensión de la sección anterior.

1. ¿Qué cultura y lengua tenía la población indígena de Paraguay cuando llegaron los españoles?
2. ¿Qué eran las reducciones?
3. ¿Cómo era la vida comunitaria de los indígenas en las reducciones?
4. Explica qué aspectos positivos o negativos observas en la implementación de la educación bilingüe en Paraguay.

¿Quién soy?

ALFREDO STROESSNER

Alfredo Stroessner (1912–), militar y político paraguayo, Jefe de Estado (1954–1989). Nació en Encarnación y estudió en la Academia Militar de Asunción. Se distinguió en la Guerra del Chaco (1932–1935) y posteriormente fue ascendiendo hasta alcanzar el grado de comandante en jefe de las Fuerzas Armadas, en 1951. En 1954 **derrocó**[2] al presidente Federico Chávez Careaga en un golpe militar y asumió la presidencia tras unas elecciones en las que él era el único candidato.

Con el apoyo del partido colorado y del ejército, logró hacerse con el control del país, suprimió por la fuerza a la oposición y abolió la libertad de prensa; durante su mandato, dictadores derrocados y antiguos miembros del partido nacional-socialista (nazi) alemán encontraron refugio en el país. Stroessner utilizó la ayuda extranjera para estabilizar la moneda, reducir la inflación y crear escuelas, carreteras, hospitales y centrales hidroeléctricas. Se mantuvo en la presidencia desde 1954, promulgando una nueva constitución en 1967 y reformando ésta en 1977 para crear dispositivos legales que permitieran la prolongación de su mandato. Fue derrocado en 1989 por un golpe militar dirigido por el general Andrés Rodríguez, después del cual se exilió en Brasil.

2. *ousted*

5–47. Lo bueno y lo malo. En parejas, hagan una lista de los aspectos positivos y negativos del gobierno de Stroessner. Después, intercambien sus listas con otras parejas para ver si sus impresiones coinciden.

VEN A CONOCER

En esta sección vas a leer sobre varios aspectos interesantes de Paraguay, como son la artesanía local, una comunidad de menonitas, los vestigios de la cultura colonial, la pesca deportiva y las cataratas de Iguazú.

Los admiradores de la artesanía local pueden visitar Itaguá, a sólo veinticinco minutos en carro desde Asunción. Este pueblo es conocido por su **ñandutí**[1]. El visitante podrá observar el proceso artesano de la producción del ñandutí.

Para aquéllos que quieran familiarizarse con un tipo de cultura colonial diferente de la española, la visita a Filadelfia puede ser de interés. Es una comunidad de menonitas en medio de la región del Chaco. Esta comunidad continúa las tradiciones de los primeros menonitas que llegaron a Paraguay en 1927. Un aspecto interesante de esta visita es ver cómo la comunidad menonita ha logrado prosperar en medio de una de las áreas más desoladas y deshabitadas del país. Esta comunidad ha demostrado que la explotación agrícola del territorio es posible.

La cultura colonial española se puede observar en Trinidad, una de las reducciones jesuíticas mejor conservadas. Las paredes originales

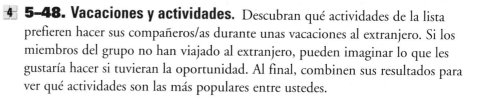

5–48. Vacaciones y actividades. Descubran qué actividades de la lista prefieren hacer sus compañeros/as durante unas vacaciones al extranjero. Si los miembros del grupo no han viajado al extranjero, pueden imaginar lo que les gustaría hacer si tuvieran la oportunidad. Al final, combinen sus resultados para ver qué actividades son las más populares entre ustedes.

1. pescar
2. tomar el sol
3. caminar
4. estudiar las costumbres de las personas del lugar
5. ver y comprar artesanía
6. tomar fotos
7. comer la comida típica del lugar
8. hacer amigos/as en el lugar

de la reducción aún se conservan y también el **tallado**[2] de algunas paredes. El viajero puede usar la ciudad de Encarnación como base y hacer excursiones cortas a diferentes ruinas coloniales, incluyendo las de Trinidad.

La pesca deportiva del dorado, un pez parecido al salmón, es muy popular en el área del río Paraná. Ayolas es un pueblo que atrae a las personas interesadas en la pesca del dorado.

Si te interesan las obras de ingeniería, tienes que visitar la **represa**[3] de Itaipú, el proyecto hidroeléctrico más grande del mundo. En la misma región se encuentran las cataratas del Iguazú. Estas cataratas no están propiamente en territorio paraguayo, pero Ciudad del Este ofrece un acceso fácil desde el lado brasileño de las cataratas. El otro lado está en Argentina. La Ciudad del Este tiene interés para el turista que quiera comprar sin pagar impuestos.

1. *lace* 2. *carving* 3. *dam*

5–49. Planear un viaje. Tienen quince días de vacaciones para visitar Paraguay. En parejas, planeen un itinerario de viaje basado en la información de la sección *Ven a conocer.* Si tienen tiempo, busquen información sobre vuelos y hoteles disponibles en la región de su preferencia durante esos días y preparen un informe completo para presentarlo en clase. Su instructor/a determinará quién preparó el mejor viaje, según el interés, el costo y la variedad de actividades que incluyan.

Dictadura y democracia

5–50. Dictadura y democracia. En este ensayo vas a informar al lector sobre las diferencias entre dictadura y democracia como formas de gobierno. Vas a usar la técnica de comparación y contraste.

Preparación

Lo primero que debes hacer es recopilar información sobre las características de estos dos tipos de gobierno. Busca información en Internet o en la biblioteca para responder a estas preguntas. Estas pueden ser tus preguntas de enfoque. ¿Quieres añadir o cambiar alguna de estas preguntas?

1. ¿Cuáles son las diferencias fundamentales entre dictadura y democracia como formas de gobierno?
2. ¿Cuáles son las ventajas y desventajas de ambos tipos de gobierno?
3. ¿Qué diferencias y semejanzas hay entre diferentes tipos de dictaduras?
4. ¿Qué diferencias y semejanzas hay entre diferentes tipos de democracias?
5. ¿Qué ejemplos históricos en Latinoamérica (u otros países) dan muestra de la eficacia o ineficacia de estos tipos de gobierno?

A escribir

1. Usa tus preguntas de enfoque para organizar el ensayo en varios párrafos.
   Párrafo 1:   Introducción que exprese claramente el propósito del ensayo (la tesis)
   Párrafo 2:   Pregunta de enfoque 1
   Párrafo 3:   Pregunta de enfoque 2
   Párrafo 4:   Pregunta de enfoque 3
   Párrafo 5:   Pregunta de enfoque 4
   Párrafo 6:   Conclusión resumiendo brevemente la información presentada

2. Las siguientes expresiones te servirán para hacer comparaciones y contrastes.

A diferencia de	*Unlike; in contrast to*
Al contrario	*On the contrary*
Al igual que	*The same as*
Compartir las mismas características	*To share the same features*
De la misma manera	*In the same way*
En cambio	*On the other hand; instead*
En contraste con	*In contrast to*
No obstante	*Nevertheless; however*
Tener algo en común	*To have something in common*

Revisión

Escribe el número de borradores que te indique tu instructor/a y revisa tu texto usando la guía de revisión del Apéndice C. Escribe la versión final y entrégasela a tu instructor/a.

EL ESCRITOR TIENE LA PALABRA

Historia de un flemón, de Osvaldo Dragún

Nació en Entre Ríos, Argentina, en 1929 y murió en 1999. Este dramaturgo revitalizó el teatro argentino en la década de 1950. Su teatro incluye crítica social, que generalmente se lleva a cabo por medio de un humor satírico. La obra que se incluye aquí es parte de la colección *Historias para ser contadas* (1957), cuyos temas critican la deshumanización de la sociedad moderna.

5–51. Entrando en materia. Contesta las siguientes preguntas.

1. ¿Qué aspectos de la sociedad estadounidense son criticables? Piensa en comentarios que hace tu familia o que hacen otras familias.

2. ¿Qué medios de expresión sirven para hacer crítica social? Piensa en diferentes formas de expresión artística.

3. Los personajes principales de esta obra de teatro son un vendedor, su esposa y un dentista. ¿Dónde se desarrollará posiblemente la acción?
   a. en la consulta del dentista
   b. en el lugar de trabajo del vendedor
   c. en casa del vendedor y su mujer
   d. en a, b y c

4. Esta obra tiene como propósito hacer crítica social; ¿qué aspectos de la sociedad crees que criticará? Piensa en los personajes.

Historia de un flemón[1]

Prólogo

ACTOR 1: ¡Público de la Feria, somos los nuevos Comediantes!

ACTOR 2: Cuatro actores que van de plaza en plaza, de teatro en teatro...

ACTOR 3: ¡Pero siempre adelante!

ACTRIZ: No se **asombren**[2] de lo que aquí verán. Les traemos la ciudad...

ACTOR 2: Sus hombres...

ACTOR 3: Sus cantos...

ACTOR 1: Sus problemas.

ACTRIZ: Somos solamente cuatro.

ACTOR 3: Yo...

ACTOR 1: Yo...

ACTOR 2: Yo...

ACTORES 1, 2, 3: Y ella.

ACTRIZ: Pero a veces yo seré una hermana, después una madre y en seguida una esposa...

ACTOR 1: ¡Y yo un viejo, o un joven, o un niño!...

ACTOR 2: ¡Y yo un tango, y después una sombra!

ACTOR 3: Traemos para ustedes Tres Historias de la vida cotidiana*. Si tras la sorpresa quedan ustedes pensando, eso es lo que **pretendemos**[3]. Público de la Feria, muchas gracias... (*Sale actor 3.*)

Quedan dos actores y una actriz.

ACTOR 1: Y para comenzar, vamos a contarle la historia...

ACTOR 2: de un flemón...

ACTOR 3: una mujer...

ACTRIZ: y dos hombres.

ACTOR 2: No piensen que nunca sucedió.

ACTRIZ: Y si lo piensan...

ACTOR 1: piensen también que si no sucedió...

TODOS: les puede suceder muy pronto.

HOMBRE: Yo soy el hombre. En la historia, un vendedor callejero, uno de esos que grita: "¡**A la pelotita**[4]..., a la pelotita!". En Corrientes y Carlos Pellegrini**. Cuando me ponga este **pañuelo**[5]... (*Se ata el pañuelo alrededor de la cabeza.*)... significará que el flemón ha comenzado a molestarme. No lo olviden. (*Se saca el pañuelo.*)

MUJER: Yo seré en esta historia su mujer. Y si siempre me verán muy seria porque soy su mujer. Tal vez si me hubiese casado con un ingeniero... (*Suspira*[6].)... como quería mi mamá...

ACTOR 1: En esta historia yo representaré a varios personajes. Pero casi siempre seré el dentista. Para guiarlos, cuando vean que me coloco los anteojos, significa que soy el dentista. No lo olviden. Y no se extrañen de que en esta historia figure un dentista. Ah, me llamo Gutiérrez Nájera.

VENDEDOR: Esta historia comenzó el día 2 de noviembre de 1956. Yo estaba trabajando... (*Lo hace.*) ¡A la pelotita, a la pelotita!...

ESPOSA: Yo estaba cocinando... (*Lo hace.*)

DENTISTA: (*Se pone los anteojos.*) Y yo no los conocía.

VENDEDOR: ¡A la pelotita... a la pelotita! ¡A la pelotita... a la pelotita!... Estoy en la esquina de Carlos Pellegrini y Corrientes. Carlos Pellegrini y Corrientes es famosa por dos cosas. Por abajo pasan tres líneas de subterráneos, y por arriba, como un monumento, han puesto el obelisco. No una pirámide egipcia. El obelisco. ¡A la pelotita..., a la pelotita!

ESPOSA: El obelisco. Siempre me habla del obelisco. No sé qué podrá significar para él. Para los que viajan en avión, sí. Pero para él, que lo mira de abajo... Me imagino que si pensara menos en el obelisco trabajaría más, y yo podría tener una sirvienta.

VENDEDOR: ¡A la pelotita..., a la pelotita! 2 de noviembre de 1956. Les cuento esta historia para que sepan que estas cosas suceden. No creo que puedan ayudarme. Creí que el dentista lo haría y no pudo ayudarme.

*Aquí se presenta sólo una de las historias.

** Carlos Pellegrini y Corrientes son dos calles muy conocidas en Buenos Aires.

---

1. *gum abscess*
2. *be amazed*
3. *aim at*
4. *phrase used to call the attention of costumers*
5. *handkerchief*
6. *sighs*

DENTISTA: Lo siento. Me llamo Gutiérrez Nájera.

VENDEDOR: Y mi mujer...

ESPOSA: Yo estoy cocinando. Hace trescientos seis días que estoy cocinando.

VENDEDOR: El día es hermoso. Yo estoy trabajando. El día es hermoso. ¡Rhum! El "subte" que va a Palermo.

"¡Palermo, me tenés***

seco y enfermo,

mal vestido y sin

morfar[7]!"

Me alegra que la gente recuerde que hay un "subte" que va a Palermo. ¡A la pelotita..., a la pelotita! Algunos nenes van a la escuela. (*El actor se transforma en un colegial y comienza a pasear delante de él.*) ¿Por qué vas a la escuela?

COLEGIAL 1: Porque queda cerca...

VENDEDOR: ¿Por qué vas a la escuela?

COLEGIAL 2: Porque **me mandan**[8].

VENDEDOR: ¿Por qué vas a la escuela?

COLEGIAL 3: (*Vuelve a pasar.*) Porque mi papá no sabe leer.

VENDEDOR: El día es hermoso. Hace años que vendo por la calle. Antes me hacía sufrir el depender del sí o el no de los otros. Ahora comprendo que todos dependen del no o el sí de los demás, y me acostumbré. Quiero decir que esta mañana era igual a cualquiera. Yo trabajaba...

ESPOSA: Yo cocinaba...

DENTISTA: Y yo no los conocía.

VENDEDOR: ¡A la pelotita..., a la pelotita! Y **de repente**[9] llegamos a la historia: ¡Ay! Comienzo a sentir un dolor en una **muela**[10] ¡A la pelotita..., a la pelotita! En serio que me duele mucho. Bueno, no puedo ir a la farmacia. Y nunca llevo conmigo un **geniol**[11]. ¡A la pelotita..., a la pelotita! ¿Por qué vas a la escuela?

ACTOR: No voy a la escuela. Tengo que trabajar.

VENDEDOR: ¡Eh, pibe!... Debía haberle

*** Letra de un tango

preguntado...; parecía tan chiquito. ¡Pero el dolor no **me deja tranquilo**[12]! ¡Cómo me duele! Yo debo trabajar; tal vez abriendo más la boca... (*Lo hace.*) A-la-pelo-tita..., a-la-pelo-tita... ¡Ahora no puedo cerrar la boca! ¡A la...! **¡Se está hinchando**[13]!... ¡Este sol del diablo me calienta la cara y me hace doler más fuerte! ¡A la peloti...! Y este viento que me enfría la cara y me hace doler más fuerte... Debo tener un flemón. No sé por qué, pero debo tener un flemón. Cuando tenía cinco años, mamá me ponía un pañuelo. (*Se pone el pañuelo.*)

ESPOSA: Y así fue como ese día 2 de noviembre él llegó a casa con un flemón y con la cara atada con un pañuelo. No es nada, tenés que tomar un geniol.

VENDEDOR: No voy a comer. Me duele mucho.

ESPOSA: No es para tanto. Tenés que comer.

VENDEDOR: ¡Tengo que trabajar..., y no puedo abrir ni cerrar la boca! ¿Cómo voy a trabajar si no puedo abrir ni cerrar la boca?

DENTISTA: En realidad, como yo le dije más tarde, era cuestión de tiempo.

VENDEDOR: ¡No tengo tiempo! Esta tarde debo volver a trabajar...

ESPOSA: ¡Toma un **saridón**[14]! Calma más rápido. Y esta tarde tenés que volver a trabajar...

VENDEDOR: Y esa tarde volví a trabajar. La cara se me hinchaba cada vez más. (*Les muestra.*) **Fíjense**[15]. En otros días me gustaba oír a la gente discutir de política. Hoy **no lo soporto**[16]. Es el flemón. En otros días me quedaba siempre una oreja libre para escuchar a las chicas hablar de sus novios. Hoy el pañuelo me aprieta la cabeza. Es el flemón. Ahora sólo existimos yo y el flemón. No puedo gritar. Y como no puedo gritar, no vendo nada.

ESPOSA: Y cuando volvió me dijo que no había vendido nada. Me pareció absurdo que hiciera eso, justamente a principios de mes. ¡No podés seguir así! Mañana mismo vas al consultorio del dentista.

7. *eat (only in Argentina and Uruguay)*
8. *they send me*
9. *suddenly*
10. *molar*
11. *pain killer brand*
12. *leave alone*
13. *It's getting swollen*
14. *pain-killer brand*
15. *look*
16. *I can't stand it*

VENDEDOR: ¡No tengo tiempo! Tengo que trabajar.

ESPOSA: ¡Ya sé que no tenés tiempo! Pero si bajás la escalera corriendo, es un minuto; si cruzás la calle en la mitad de la **cuadra**[17] y no pasan coches, son treinta segundos; si vas corriendo al consultorio del dentista, son cinco minutos; si tocás el timbre apenas llegas, son diez segundos...

DENTISTA: Buenas tardes. Por supuesto, usted tiene un flemón.

VENDEDOR: (*Con la boca abierta.*) Ajá.

DENTISTA: Eso es todo.

VENDEDOR: ¿Cuándo me saca la muela? Tengo que trabajar.

DENTISTA: Por supuesto. Primero va a ir a esta dirección para que le hagan una radiografía.

VENDEDOR: ¿Tardará mucho? Tengo que trabajar...

DENTISTA: Dos días nada más. Son cien pesos la visita. (*Al público.*) Me llamo Gutiérrez Nájera, ustedes saben.

VENDEDOR: Y como eran mis últimos cien pesos tuve que **empeñar**[18] el reloj. Y ahora voy corriendo, porque no tengo tiempo, a sacarme la radiografía. Uno, dos, treinta..., bajo la escalera en medio minuto, uno, dos, sesenta...; cruzo la calle en un minuto, uno, dos, trescientos...; llego en cinco minutos.

DENTISTA: Y fue a la clínica. Tenía un flemón, eso era muy claro.

VENDEDOR: Me costó doscientos pesos.

ESPOSA: Volvió a casa con la cara más hinchada que antes. Le di otro saridón, pero no lo calmó. Se sentaba...

VENDEDOR: Me sentaba... ¡**Maldito**[19] dolor!

ESPOSA: Se paraba...

VENDEDOR: Me paraba... ¡Maldito dolor!

ESPOSA: Quise leerle una poesía divina que había visto en un libro... (*El vendedor sale.*)... pero abrió la puerta y se fue. ¿Por qué siempre **se porta**[20] igual? Cuando vuelve a casa, después del trabajo, y quiero contarle

que un astrónomo descubrió una estrella nueva y que la llamó Lucía, como yo, él se queda dormido.

VENDEDOR: ¿Por qué tenía que salirme un flemón? ¡Yo tengo que trabajar! ¡A la pelo...! No puedo, no puedo, ¿Así es Buenos Aires de noche?

"Si supieras

que aún dentro de mi alma

conservo aquel cariño

que tuve para ti..."

¡**A nadie le importa**[21] mi flemón!

ESPOSA: ¡A mí me importaba; y era principios de mes y él no podía trabajar! ¡Qué vas a hacer? ¿Voy a tener que volver a buscar trabajo?

VENDEDOR: ¡Hoy voy a gritar aunque el flemón **se me reviente**[22]! ¡A la pelotita! (*Comienza casi a llorar.*) ¡A la pelotita..., a la pelotita!... ¡Mamá! ¿Te acordás cuando tenía **paperas**[23] y lloraba? No puedo, no puedo, no puedo...

DENTISTA: Y volvió con la radiografía. Estaba más flaco, y casi no lo reconocí.

VENDEDOR: Aquí está, doctor.

ESPOSA: Para pagarla tuvimos que vender el **juego**[24] de té. Total, yo ya me imaginaba que no tomaríamos té por un buen tiempo.

VENDEDOR: Es un flemón. ¿Cuándo me **saca**[25] la muela? Tengo que trabajar.

DENTISTA: Por supuesto, todos tenemos que trabajar. Será muy sencillo. Luego un poco de **reposo**[26], no hablar ni una palabra, y después de siete días estará como nuevo...

VENDEDOR: ¿Qué?...

DENTISTA: No pude terminar de hablar. Me miró como un loco y salió corriendo. Tuve que mandar a la enfermera a **cobrarle**[27].

ESPOSA: Vendimos **la batería de cocina**[28] para pagarle. Además, él no comía.

VENDEDOR: ¡No puedo estar siete días sin hablar! Yo trabajo hablando...

17. *block*

18. *pawn*

19. *Damn*

20. *behaves*

21. *nobody cares*

22. *bursts*

23. *mumps*

24. *(china) set*

25. *take out*

26. *rest*

27. *to collect the fee*

28. *set of cooking pots*

ESPOSA: Trata de hacer un esfuerzo. (*Le toma las **mandíbulas**[29] con las manos y empieza a separárselas.*) ¿Ves…, ves como no es tan difícil? Decí ahora a-la-pelo-tita…

VENDEDOR: A la pelotita…

ESPOSA: ¿Ves…, ves? ¡Todo es cuestión de hacer un esfuerzo!

VENDEDOR: Pero no pude. ¡A la pelotita…, a la…! No pude, no pude, no pude.

DENTISTA: Y volvió de nuevo. No hablar ni una palabra, y después de siete días…

VENDEDOR: ¡No tengo tiempo, doctor! Sáqueme la muela. No tengo tiempo.

DENTISTA: Imposible, señor. Si se le infecta yo seré el responsable. Un flemón es un flemón.

ESPOSA: Entonces fui yo a hablar con el dentista.

DENTISTA: Imposible, señora. Si se le infecta yo seré el responsable. Un flemón es un flemón.

ESPOSA: ¡Pero él es muy resistente, doctor! **Parece mentira**[30], tan **esmirriado**[31], y las cosas que soportó en su vida. Sáquele la muela…

VENDEDOR: No me sacó la muela. Y mi cara parecía una sandía. Ya nunca volvería a vivir sin el flemón.

DENTISTA: Yo le advertí que si no se operaba podía subirle el flemón a la cabeza.

ESPOSA: Yo le dije esa tarde que hiciera el último esfuerzo. ¡Pero les juro que dije "último" por decir!

VENDEDOR: Tengo que poder… tengo que poder…

ESPOSA: ¡Claro que tenés que poder! ¿Cómo un dolor te va a impedir trabajar?

VENDEDOR: Y me fui. Cuando salí pensaba en ella… y creo que la odiaba. Y me fui.

ESPOSA: ¿Por qué le dije eso? Recuerdo un día…, íbamos en tranvía y le pisaron un callo[32]…, le dolió mucho…, y yo le acaricié durante dos días. Y ahora…, ¿por qué le dije eso? ¿Qué pasó en nuestras vidas que me hizo decirle eso?

VENDEDOR: Carlos Pellegrini y Corrientes… tengo que abrir la boca… ¡A la pelotita! Me duele, me duele tanto… ¡A la pelotita! Tres subtes y el obelisco. A la pelotita… Carlos Pelle-grini… dicen que era un presidente argentino…; era rico, claro… no tenía que hablar… ¡A la pelotita! ¡A nadie le importa mi flemón! Recuerdo que un día pasaba por el cementerio…, **enterraban**[33] a uno, la gente **silbaba**[34] y yo también silbaba. A nadie le importaba mi flemón. ¡Oiganme! Me duele. Me duele mucho. Tengo un flemón…

ACTOR: Un flemón es una molestia.

ACTRIZ: Un flemón es un **trastorno**[35].

ACTOR: Debería consultar con un dentista.

ACTRIZ: ¡Pobrecito!

VENDEDOR: Mamá… tengo paperas y vos me acariciás… ¿Por qué a nadie le importa de mí? ¿Vos sabías que era así? Mamá…

ACTRIZ: ¡Pobrecito!

VENDEDOR: Está anocheciendo… y ya casi no me duele. Ahora mi cara no es una sandía, es un **globo**[36]… ¿Así es Buenos Aires de noche?

"Si supieras

que aún dentro de mi alma…"

¡Oiganme, tiene que importarles de mí…, porque cuando yo muera **va a faltarles un pedazo**[37]! ¡Oiganme! ¡Estos tres subtes solamente sirven si son mi sangre y corren por mis venas! ¡Oiganme! No pasen silbando a mi lado. Ya no me duele, sí…, pero mi cara, ¿no les dice nada? ¿Ninguno de ustedes **se parece**[38] a mi cara? ¿Ninguno de ustedes tiene un flemón? ¡Oiganme entonces y sepan que tengo que trabajar y que no tengo tiempo, y que ahora el obelisco es el monumento a un **faraón**[39] muerto! ¡A la pelotita…, a la pelo…! (*Muere.*)

29. *jaws*
30. *it's incredible*
31. *thin*
32. *(foot) corn*
33. *buried*
34. *whistled*
35. *nuisance*
36. *balloon*
37. *a piece will be missing*
38. *looks like*
39. *pharaoh*

2 5–52. Nuestra interpretación de la obra. En parejas, contesten estas preguntas.

1. Describan la relación entre el vendedor y su esposa y apoyen su descripción con ejemplos específicos de la obra.
2. Describan la personalidad del dentista.
3. ¿Qué aspectos sociales critica la obra? Den ejemplos específicos.
4. ¿Por qué creen ustedes que el autor eligió el título *Historia de un flemón*?
5. ¿Qué otros títulos serían apropiados para esta obra?

3 5–53. Ustedes tienen la palabra. Representen el segmento de la obra que les asigne su instructor/a. Cada grupo debe decidir quién será el vendedor, quién será la esposa y quién el dentista. Ensayen durante unos minutos y después, representen su mini-obra ante el resto de sus compañeros.

cariño *m*	*affection*
descongestionado/a	*not congested*
deshabitado/a	*uninhabited*
dueño/a	*owner*
en este sentido	*in this respect*
en lugar de	*instead of*
época dorada *f*	*golden era*
equivocarse	*to be mistaken; to make a mistake*
es decir	*that is*
escasamente	*scarcely*
grabar	*to record*
híbrido/a	*hybrid*
incluso	*even*
inesperadamente	*unexpectedly*
inverso/a	*reverse*
más bien	*rather*
poblar (ue)	*to populate*
recorrido *m*	*distance; route; run*
recuerdo *m*	*memories*
regresar	*to return (to a place)*

Grammar Appendices

APÉNDICE GRAMATICAL 1

Predictable Spelling Changes in the Preterit

Some verbs experience predictable spelling changes in the preterit as well as in other tenses. These changes can be predicted by applying the spelling/pronunciation rules that are used for any word in Spanish.

- Infinitive ending in **-car**

  c changes to **qu** before **e**

dedi**qu**é	dedicamos
dedicaste	dedicasteis
dedicó	dedicaron

  acercar, calificar, colocar, criticar, destacar, educar, embarcar, erradicar, indicar, masticar, modificar, pescar, practicar, sacrificar, tocar, unificar

- Infinitive ending in **-gar**

  g changes to **gu** before **e**

pa**gu**é	pagamos
pagaste	pagasteis
pagó	pagaron

  apagar, castigar, colgar, delegar, desligar, divulgar, entregar, fregar, investigar, jugar, juzgar, llegar, madrugar, negar, obligar, plagar, prolongar, rasgar, rogar, tragar

- Infinitive ending in **-guar**

  gu changes to **gü** before **e**

averi**gü**é	averiguamos
averiguaste	averiguasteis
averiguó	averiguaron

  aguar, fraguar

- Infinitive ending in **-zar**

  z changes to **c** before **e**

memori**c**é	memorizamos
memorizaste	memorizasteis
memorizó	memorizaron

  alcanzar, amenazar, analizar, avanzar, cazar, comenzar, destrozar, empezar, gozar, localizar, memorizar, mobilizar, paralizar, rezar, rechazar, rizar

- Infinitive ending in **-aer, -eer, -uir**

Unstressed **-i-** becomes **-y-** between two vowels.

leí	leímos	creí	creímos	construí	contruimos
leíste	leísteis	creíste	creísteis	construiste	construisteis
leyó	leyeron	creyó	creyeron	construyó	construyeron

caer, distribuir, huir, proveer

Stem Changes in the Preterit

There are a number of **-ir** verbs that undergo a vowel change in the stem of the third-person singular and the third-person plural of the preterit. The change may cause **o** to become **u**, or **e** to become **i**. There is no rule to predict what verbs feature this change. You need to learn them. The vocabulary at the end of your textbook flags this type of verb as follows: **dormir (ue, u), sentir (ie, i), repetir (i, i).**

dormí	dormimos	sentí	sentimos
dormiste	dormisteis	sentiste	sentisteis
d**u**rmió	d**u**rmieron	s**i**ntió	s**i**ntieron

The Preterit of *andar*

The verb **andar**, while regular in most of the tenses, is irregular in the preterit. It is a common error, even among native speakers of Spanish, to conjugate the preterit of **andar** as if it were regular. Below are the preterit forms.

anduve	anduvimos
anduviste	anduvisteis
anduvo	anduvieron

Personal *a*

You need to use the personal **a** when the direct object refers to nouns that refer to specific people.

Los estudiantes conocen **a** una profesora mexicana.

The students know a Mexican professor.

However, when **tener** has a direct object that refers to a nonspecific person, the personal **a** is not used.

Tengo una profesora mexicana.   *I have a Mexican professor.*

When pronouns that refer to people are direct objects, they take a personal **a**.

¿**A** quién conoces en México?   *Who do you know in Mexico?*

No conozco **a** nadie en México.   *I don't know anybody in Mexico.*

Personal-Direct Object Pronoun + *a* + Prepositional Pronoun

When the direct-object pronoun refers to a person, it can be emphasized or clarified by adding **a** + prepositional pronoun (**mí, ti, usted, él/ella, nosotros/as, vosotros/as, ustedes**).

¿Visitaste a tu abuelo y a tu tía el fin de semana pasado?

Did you visit your grandfather and your aunt last weekend?

Sí, **lo** visité **a él** y **la** llamé **a ella** por teléfono.

Yes, I visited him and called her on the telephone.

Note that **visité a él** and **llamé a ella** are incorrect, you need to add **lo** before the first verb and **la** before the second verb.

Ser and *estar*

Ser is used to:

- establish the essence or identity of a person or thing

  Yo **soy** estudiante de español.

  I am a student of Spanish.

- express origin

  Yo **soy** de EE.UU.

  I am from the U.S.

- express time

  Son las 3:00 de la tarde.

  It's three o'clock in the afternoon.

- express possession

  Este libro **es** de mi compañera de clase.

  This book belongs to my classmate.

- express when and where an event takes place

  La fiesta del departamento de español **es** en diciembre.

  The Spanish department's party is in December.

  ¿Dónde **es** la fiesta? — En el laboratorio de lenguas.

  Where is the party? — In the language lab.

Estar is used to:

- express the location of a person or object

  Mi casa **está** cerca de la biblioteca.

  My house is near the library.

- form the progressive tenses

  Este semestre **estoy** tomando muchas clases.

  This semester I am taking many classes.

Ser and *estar* with Adjectives

Ser is used with adjectives:

- to express an essential characteristic of a person or object

  Yo **soy** simpática.

  I am friendly.

  Este libro **es** fácil.

  This book is easy.

Estar with adjectives is used to:

- express the state or condition of a person or object

  Estoy contenta porque recibí una beca.

  I am happy because I received a scholarship.

- note a change in the person or object

  Violeta es guapa y hoy **está** más guapa todavía con su nuevo corte de pelo.

  Violeta is pretty and today she is even prettier with her new haircut.

Some adjectives can never be used with **estar**. Below is a partial list.

crónico	*chronic*
efímero	*ephemeral*
eterno	*eternal*
inteligente	*intelligent*

Some adjectives can never be used with **ser**. Below is a partial list.

ausente	*absent*
contento	*happy*
enfermo	*sick*
muerto	*dead*
presente	*present*
satisfecho	*satisfied*

Some adjectives have different meanings when combined with **ser** or **estar**.

	ser	**estar**
aburrido	*boring*	*bored*
bueno	*good (personality)*	*in good health*
interesado	*selfish*	*interested*
listo	*clever*	*ready*
malo	*bad (personality)*	*in poor health*
molesto	*bothersome*	*bothered*
nuevo	*brand new*	*unused*
seguro	*safe*	*sure*
vivo	*lively*	*alive*

Predictable Spelling Changes in the Present Subjunctive

Some verbs experience predictable spelling changes in the present subjunctive as well as in other tenses. These changes can be predicted by applying the spelling/pronunciation rules that are used for any word in Spanish.

- Infinitive ending in -**car**

  c changes to **qu** before **e**

dedi**que**	dedi**que**mos
dedi**que**s	dedi**qué**is
dedi**que**	dedi**que**n

  acercar, calificar, colocar, criticar, destacar, educar, embarcar, erradicar, indicar, masticar, modificar, pescar, practicar, sacrificar, tocar, unificar

- Infinitive ending in -**gar**

  g changes to **gu** before **e**

pa**gue**	pa**gue**mos
pa**gue**s	pa**gué**is
pa**gue**	pa**gue**n

  apagar, colgar, castigar, delegar, desligar, divulgar, entregar, fregar, investigar, jugar, juzgar, llegar, madrugar, negar, obligar, plagar, prolongar, rasgar, rogar, tragar

- Infinitive ending in -**guar**

  gu changes to **gü** before **e**

averi**güe**	averi**güe**mos
averi**güe**s	averi**güé**is
averi**güe**	averi**güe**n

  aguar, fraguar

- Infinitive ending in -**zar**

  z changes to **c** before **e**

memori**ce**	memori**ce**mos
memori**ce**s	memori**cé**is
memori**ce**	memori**ce**n

  alcanzar, amenazar, analizar, avanzar, cazar, comenzar, destrozar, empezar, gozar, localizar, memorizar, mobilizar, paralizar, rezar, rechazar, rizar

Other Spelling Changes in the Present Subjunctive

Infinitive ending in -**uir**

Unstressed -**i**- becomes -**y**- between two vowels.

contribu**y**a	contribu**y**amos
contribu**y**as	contribu**y**áis
contribu**y**a	contribu**y**an

construir, distribuir, huir, restituir

Spelling Changes in the Imperfect Subjunctive

Infinitive ending in **-aer, -eer, -uir**

Unstressed **-i-** becomes **-y-** between two vowels. Since this change occurs in the preterit (*leyeron*), which is the base for the imperfect subjunctive, it is carried over to the imperfect subjunctive.

leyera / leyese	leyéramos / leyésemos
leyeras / leyeses	leyerais / leyeseis
leyera / leyese	leyeran / leyesen

caer, construir, creer, distribuir, huir, proveer

Stem Changes in the Present Subjunctive

Stem-changing **-ar** and **-er** verbs undergo the change **e → ie** or **o → ue** in the **yo, tú, él/ella** and **ellos/as** forms.

cierre cierres cierre	cuente cuentes cuente
cerremos cerréis cierren	contemos contéis cuenten

Stem-changing **-ir** verbs undergo the change **e → ie** or **i** and **o → ue** or **u** in all persons.

convertir (ie, i):

convierta	convirtamos
conviertas	convirtáis
convierta	conviertan

servir (i, i):

sirva	sirvamos
sirvas	sirváis
sirva	sirvan

dormir (ue, u):

duerma	durmamos
duermas	durmáis
duerma	duerman

The Imperfect Subjunctive of *andar*

The verb **andar**, while regular in most of the tenses, is irregular in the preterit. That irregularity is carried over to the imperfect subjunctive (as the third-person plural of the preterit is used as the base to conjugate the imperfect subjunctive). It is a common error, even among native speakers of Spanish, to conjugate the imperfect subjunctive of **andar** as if it were regular.

anduviera / anduviese	anduviéramos / anduviésemos
anduvieras / anduvieses	anduvierais / anduvieseis
anduviera / anduviese	anduvieran / anduviesen

Irregular Verbs in the Future and Conditional

The irregular verbs shown below take the same endings as the regular verbs.

Future endings	Conditional endings
-é	-ía
-ás	-ías
-á	-ía
-emos	-íamos
-éis	-íais
-án	-ían

Irregular verbs

Note that these verb stems are used in the formation of both the future and the conditional.

Drop last vowel in the infinitive	Replace last vowel in the infinitive with *d*	Other
haber → **habr-** poder → **podr-** querer → **querr-** saber → **sabr-**	poner → **pondr-** salir → **saldr-** tener → **tendr-** valer → **valdr-** venir → **vendr-**	decir → **dir-** hacer → **har-**

Limitations to the Use of the Conditional

Although in many instances the English *would* and *should* correspond to the conditional tense in Spanish, there are a few contexts where other tenses need to be used.

1. *Would,* conveying habitual actions in relation to the past, is rendered in Spanish with the imperfect tense.

Cada verano **visitábamos** a nuestros abuelos.

Every summer we would visit our grandparents.

2. *Would* is rendered by the present or the imperfect subjunctive, depending on the context, when preceded by *wish*. *Wish* can be expressed by **ojalá** or a verb indicating wish or desire.

Ojalá que **venga / viniera** a Nicaragua.

Espero que **venga** a Nicaragua.

I wish she would come to Nicaragua.

3. *Should,* conveying obligation, is rendered in Spanish with **deber** in the conditional.

Deberíamos hacer ecoturismo en Honduras.

We should do ecotourism in Honduras.

Contrary-to-Fact *si* Clauses Describing the Past

1. When a **si** clause introduces a contrary-to-fact situation or condition, that is, a situation unlikely to take place in the present or future time, the imperfect subjunctive is used. When the situation or condition refers to a past time, Spanish, like English, uses the past perfect subjunctive in the **si** clause and conditional perfect for the result clause.

(See verb charts for past perfect subjunctive and conditional perfect in Appendix B.)

> Si los españoles **no hubieran colonizado** Costa Rica, la población indígena **no habría desaparecido**.
>
> *If the Spaniards hadn't colonized Costa Rica, the indigenous population wouldn't have disappeared.*

2. The phrase **como si** (*as if*) always presents a contrary-to-fact situation and it takes either the imperfect or the past perfect subjunctive. The imperfect is used when the action of the **si** clause takes place at the same time as the main verb. The past perfect subjunctive is used to refer to an action that happened in the past.

> Isabel me vio ayer y actuó **como si no me conociera**.
>
> *Isabel saw me yesterday and she acted as if she didn't know me.*
>
> En la ceremonia del Premio Nobel, el presidente Arias actuó con humildad, como si no **hubiera hecho** algo importante.
>
> *At the Nobel Prize Award ceremony, President Arias showed humility, as if he had not done anything important.*

Como (*since*) as a Close Synonym of *puesto que* / *ya que* (*since*)

In a broad sense, **como** is a synonym of **puesto que / ya que**, but there are two differences.

1. While **como** can be used when the topic and context are either formal or informal, the use of **ya que** is restricted to formal topics and contexts.

> **Como** no estudias, no sacas buenas notas. (*informal topic/context*)
>
> *Since you don't study, you don't get good grades.*
>
> **Puesto que (ya que)** Cartagena lucha heroicamente durante la guerra de la independencia, Simón Bolívar la llama "La Ciudad Heroica". (*formal topic/context*)
>
> *Since Cartagena fights heroically during the independence war, Simón Bolívar calls her "The Heroic City."*

2. While the clause (dependent clause) introduced by **puesto que / ya que** can appear before or after the independent clause, **como** requires that the dependent clause be used only before the independent clause.

> **Como** no estudias, no sacas buenas notas.
>
> *Since you don't study, you don't get good grades.*
>
> **Puesto que (ya que)** Cartagena lucha heroicamente durante la guerra de la independencia, Simón Bolívar la llama "La Ciudad Heroica". (*formal topic/context*)
>
> Simón Bolívar la llama "La Ciudad Heroica" **puesto que (ya que)** Cartagena lucha heroicamente durante la guerra de la independencia.
>
> *Simón Bolívar calls her "The Heroic City" since Cartagena fights heroically during the Independence war.*

Como also Means *if*

When **como** means *if*, it always requires the use of subjunctive. The clause with **como** must be placed before the independent clause.

> **Como** no estudies, no sacarás buenas notas.
>
> *If you don't study, you won't get good grades.*

Compare the previous example to the next one, where **como** means *since*.

> **Como** no estudias, no sacas buenas notas.
>
> *Since you don't study, you don't get good grades.*

Use of Infinitive Instead of Subjunctive in Adverbial Clauses

The following adverbial expressions always require the use of subjunctive in the dependent clause.

> **a fin (de) que**
>
> **antes (de) que**
>
> **después (de) que**
>
> **hasta que**
>
> **para que**

However, when the subject of the action in the independent clause is the same for the verb in the adverbial clause, an infinitive is used instead of the subjunctive. When this structure occurs, the adverbial expressions become plain prepositions (**a fin de, antes de, después de, hasta, para**) by dropping **que**.

El gobierno colombiano tiene que negociar la paz **para aumentar** el turismo.

The Colombian government has to negotiate the peace in order to increase tourism.

Ya and *todavía*

Ya means *already* when the sentence is affirmative, whether the sentence is a statement or a question.

> **Ya** habíamos estudiado para el examen de español cuando empezó nuestro programa de
> televisión favorito.
>
> *We had already studied for the Spanish test when our favorite TV show began.*
>
> ¿**Ya** habías estudiado para el examen de español cuando empezó tu programa de televisión favorito?
>
> *Had you already studied for the Spanish test when your favorite TV show began?*

Todavía is used instead of **ya** if the sentence is negative, whether the sentence is a statement or a question.

> **Todavía** no habíamos estudiado para el examen de español cuando empezó nuestro programa
> de televisión favorito.
>
> *We had not yet studied for the Spanish test when our favorite TV show began.*
>
> ¿**Todavía** no habías estudiado para el examen de español cuando empezó tu programa de
> televisión favorito?
>
> *Hadn't you studied yet for the Spanish test when your favorite TV show began?*

Present Perfect Subjunctive

The present perfect subjunctive is the counterpart of the present perfect indicative. To conjugate this tense, you need the verb **haber** in the present subjunctive plus the past participle of another verb.

Present subjunctive tense (*haber*) + past participle			
yo hay**a**			
tú hay**as**	**-ar**	**-er**	**-ir**
él/ella/usted hay**a**	↓	↓	↓
nosotros/as hay**amos**	habl**ado**,	com**ido**,	beb**ido**
vosotros/as hay**áis**			
ellos/ellas/ustedes hay**an**			

You need to use the present perfect subjunctive to describe a completed event in the past or in the future when the speaker's point of reference is the present. As any other subjunctive tense, this tense appears in the dependent clause as a result of the independent clause bearing an element that calls for subjunctive in the dependent clause, e. g., expression of desire or persuasion, doubt, feelings, or reference to an unknown thing, person, or event.

> Espero que los estudiantes **hayan estudiado** mucho para el examen de hoy sobre Chile.
>
> *I hope the students have studied a lot for today's test on Chile.*
>
> No creo que los estudiantes **hayan llegado** a Chile todavía.
>
> *I don't think the students have yet arrived in Chile.*

Past Perfect Subjunctive

The past perfect subjunctive is the counterpart of the past perfect indicative.

Past subjunctive tense (*haber*) + past participle			
yo hubiera o hubiese			
tú hubieras o hubieses	**-ar**	**-er**	**-ir**
él/ella/usted hubiera o hubiese	↓	↓	↓
nosotros/as hubiéramos o hubiésemos	habl**ado**,	com**ido**,	beb**ido**
vosotros/as hubierais o hubieseis			
ellos/ellas/ustedes hubieran o hubiesen			

You need to use the past perfect subjunctive to describe a completed event in the past that took place prior to another past action or event. As any other subjunctive tense, this tense appears in the dependent clause as a result of the independent clause bearing an element that calls for subjunctive in the dependent clause, e. g., expression of desire or persuasion, doubt, feelings; reference to an unknown thing, person, or event; and contrary-to-fact conditional sentences.

Era dudoso que los estudiantes **hubieran hablado** con muchos chilenos en sólo dos semanas de visita al país.

It was doubtful that the students had talked to many Chileans in just a two-week visit to the country.

Yo habría ido a Chile el verano pasado si no **hubiera trabajado**.

I would have gone to Chile last summer if I had not worked.

PRONOUNS, POSSESSIVES, AND DEMONSTRATIVES

Pronouns

Subject	Direct Object		Indirect Object*		Reflexive	
yo	me	*me*	me	*me*	me	*myself*
tú	te	*you*	te	*you*	te	*yourself*
él/Ud.	lo	*him*	le	*him*	se	*himself*
ella/Ud.	la	*her*	le	*her*	se	*herself*
nosotros/as	nos	*us*	nos	*us*	nos	*ourselves*
vosotros/as	os	*you*	os	*you*	os	*yourselves*
ellos/Uds.	los	*them*	les	*them*	se	*themselves*
ellas/Uds.	las	*them*	les	*them*	se	*themselves*

*NOTE: **Le/Les** become **se** when they occur along with the direct objects **lo/s, la/s**:

— ¿**Le** diste el libro a tu compañera? — Sí, **se** lo di.

Possessive Adjectives and Pronouns

Short Form Adjectives		Long Form Adjectives and Pronouns	
mi(s)	*my*	mío(s), mía(s)	*mine*
tu(s)	*your*	tuyo(s), tuya(s)	*yours*
su(s)	*his/her*	suyo(s), suya(s)	*his/hers*
nuestro(s), nuestra(s)	*our*	nuestro(s), nuestra(s)	*ours*
vuestro(s), vuestra(s)	*your*	vuestro(s), vuestra(s)	*yours*
su(s)	*their*	suyo(s), suya(s)	*theirs*

Demonstrative Adjectives

	singular	plural	singular	plural	singular	plural
masculine	este	estos	ese	esos	aquel	aquellos
	this	*these*	*that*	*those*	*that*	*those*
feminine	esta	estas	esa	esas	aquella	aquellas
	this	*these*	*that*	*those*	*that*	*those*

Demonstrative Pronouns*

	singular	plural	singular	plural	singular	plural
masculine	éste	éstos	ése	ésos	aquél	aquéllos
	this (one)	*these (ones)*	*that (one)*	*those (ones)*	*that (one)*	*those (ones)*
feminine	ésta	éstas	ésa	ésas	aquélla	aquéllas
	this (one)	*these (ones)*	*that (one)*	*those (ones)*	*that (one)*	*those (ones)*
neuter	esto	____	eso	____	aquello	____
	this (one)		*that (one)*		*that (one)*	

*NOTE: According to the latest spelling rules published by the Real Academia Española, demonstrative pronouns should not carry an accent mark unless the sentence is ambiguous, such as: **¿Por qué compraron aquéllos libros usados?,** where **aquéllos** (*those students/people*) is the subject but could be interpreted as demonstrative adjective accompanying **libros** if it did not have an accent mark. Otherwise, by default, demonstrative pronouns do not carry an accent mark. As time goes on, the acceptance of this new rule will become more widespread. For now, for educational purposes the accent will be shown on demonstrative pronouns in this book.

Verb Tables

Regular Verbs

Infinitive: Simple Forms		
habl **ar** (*to speak*)	com **er** (*to eat*)	viv **ir** (*to live*)
Present Participle: Simple Forms		
habl **ando** (*speaking*)	com **iendo** (*eating*)	viv **iendo** (*living*)
Past Participle		
habl **ado** (*spoken*)	com **ido** (*eaten*)	viv **ido** (*lived*)
Infinitive: Perfect Forms		
hab **er** habl **ado** (*to have spoken*)	hab **er** com **ido** (*to have eaten*)	hab **er** viv **ido** (*to have lived*)
Present Participle: Perfect Forms		
hab **iendo** habl **ado** (*having spoken*) hab **iendo** com **ido** (*having eaten*) hab **iendo** viv **ido** (*having lived*)		

Indicative: Simple Tenses

PRESENT		
(*I speak, am speaking,* *do speak, will speak*)	(*I eat, am eating,* *do eat, will eat*)	(*I live, am living,* *do live, will live*)
habl **o**	com **o**	viv **o**
habl **as**	com **es**	viv **es**
habl **a**	com **e**	viv **e**
habl **amos**	com **emos**	viv **imos**
hala **áis**	com **éis**	viv **ís**
habl **an**	com **en**	viv **en**

IMPERFECT		
(*I was speaking, used* *to speak, spoke*)	(*I was eating, used* *to eat, ate*)	(*I was living, used* *to live, lived*)
habl **aba**	com **ía**	viv **ía**
habl **abas**	com **ías**	viv **ías**
habl **aba**	com **ía**	viv **ía**
habl **ábamos**	com **íamos**	viv **íamos**
habl **abais**	com **íais**	viv **íais**
habl **aban**	com **ían**	viv **ían**

Indicative: Simple Tenses (Continued)

PRETERIT		
(*I spoke, did speak*)	(*I ate, did eat*)	(*I lived, did live*)
habl **é**	com **í**	viv **í**
habl **aste**	com **iste**	viv **iste**
habl **ó**	com **ió**	viv **ió**
habl **amos**	com **imos**	viv **imos**
habl **asteis**	com **isteis**	viv **isteis**
habl **aron**	com **ieron**	viv **ieron**

FUTURE		
(*I shall/will speak*)	(*I shall/will eat*)	(*I shall/will live*)
hablar **é**	comer **é**	vivir **é**
hablar **ás**	comer **ás**	vivir **ás**
hablar **á**	comer **á**	vivir **á**
hablar **emos**	comer **emos**	vivir **emos**
hablar **éis**	comer **éis**	vivir **éis**
hablar **án**	comer **án**	vivir **án**

CONDITIONAL		
(*I would speak*)	(*I would eat*)	(*I would live*)
hablar **ía**	comer **ía**	vivir **ía**
hablar **ías**	comer **ías**	vivir **ías**
hablar **ía**	comer **ía**	vivir **ía**
hablar **íamos**	comer **íamos**	vivir **íamos**
hablar **íais**	comer **íais**	vivir **íais**
hablar **ían**	comer **ían**	vivir **ían**

Subjunctive: Simple Tenses

PRESENT		
(*that I [may] speak*)	(*that I [may] eat*)	(*that I [may] live*)
habl **e**	com **a**	viv **a**
habl **es**	com **as**	viv **as**
habl **e**	com **a**	viv **a**
habl **emos**	com **amos**	viv **amos**
habl **éis**	com **áis**	viv **áis**
habl **en**	com **an**	viv **an**

IMPERFECT					
(that I [might] speak)		*(that I [might] eat)*		*(that I [might] live)*	
habl **ar a**	habl **as e**	com **ier a**	com **ies e**	viv **ier a**	viv **ies e**
habl **ar as**	habl **as es**	com **ier as**	com **ies es**	viv **ier as**	viv **ies es**
habl **ar a**	habl **as e**	com **ier a**	com **ies e**	viv **ier a**	viv **ies e**
habl **ár amos**	habl **ás emos**	com **iér amos**	com **iés emos**	viv **iér amos**	viv **iés emos**
habl **ar ais**	habl **as eis**	com **ier ais**	com **ies eis**	viv **ier ais**	viv **ies eis**
habl **ar an**	habl **as en**	com **ier an**	com **ies en**	viv **ier an**	viv **ies en**

AFFIRMATIVE COMMANDS		
(speak)	*(eat)*	*(live)*
habl **a** (tú)	com **e** (tú)	viv **e** (tú)
habl **ad** (vosotros)	com **ed** (vosotros)	viv **id** (vosotros)
habl **e** (Ud.)	com **a** (Ud.)	viv **a** (Ud.)
habl **en** (Uds.)	com **an** (Uds.)	viv **an** (Uds.)

NEGATIVE COMMANDS		
(don't speak)	*(don't eat)*	*(don't live)*
No habl **es** (tú)	No com **as** (tú)	No viv **as** (tú)
No habl **éis** (vosotros)	No com **áis** (vosotros)	No viv **áis** (vosotros)
No habl **e** (Ud.)	No com **a** (Ud.)	No viv **a** (Ud.)
No habl **en** (Uds.)	No com **an** (Uds.)	No viv **an** (Uds.)

Indicative: Perfect Tenses

PRESENT PERFECT		
(I have spoken)	*(I have eaten)*	*(I have lived)*
h **e**	h **e**	h **e**
h **as**	h **as**	h **as**
h **a**	h **a**	h **a**
h **emos**	h **emos**	h **emos**
h **abéis**	h **abéis**	h **abéis**
h **an**	h **an**	h **an**
habl **ado**	com **ido**	viv **ido**

Indicative: Perfect Tenses (Continued)

PAST PERFECT		
(I had spoken)	*(I had eaten)*	*(I had lived)*
hab **ía** hab **ías** hab **ía** hab **íamos** hab **íais** hab **ían** } habl **ado**	hab **ía** hab **ías** hab **ía** hab **íamos** hab **íais** hab **ían** } com **ido**	hab **ía** hab **ías** hab **ía** hab **íamos** hab **íais** hab **ían** } viv **ido**

FUTURE PERFECT		
(I will have spoken)	*(I will have eaten)*	*(I will have lived)*
habr **é** habr **ás** habr **á** habr **emos** habr **éis** habr **án** } habl **ado**	habr **é** habr **ás** habr **á** habr **emos** habr **éis** habr **án** } com **ido**	habr **é** habr **ás** habr **á** habr **emos** habr **éis** habr **án** } viv **ido**

CONDITIONAL PERFECT		
(I would have spoken)	*(I would have eaten)*	*(I would have lived)*
habr **ía** habr **ías** habr **ía** habr **íamos** habr **íais** habr **ían** } habl **ado**	habr **ía** habr **ías** habr **ía** habr **íamos** habr **íais** habr **ían** } com **ido**	habr **ía** habr **ías** habr **ía** habr **íamos** habr **íais** habr **ían** } viv **ido**

Subjunctive: Perfect Tenses

PRESENT PERFECT		
(that I [may] have spoken)	*(that I [may] have eaten)*	*(that I [may] have lived)*
hay **a** hay **as** hay **a** hay **amos** hay **áis** hay **an** } habl **ado**	hay **a** hay **as** hay **a** hay **amos** hay **áis** hay **an** } com **ido**	hay **a** hay **as** hay **a** hay **amos** hay **áis** hay **an** } viv **ido**

PAST PERFECT		
(that I had [might] have spoken)	*(that I had [might] have eaten)*	*(that I had [might] have lived)*
hub **ier a**	hub **ier a**	hub **ier a**
hub **ier as**	hub **ier as**	hub **ier as**
hub **ier a**	hub **ier a**	hub **ier a**
hub **iér amos** } habl **ado**	hub **iér amos** } com **ido**	hub **iér amos** } viv **ido**
hub **ier ais**	hub **ier ais**	hub **ier ais**
hub **ier an**	hub **ier an**	hub **ier an**
OR	OR	OR
hub **ies e**	hub **ies e**	hub **ies e**
hub **ies es**	hub **ies es**	hub **ies es**
hub **ies e**	hub **ies e**	hub **ies e**
hub **iés emos** } habl **ado**	hub **iés emos** } com **ido**	hub **iés emos** } viv **ido**
hub **ies eis**	hub **ies eis**	hub **ies eis**
hub **ies en**	hub **ies en**	hub **ies en**

Irregular Verbs

(Only the irregular tenses are included.)

andar (*to walk, go*)

PRETERIT: anduve, anduviste, anduvo, anduvimos, anduvisteis, anduvieron

caber (*to fit*)

PRESENT INDICATIVE: quepo, cabes, cabe, cabemos, cabéis, caben
PRETERIT: cupe, cupiste, cupo, cupimos, cupisteis, cupieron
FUTURE: cabré, cabrás, cabrá, cabremos, cabréis, cabrán
IMPERFECT SUBJUNCTIVE: cupiera (cupiese), cupieras, cupiera, cupiéramos, cupierais,
   cupieran

caer (*to fall, drop*)

PRESENT INDICATIVE: caigo, caes, cae, caemos, caéis, caen
PRETERIT: caí, caíste, cayó, caímos, caísteis, cayeron

conducir (*to drive, conduct*)

PRESENT INDICATIVE: conduzco, conduces, conduce, conducimos, conducís, conducen
PRETERIT: conduje, condujiste, condujo, condujimos, condujisteis, condujeron
IMPERATIVE: conduce (tú), no conduzcas (tú), conducid (vosotros), no conduzcáis (vosotros),
   conduzca (Ud.), conduzcan (Uds.)

conocer (*to know, be acquainted with*)

PRESENT INDICATIVE: conozco, conoces, conoce, conocemos, conocéis, conocen

construir (*to build, construct*)

PRESENT INDICATIVE: construyo, construyes, construye, construimos, construís, construyen
PRETERIT: construí, construiste, construyó, construimos, construisteis, construyeron
IMPERATIVE: construye (tú), no construyas (tú), construid (vosotros), no construyáis (vosotros), construya (Ud.), construyan (Uds.)

dar (*to give*)

PRESENT INDICATIVE: doy, das, da, damos, dais, dan
PRETERIT: di, diste, dio, dimos, disteis, dieron

decir (*to say, tell*)

PRESENT INDICATIVE: digo, dices, dice, decimos, decís, dicen
PRETERIT: dije, dijiste, dijo, dijimos, dijisteis, dijeron
FUTURE: diré, dirás, dirá, diremos, diréis, dirán
IMPERATIVE: di (tú), no digas (tú), decid (vosotros), no digáis (vosotros), diga (Ud.), digan (Uds.)
PRESENT PARTICIPLE: diciendo
PAST PARTICIPLE: dicho

estar (*to be*)

PRESENT INDICATIVE: estoy, estás, está, estamos, estáis, están
PRETERIT: estuve, estuviste, estuvo, estuvimos, estuvisteis, estuvieron
PRESENT SUBJUNCTIVE: esté, estés, esté, estemos, estéis, estén

haber (*to have* [auxiliary])

PRESENT INDICATIVE: he, has, ha, hemos, habéis, han
PRETERIT: hube, hubiste, hubo, hubimos, hubisteis, hubieron
FUTURE: habré, habrás, habrá, habremos, habréis, habrán
PRESENT SUBJUNCTIVE: haya, hayas, haya, hayamos, hayáis, hayan

hacer (*to do, make*)

PRESENT INDICATIVE: hago, haces, hace, hacemos, hacéis, hacen
PRETERIT: hice, hiciste, hizo, hicimos, hicisteis, hicieron
FUTURE: haré, harás, hará, haremos, haréis, harán
IMPERATIVE: haz (tú), no hagas (tú), haced (vosotros), no hagáis (vosotros), haga (Ud.), hagan (Uds.)
PAST PARTICIPLE: hecho

ir (*to go*)

PRESENT INDICATIVE: voy, vas, va, vamos, vais, van
IMPERFECT INDICATIVE: iba, ibas, iba, íbamos, ibais, iban
PRETERIT: fui, fuiste, fue, fuimos, fuisteis, fueron
PRESENT SUBJUNCTIVE: vaya, vayas, vaya, vayamos, vayáis, vayan
IMPERATIVE: ve (tú), no vayas (tú), id (vosotros), no vayáis (vosotros), vaya (Ud.), vayan (Uds.)
PRESENT PARTICIPLE: yendo

oír (*to hear, listen*)

PRESENT INDICATIVE: oigo, oyes, oye, oímos, oís, oyen
PRETERIT: oí, oíste, oyó, oímos, oísteis, oyeron
IMPERATIVE: oye (tú), no oigas (tú), oíd (vosotros), no oigáis (vosotros), oiga (Ud.), oigan (Uds.)
PRESENT PARTICIPLE: oyendo

poder (*to be able to, can*)

PRESENT INDICATIVE: puedo, puedes, puede, podemos, podéis, pueden
PRETERIT: pude, pudiste, pudo, pudimos, pudisteis, pudieron
FUTURE: podré, podrás, podrá, podremos, podréis, podrán
PRESENT PARTICIPLE: pudiendo

poner (*to put, place, set*)

PRESENT INDICATIVE: pongo, pones, pone, ponemos, ponéis, ponen
PRETERIT: puse, pusiste, puso, pusimos, pusisteis, pusieron
FUTURE: pondré, pondrás, pondrá, pondremos, pondréis, pondrán
IMPERATIVE: pon (tú), no pongas (tú), poned (vosotros), no pongáis (vosotros), ponga (Ud.),
    pongan (Uds.)
PAST PARTICIPLE: puesto

querer (*to wish, want, love*)

PRESENT INDICATIVE: quiero, quieres, quiere, queremos, queréis, quieren
PRETERIT: quise, quisiste, quiso, quisimos, quisisteis, quisieron
FUTURE: querré, querrás, querrá, querremos, querréis, querrán

saber (*to know*)

PRESENT INDICATIVE: sé, sabes, sabe, sabemos, sabéis, saben
PRETERIT: supe, supiste, supo, supimos, supisteis, supieron
FUTURE: sabré, sabrás, sabrá, sabremos, sabréis, sabrán
PRESENT SUBJUNCTIVE: sepa, sepas, sepa, sepamos, sepáis, sepan
IMPERATIVE: sepas (tú), no sepas (tú), sabed (vosotros), no sepáis (vosotros), sepa (Ud.),
    sepan (Uds.)

salir (*to go out, leave*)

PRESENT INDICATIVE: salgo, sales, sale, salimos, salís, salen
FUTURE: saldré, saldrás, saldrá, saldremos, saldréis, saldrán
IMPERATIVE: sal (tú), no salgas (tú), salid (vosotros), no salgáis (vosotros), salga (Ud.), salgan (Uds.)

ser (*to be*)

PRESENT INDICATIVE: soy, eres, es, somos, sois, son
IMPERFECT INDICATIVE: era, eras, era, éramos, erais, eran
PRETERIT: fui, fuiste, fue, fuimos, fuisteis, fueron
PRESENT SUBJUNCTIVE: sea, seas, sea, seamos, seáis, sean

tener (*to have*)

PRESENT INDICATIVE: tengo, tienes, tiene, tenemos, tenéis, tienen
PRETERIT: tuve, tuviste, tuvo, tuvimos, tuvisteis, tuvieron
FUTURE: tendré, tendrás, tendrá, tendremos, tendréis, tendrán
IMPERATIVE: ten (tú), no tengas (tú), tened (vosotros), no tengáis (vosotros), tenga (Ud.),
  tengan (Uds.)

traer (*to bring*)

PRESENT INDICATIVE: traigo, traes, trae, traemos, traéis, traen
PRETERIT: traje, trajiste, trajo, trajimos, trajisteis, trajeron
IMPERATIVE: trae (tú), no traigas (tú), traed (vosotros), no traigáis (vosotros), traiga (Ud.),
  traigan (Uds.)

valer (*to be worth, cost*)

PRESENT INDICATIVE: valgo, vales, vale, valemos, valéis, valen
FUTURE: valdré, valdrás, valdrá, valdremos, valdréis, valdrán

venir (*to come; to go*)

PRESENT INDICATIVE: vengo, vienes, viene, venimos, venís, vienen
PRETERIT: vine, viniste, vino, vinimos, vinisteis, vinieron
FUTURE: vendré, vendrás, vendrá, vendremos, vendréis, vendrán
IMPERATIVE: ven (tú), no vengas (tú), venid (vosotros), no vengáis (vosotros), venga (Ud.),
  vengan (Uds.)

ver (*to see, watch*)

PRESENT INDICATIVE: veo, ves, ve, vemos, veis, ven
IMPERFECT INDICATIVE: veía, veías, veía, veíamos, veíais, veían
PRESENT SUBJUNTIVE: vea, veas, vea, veamos, veáis, vean
PAST PARTICIPLE: visto

Stem-changing Verbs

1. One change: e → ie / o → ue

pensar (*to think, plan*)

PRESENT INDICATIVE: pienso, piensas, piensa, pensamos, pensáis, piensan
PRESENT SUBJUNCTIVE: piense, pienses, piense, pensemos, penséis, piensen

volver (*to return*)

PRESENT INDICATIVE: vuelvo, vuelves, vuelve, volvemos, volvéis, vuelven
PRESENT SUBJUNCTIVE: vuelva, vuelvas, vuelva, volvamos, volváis, vuelvan
IMPERATIVE: vuelve (tú), no vuelvas (tú), volved (vosotros), no volváis (vosotros), vuelva (Ud.),
  vuelvan (Uds.)

The following verbs show similar patterns:

acordarse (ue) *to remember*   jugar (ue) *to play*
acostarse (ue) *to go to bed*   llover (ue) *to rain*
cerrar (ie) *to close*   mostrar (ue) *to show*
comenzar (ie) *to start, begin*   negar (ie) *to deny*
contar (ue) *to count, tell*   nevar (ie) *to snow*
costar (ue) *to cost*   perder (ie) *to miss, lose*
despertarse (ie) *to wake up*   querer (ie) *to wish, love*
doler (ue) *to hurt*   recordar (ue) *to remember, remind*
empezar (ie) *to start, begin*   sentar (ie) *to sit down*
encontrar (ue) *to find*   tener (ie) *to have*
entender (ie) *to understand*   volar (ue) *to fly*

2. Double change: e → ie, i / o → ue, u

preferir (*to prefer*)

PRESENT INDICATIVE: prefiero, prefieres, prefiere, preferimos, preferís,
prefieren
PRETERIT: preferí, preferiste, prefirió, preferimos, preferisteis, prefirieron
PRESENT SUBJUNCTIVE: prefiera, prefieras, prefiera, prefiramos, prefiráis, prefieran
IMPERFECT SUBJUNCTIVE: prefiriera (prefiriese), prefirieras, prefiriera, prefiriéramos, prefirierais,
prefirieran
PRESENT PARTICIPLE: prefiriendo

dormir (*to sleep*)

PRESENT INDICATIVE: duermo, duermes, duerme, dormimos, dormís, duermen
PRETERIT: dormí, dormiste, durmió, dormimos, dormisteis, durmieron
PRESENT SUBJUNCTIVE: duerma, duermas, duerma, durmamos, durmáis, duerman
IMPERFECT SUBJUNCTIVE: durmiera (durmiese), durmieras, durmiera, durmiéramos,
durmierais, durmieran
IMPERATIVE: duerme (tú), no duermas (tú), dormid (vosotros), no durmáis (vosotros),
duerma (Ud.), duerman (Uds.)
PRESENT PARTICIPLE: durmiendo

The following verbs show similar patterns:

advertir (ie, i) *to advise, warn*   mentir (ie, i) *to lie*
convertir (ie, i) *to convert*   morir (ue, u) *to die*
divertirse (ie, i) *to enjoy oneself* sentir (ie, i) *to feel, sense*
invertir (ie, i) *to invest; to reverse*

3. Change from e → i

pedir (*to ask for*)

PRESENT INDICATIVE: pido, pides, pide, pedimos, pedís, piden
PRETERIT: pedí, pediste, pidió, pedimos, pedisteis, pidieron
PRESENT SUBJUNCTIVE: pida, pidas, pida, pidamos, pidáis, pidan
IMPERFECT SUBJUNCTIVE: pidiera (pidiese), pidieras, pidiera, pidiéramos, pidierais, pidieran
IMPERATIVE: pide (tú), no pidas (tú), pidáis (vosotros), no pidáis (vosotros), pida (Ud.), pidan (Uds.)
PRESENT PARTICIPLE: pidiendo

The following verbs show a similar pattern:

competir (i) *to compete*   perseguir (i) *to pursue, follow*
conseguir (i) *to obtain*   proseguir (i) *to follow, continue*
corregir (i) *to correct*   reír (i) *to laugh*
despedir (i) *to say good-bye, fire*   repetir (i) *to repeat*
elegir (i) *to elect, choose*   seguir (i) *to follow*
freír (i) *to fry*   servir (i) *to serve*
impedir (i) *to prevent*   sonreír (i) *to smile*
medir (i) *to measure*   vestirse (i) *to get dressed*

VERBS WITH SPELLING CHANGES

1. Verbs ending in -*zar* change *z* to *c* before *e*

empezar (*to begin*)

PRETERIT: empecé, empezaste, empezó, empezamos, empezasteis, empezaron
PRESENT SUBJUNCTIVE: empiece, empieces, empiece, empecemos, empecéis, empiecen
IMPERATIVE: empieza (tú), no empieces (tú), empezad (vosotros), no empecéis (vosotros), empiece (Ud.), empiecen (Uds.)

The following verbs show a similar pattern:

alunizar *to land on the moon*   comenzar *to start, begin*
atemorizar *to scare*   especializar *to specialize*
aterrizar *to land*   memorizar *to memorize*
cazar *to hunt*   organizar *to organize*
caracterizar *to characterize*   rezar *to pray*

2. Verbs ending in –*cer* change *c* to *z* before *o* and *a*

vencer (*to defeat, conquer*)

PRESENT INDICATIVE: venzo, vences, vence, vencemos, vencéis, vencen
PRESENT SUBJUNCTIVE: venza, venzas, venza, venzamos, venzáis, venzan
IMPERATIVE: vence (tú), no venzas (tú), venced (vosotros), no venzáis (vosotros), venza (Ud.), venzan (Uds.)

convencer (*to convince*) shows the same pattern as **vencer**

3. Verbs ending in *-car* change *c* to *qu* before *e*

buscar (*to look for*)

PRETERIT: busqué, buscaste, buscó, buscamos, buscasteis, buscaron

PRESENT SUBJUNCTIVE: busque, busques, busque, busquemos, busquéis, busquen

IMPERATIVE: busca (tú), no busques (tú), buscad (vosotros), no busquéis (vosotros), busque (Ud.), busquen (Uds.)

The following verbs show a similar pattern:

explicar	*to explain*
practicar	*to practice*
sacar	*to take out*
tocar	*to touch, play*

4. Verbs ending in *-gar* change *g* to *gu* before *e*

llegar (t*o arrive*)

PRETERIT: llegué, llegaste, llegó, llegamos, llegasteis, llegaron

PRESENT SUBJUNCTIVE: llegue, llegues, llegue, lleguemos, lleguéis, lleguen

IMPERATIVE: llega (tú), no llegues (tú), llegad (vosotros), no lleguéis (vosotros), llegue (Ud.), lleguen (Uds.)

pagar (*to pay*) follows the pattern of **llegar**

5. Verbs ending in *-guir* change *gu* to *g* before *o, a*

seguir (*to follow*)

PRESENT INDICATIVE: sigo, sigues, sigue, seguimos, seguís, siguen

PRESENT SUBJUNCTIVE: siga, sigas, siga, sigamos, sigáis, sigan

IMPERATIVE: sigue (tú), no sigas (tú), seguid (vosotros), no sigáis (vosotros), siga (Ud.), sigan (Uds.)

conseguir (*to obtain*) and **distinguir (*to distinguish*)** follow the pattern of **seguir**

6. Verbs ending in *-ger, -gir,* change *g* to *j* before *o, a*

coger (*to take, seize*)

PRESENT INDICATIVE: cojo, coges, coge, cogemos, cogéis, cogen

PRESENT SUBJUNCTIVE: coja, cojas, coja, cojamos, cojáis, cojan

IMPERATIVE: coge (tú), no cojas (tú), coged (vosotros), no cojáis (vosotros), coja (Ud.), cojan (Uds.)

The following verbs show a similar pattern:

corregir	*to correct*	encoger	*to shrink*
dirigir	*to direct*	escoger	*to choose*
dirigirse	*to go to*	recoger	*to pick up*
elegir	*to elect*	regir	*to rule, command*

7. Verbs ending in *-aer, -eer, -uir*, change *i* to *y* when *i* is unstressed and is between two vowels

leer (*to read*)

PRETERIT: leí, leíste, leyó, leímos, leísteis, leyeron
IMPERFECT SUBJUNCTIVE: leyera (leyese), leyeras, leyera, leyéramos, leyerais, leyeran
PRESENT PARTICIPLE: leyendo

The following verbs show a similar pattern:

caer	*to fall*
construir	*to build*
creer	*to believe*
destruir	*to destroy*
excluir	*to exclude*
huir	*to flee*
incluir	*to include*
influir	*to influence*
recluir	*to send to jail*

Revision Guide

The act of writing is a circular process that requires repeated revisions of what we write. This is the reason why several drafts of the same composition usually precede the final version, the one that is finally turned in. As you compose the different drafts, revise what you write periodically using the checklist below.

Content and organization

1. Do you have an introduction that transitions smoothly to the purpose of your paper?
2. Is the purpose or thesis of your paper stated?
3. Does the content of the paper support the purpose or thesis?
4. Do your ideas appear in a logical sequence?
5. Are your ideas supported by clear examples and illustrations?
6. Are there appropriate transitions between sentences?
7. Are there appropriate transitions between paragraphs?
8. Do you have a conclusion?
9. Did you make sure that there are no made-up words?
10. Did you double-check the meaning of words in a good dictionary (at least 300,000 entries)?
11. Did you double-check the use of problematic pairs such as **ser/estar, estar/haber, ser/tener, saber/conocer, ir/venir, por/para**, and the like?

Tone and style

1. Is the vocabulary appropriate to the occasion and to the reader?
2. Did you avoid repetitious vocabulary?
3. Did you use a variety of sentence structures?

Grammar

Double-check the following:
1. article-noun, noun-adjective, subject-verb agreement
2. use of tenses and moods (indicative or subjunctive)
3. use of personal **a**
4. use of appropriate pronoun form
5. use of appropriate pronoun placement

Mechanics

Double-check the following:
1. accents
2. spelling (careful with **ñ** and **ü** and spelling-changing verbs)
3. capitalization
4. punctuation

The boldface number following each entry corresponds to the *unidad* in which the word appears, the roman number corresponds to the *tema*. MA stands for *Más allá* and O stands for *unit opener*.

A

a causa de as a result of, because of **1**.3

acaparar to hoard **4**.13

acordarse de (ue) to remember **5**.18

adhesión *f* membership **1**.2

aislar to isolate **2**.5

al nacer as a newborn **3**.9

alentar to encourage **1**.3

ampliar to enlarge **1**.1

ampliación *f* expansion **1**.2

apareamiento *m* matching **4**.15

apoyar to support **1**.3

aprender a to learn (how to do something) **5**.18

apuntarse to enroll; to register; to sign up **3**.11

aterrizar to land **5**.19

atuendo *m* attire, clothing **3**.9

avaricia *f* greed **4**.13

B

bienestar *m* well-being **2**.5

bizco/a cross-eyed **3**.9

botánica *f* botany **1**.3

bruto/a raw, unrefined **4**.13

buscar to look for **5**.18

C

cabe + *inf* can, may **1**.1

caja *f* box; soundbox **4**.14

calabaza *f* gourd **5**.19

cariño *m* affection **5**.17

casarse con to marry **5**.18

cerebro *m* brain **3**.9

ciudadano/a citizen **2**.5

complejidad *f* complexity **4**.14

compromiso *m* engagement **4**.15

conferir (ie, i) to give **1**.2

conocedor/a knowledgeable **1**.3

consistir en to consist of **5**.18

costumbre *f* custom **4**.14

cráneo *m* skull **3**.9

creciente growing **3**.10

cronista *m/f* chronicler **4**.13

cuerda, de *f* string **4**.14

D

dañino/a harmful **3**.10

debilitar to weaken, debilitate **2**.5

depender de to depend on **5**.18

derechos *m* rights **2**.7

derramamiento (de sangre) *m* bloodshed **2**.5

derrocar to overthrow **2**.5

descongestionado/a light (traffic), not congested **5**.19

desconocido/a unknown, unfamiliar **3**.11

desempleo *m* unemployment **2**.7

deshabitado/a uninhabited **5**.18

desmesurado/a uncontrolled, boundless **4**.13

despedirse de (i) to say goodbye to **5**.18

difusión *f* dissemination **4**.14

disfrutar to enjoy **3**.10

dispuesto/a to be ready **3**.11

dueño/a owner **5**.17

E

echar una mano to give a hand; to help **3**.11

emparejamiento *m* matching **4**.15

empezar a (ie) to begin (to do something) **5**.18

enamorarse de to fall in love with **5**.18

enclave *m* place **1**.1

en cuanto a in reference to **1**.3

en este sentido in this respect **5**.17

en lugar de instead of **5**.18

envidia *f* envy **4**.13

en voz alta out loud **3**.11

época dorada *f* golden era **5**.19

época *f* time, period **2**.6

equivocado/a wrong **2**.7

equivocarse to be mistaken; to make a mistake **5**.17

es decir that is **5**.18

escasamente scarcely **5**.18

esperar to wait for **5**.18

estimular to stimulate **1**.2

extender(se) (ie) to extend **2**.6

F

fauna *f* fauna **3**.10

felicitar por to congratulate on **5**.18

flora *f* flora **3**.10

fracaso *m* failure **3**.9
frontera *f* border **3**.9

G

ganado *m* cattle **4**.15
gobierno *m* government **2**.5
grabar to record **4**.14
grabado/a engraved **5**.19
grado de *m* level of **3**.10

H

habitante *m/f* inhabitant **2**.5
híbrido/a hybrid **5**.18

I

improbable unlikely **2**.6
inalterado/a undisturbed **3**.10
incierto/a uncertain **2**.6
incluso even **5**.17
inesperadamente unexpectedly **5**.19
ingreso *m* admission **1**.2
injusticia *f* injustice **4**.14
instrumento *m* instrument **2**.6
intento *m* attempt **2**.8
inventar to invent **2**.6
inverso/a reverse **5**.18
invertir (ie, i) to invest **2**.7

J

jerarquía *f* hierarchy **4**.15

L

legítimo/a legitimate **2**.MA
ley *f* law **1**.3
lograr to achieve **2**.5
llegar a (place) to arrive in/at **5**.18
llevarse bien to get along **4**.15

M

maíz *m* corn **3**.9
más bien rather **5**.17
matrimonio de ensayo *m* trial marriage **4**.15
medio ambiente *m* environment **3**.10
muchedumbre *f* mob **1**.1

N

nacer to be born **2**.6

O

odio *m* hatred **4**.13
oriental eastern **1**.2
origen beginnings **2**.6

P

paisaje *m* landscape **3**.10
pedir (i) to ask for **5**.18
pensar en (ie) to think of **5**.18
perdedor/a loser **3**.9
perla *f* pearl **2**.8
persona person **3**.9
plausible plausible, likely **2**.6
poblar (ue) to populate **5**.18
poseer to own **2**.8
premiar to award **1**.3
producirse to occur **1**.1
propender a to have a tendency to **1**.1
puente nasal *m* nasal bridge **3**.9
puro/a pure **4**.14

R

rancho *m* ranch **2**.MA
rango *m* rank, status **4**.13
recorrido *m* distance; route, run **5**.19
recuerdo *m* memories **5**.17
regresar to return (to a place) **5**.17

S

salir de to leave (a place) **5**.18
secuela *f* consequence **1**.1
según according to **4**.13
sinfín *m* endless **3**.11
sobrevenir to ensue **1**.1
solicitar to request **1**.2
sonrisa *f* smile **3**.11
sucesión *f* sequence **2**.MA

T

tatuaje *m* tattoo **3**.9
tender a (ie) to tend to **1**.1
tener éxito to be successful **2**.6
teoría *f* theory **2**.6
transcurrir to pass, go by **2**.5
travesía distance **5**.19
Tumba *f* Cuban rhythm **2**.6

U

ubicado/a located **1**.2
uña postiza *f* fake finger nail **3**.9
Upa habanera *f* Cuban rhythm **2**.6

V

valer la pena to be worthwhile **3**.11
vencido/a defeated **3**.9

The boldface number following each entry corresponds to the *unidad* in which the word appears, the roman number corresponds to the *tema*. MA stands for *Más allá* and O stands for *unit opener*.

A

according to según **4.**13
achieve lograr **2.**5
admission ingreso *m* **1.**2
affection cariño *m* **5.**17
arrive in/at llegar a (place) **5.**18
as a result of a causa de **1.**3
as a newborn al nacer **3.**9
ask for pedir (i) **5.**18
attempt intento *m* **2.**8
attire atuendo *m* **3.**9
award premiar **1.**3

B

be born nacer **2.**6
be mistaken equivocarse **5.**17
be ready dispuesto/a **3.**11
be worthwhile valer la pena **3.**11
begin (to do something) empezar a (ie) **5.**18
beginnings origen **2.**6
bloodshed derramamiento (de sangre) *m* **2.**5
border frontera *f* **3.**9
botany botánica *f* **1.**3
brain cerebro *m* **3.**9

C

can, may cabe + *inf* **1.**1
cattle ganado *m* **4.**15
citizen ciudadano/a **2.**5
clothing atuendo *m* **4.**15
complexity complejidad *f* **4.**14
congratulate on felicitar por **5.**18
consequence secuela *f* **1.**1
consist of consistir en **5.**18
corn maíz *m* **3.**9
cross-eyed bizco/a **3.**9
Cuban rhythm Tumba *f* **2.**6
Cuban rhythm Upa habanera *f* **2.**6
custom costumbre *f* **4.**14
chronicler cronista *m/f* **4.**13

D

debilitate debilitar **2.**5
defeated vencido/a **3.**9
depend on depender de **5.**18

dissemination difusión *f* **4.**14
distance recorrido *m*, travesía *f* **5.**19

E

eastern oriental **1.**2
encourage alentar **1.**3
endless sinfín *m* **3.**11
engagement compromiso *m* **4.**15
engraved grabado/a **5.**19
enjoy disfrutar **3.**10
enlarge ampliar **1.**1
enroll apuntarse **3.**11
ensue sobrevenir **1.**1
environment medio ambiente *m* **3.**10
envy envidia *f* **4.**13
even incluso **5.**17
expansion ampliación *f* **1.**2
extend extender (ie) **2.**6

F

failure fracaso *m* **3.**9
fake finger nail uña postiza *f* **3.**9
fall in love with enamorarse de **5.**18
fauna fauna *f* **3.**10
flora flora *f* **3.**10

G

get along llevarse bien **4.**15
give conferir (ie, i) **1.**2
give a hand echar una mano **3.**11
go by transcurrir **2.**5
golden era época dorada *f* **5.**19
gourd calabaza *f* **5.**19
government gobierno *m* **2.**5
greed avaricia *f* **4.**13
growing creciente **3.**10

H

harmful dañino/a **3.**10
hatred odio *m* **4.**13
have a tendency to propender a **1.**1
help echar una mano **3.**11
hierarchy jerarquía *f* **4.**15
hoard acaparar **4.**13
hybrid híbrido/a **5.**18

Index

Susan M. Bacon, et al., "Leyenda precolombina: Los novios" Anónimo, *Leyendas del mundo hispano*. Copyright © 2000. Reprinted with the permission of Pearson Education, Upper Saddle River, NJ.

"El barrio Amón, San José de Costa Rica" from Arra Isabel Herrera Sotillo, "Barrio Amón," *www.zurqui.com/crinfocus/barrio/amon.html*. Reprinted by permission.

Eugenio Chang-Rodríguez, "La herencia indígena en el presente" from *Latinoamérica: su civilización y cultura*. Copyright © 2000. Reprinted with the permission of Heinle, a division of Thomson Learning, Inc.

Claribel Alegría "La abuelita y el puente de oro" from *17 Narradoras Latinoamericanas*. Copyright © 1996. Reprinted with the permission of Ediciones Huracán Inc.

Osvaldo Dragún, "Historia de un flemón." Reprinted with permission.

"La estética de los ojos, los dientes, perforaciones de la piel y tatuajes" and "La forma de la cabeza" adapted from Nancy McNelly, "Be Attractive the Classic Maya Way!," *www.halfmoon.org/beauty.html*. Reprinted with permission.

Steve and Amy Higgs, "Dos estadounidenses en Costa Rica: diario de un viaje." Reprinted with permission.

Arturo Fox, "Los incas: Hijos del Sol" from *Latinoamérica: Presente y pasado*. Copyright © 1998. Reprinted with the permission of Pearson Education, Inc., Upper Saddle River, NJ.

Marcial Prado, verb tables from *Advanced Spanish Grammar: A Teaching Guide*. Copyright © 1997 by John Wiley & Sons, Inc. Reprinted with the permission of John Wiley & Sons, Inc.

Godev, Gallego, and Boys, "What Are Mini-lectures?" from "Changing an Old Concept: Mini-lectures in a Content-Based Classroom" from *NECTFL Review* 50 (Spring 2002): 36-41. Copyright © 2002 by Northeast Conference on the Teaching of Foreign Languages. Reprinted by permission.

"Víctor Paz Estenssoro" *www.bolivia.com/Especiales/6deagosto/bolivianos/ilustre2.asp*. Reprinted with permission.

Thomas C. Wright and Rody Oñate, "Testimonio de Francisco Ruiz, un exiliado" adapted from *Flight from Chile: Voices of Exile*. Copyright © 1998. Reprinted with the permission of The University of New Mexico Press.

Photo Credits

UNIT 1 Page 2: Patrick Ward/Corbis Images. **Page 3:** Royalty-Free/Corbis Images. **Page 7:** Historical Picture Archive/Corbis Images. **Page 8:** Giansanti Gianni/Corbis Sygma. **Page 18:** ©Dalda. **Page 20 (top):** AFP Photo/Jack Guez/Corbis Images. **Page 20 (bottom):** Vega/Taxi/Getty Images. **Page 28:** ©AP/Wide World Photos. **Page 29:** Bettman/Corbis Images. **Page 30:** Royalty-Free/Corbis Images. **Page 37:** Schalkwijk/Art Resource. **Page 43:** PhotoDisc, Inc./Getty Images.

UNIT 2 Page 48 (right): Stuart Cohen/The Image Works. **Page 48 (center):** Steven Dunwell/The Image Bank/Getty Images. **Page 48 (left):** Pablo Corral/Corbis Images. **Page 49:** Art Wolfe/The Image Bank/Getty Images. **Page 53:** Corbis-Bettmann. **Page 60:** ©AP/Wide World Photos. **Page 62:** Reprinted with permission of Alexandria Library, Inc., Miami, FL. **Page 65:** Corbis-Bettmann. **Page 66 (top):** Chris Weeks/Liaison Agency, Inc./Getty Images. **Page 66 (bottom):** Stuart Cohen/The Image Works. **Page 79 (top):** ©AP/Wide World Photos. **Page 79 (bottom):** Ron Watts/Corbis Images. **Page 87:** Stephanie Maze/Corbis Images. **Page 89:** Eugenio Opitz/Latin Focus. **Page 90:** Peter M. Wilson/Corbis Images. **Page 91:** ©AP/Wide World Photos. **Page 92:** Kevin Schafer/The Image Bank/Getty Images. **Page 96:** Jeremy Horner/Corbis Images.

UNIT 3 Page 101: Jeremy Horner/Corbis Images. **Page 102:** Corbis Images. **Page 104:** Enzo & Paolo Ragazzini/Corbis Images. **Pages 105 & 106:** ©AP/Wide World Photos. **Page 107 (left):** Dave G. Houser/Corbis Images. **Page 107 (right):** Frans Lemmens/The Image Bank/Getty Images. **Page 112:** Michael & Patricia Fogden/Corbis Images. **Page 121 (top):** Leif Skoogforst/Corbis Images. **Page 121 (bottom):** Bettman/Corbis Images. **Page 122 (top):** Photo courtesy Carlos Tobar. www.suchito-sala.org. **Page 122 (center):** Yann Arthus-Bertrand/Corbis Images. **Page 122 (bottom):** Nik Wheeler/Corbis Images. **Page 131:** José Fuste Ragal/Corbis Images. **Page 132:** Pelletter Micheline/Corbis Sygma. **Page 140:** Ciudad de Centroamerica (Central America City), 2001, acrylic by Richard Ávila. Photo courtesy Ricardo Ávila and Specialty Arts. **Page 143:** Michael Maslan Historic Photographs/Corbis Images. **Page 144:** Rueters NewMedia Inc/Corbis Images. **Page 149:** ©AP/Wide World Photos.

UNIT 4 Page 155: Charles & Josette Lenars/Corbis Images. **Page 156:** Richard Bickel/Corbis Images. **Page 157:** Christie's Images/Corbis Images. **Page 159 (top):** Stephane Cardinale/Corbis Images. **Page 159 (bottom):** Dave G. Houser/Corbis Images. **Page 169:** Archivo Iconografico/Corbis Images. **Page 171 (top):** Photo by Rolf Blomberg/Archivo Blomberg. Photo courtesy CEDIME. Used with permission. **Page 171 (bottom):** Latin Focus. **Page 184:** Galen Rowell/Corbis Images. **Page 197:** Corbis Images. **Page 198:** Roman Soumar/Corbis Images.

UNIT 5 Page 209: James Davis, Eye Ubiquitous/Corbis Images. **Page 210:** Fulvio Roiter/Corbis Images. **Page 212:** Pablo Corral/Corbis Images. **Page 213:** Art Wolfe/Stone/Getty Images. **Page 224:** Clive Brunskill/Allsport/Getty Images. **Page 225:** Bob Krist/Corbis Images. **Page 234:** Ray Stubblebine/Reuters NewMedia, Inc/Corbis Images. **Page 235 (top):** ©AP/Wide World Photos. **Page 235 (bottom):** Daniel Stonek/Latin Focus. **Page 239:** Daniel Stonek/Latin Focus. **Page 242:** Los Buenos Recuerdos, by Cecilia Brugnini. Courtesy Flike S.A., Cecilia Brugnini and Enrique Abal Oliu. **Page 247:** Bojan Brecelj/Corbis Images.

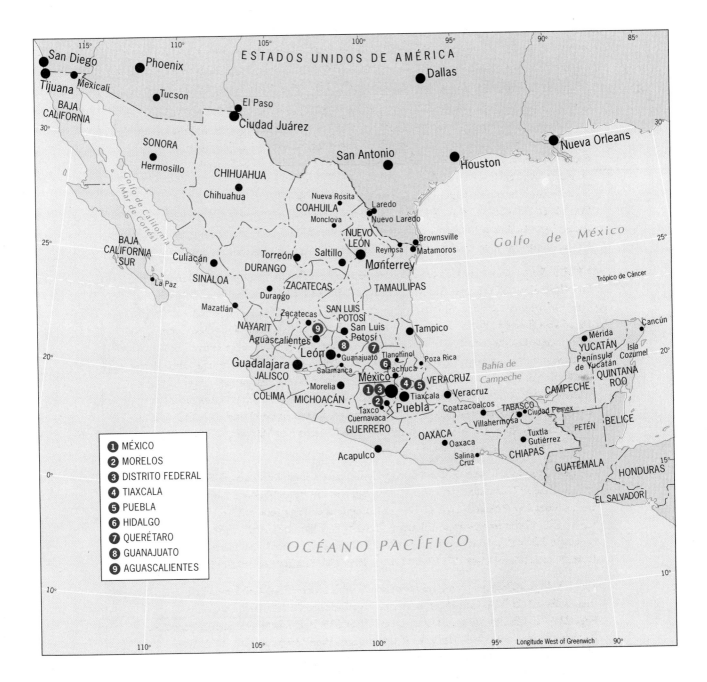

ESTADOS UNIDOS DE AMÉRICA

San Diego
Tijuana
Mexicali
BAJA
CALIFORNIA
Phoenix
Tucson
El Paso
Ciudad Juárez
Dallas
San Antonio
Houston
Nueva Orleans
SONORA
Hermosillo
CHIHUAHUA
Chihuahua
Nueva Rosita
COAHUILA
Monclova
Laredo
Nuevo Laredo
Golfo de México
BAJA
CALIFORNIA
SUR
Golfo de California
(Mar de Cortés)
La Paz
Culiacán
SINALOA
Torreón
DURANGO
Durango
Mazatlán
Saltillo
NUEVO
LEÓN
Monterrey
Brownsville
Reynosa Matamoros
TAMAULIPAS
Trópico de Cáncer
ZACATECAS
Zacatecas
NAYARIT
Aguascalientes
León
JALISCO
Guadalajara
SAN LUIS
POTOSÍ
San Luis
Potosí
Tampico
Cancún
Mérida
YUCATÁN
Isla
Cozumel
Península
de Yucatán
QUINTANA
ROO
⑨
⑧
Guanajuato
⑦
Salamanca
⑥
Tlanchinol
Pachuca
Poza Rica
Bahía de
Campeche
Morelia
México
① ③
④ ⑤
Tiaxcala
② Puebla
Veracruz
VERACRUZ
CAMPECHE
COLIMA
MICHOACÁN
Taxco
Cuernavaca
Puebla
Coatzacoalcos
TABASCO
Ciudad Pemex
BELICE
GUERRERO
Villahermosa
PETÉN
OAXACA
Tuxtla
Gutiérrez
CHIAPAS
GUATEMALA
HONDURAS
Acapulco
Oaxaca
Salina
Cruz
EL SALVADOR

① MÉXICO
② MORELOS
③ DISTRITO FEDERAL
④ TIAXCALA
⑤ PUEBLA
⑥ HIDALGO
⑦ QUERÉTARO
⑧ GUANAJUATO
⑨ AGUASCALIENTES

OCÉANO PACÍFICO

Longitude West of Greenwich

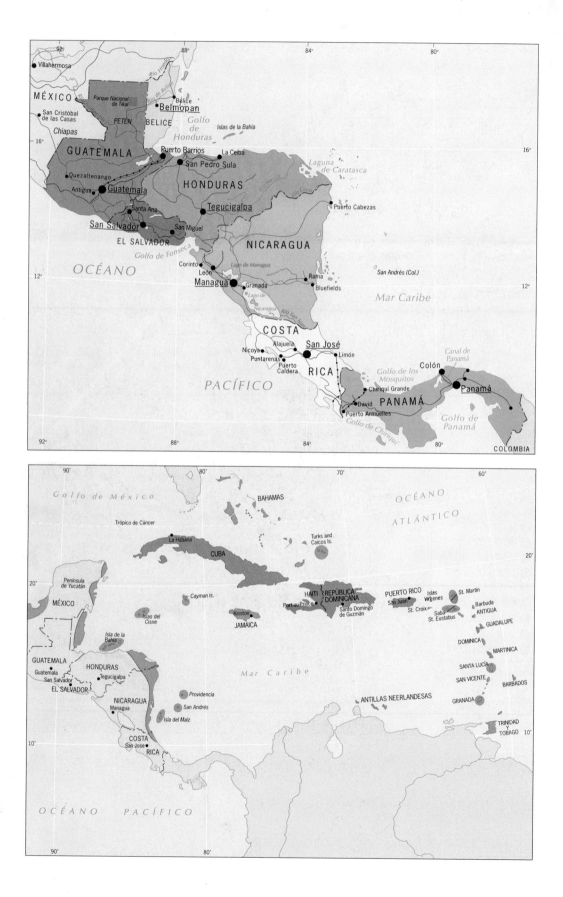